SEBASTIAN SCHRÖCKER

Der öffentlich-rechtliche Kündigungsschutz

Der öffentlich-rechtliche Kündigungsschutz

Von

Dr. Dr. Sebastian Schröcker
Bundesrichter

DUNCKER & HUMBLOT / BERLIN

Gedruckt 1960 bei Hans Winter Buchdruckerei, Berlin SW 61
Printed in Germany

Inhalt

Dritter Teil

Das gerichtliche Verfahren

Abkürzungen

ABl.	=	Amtsblatt
AP	=	Arbeitsrechtliche Praxis (seit 1955: Hueck-Nipperdey-Dietz, Nachschlagewerk des Bundesarbeitsgerichts)
ArbG	=	Arbeitsgericht
ArbGG	=	Arbeitsgerichtsgesetz vom 3. 9. 1953 (BGBl. I 1267)/ 2. 12. 1955 (BGBl. I 743)
ArbPlWVO	=	Arbeitsplatzwechselverordnung vom 1. 9. 1939 (RGBl. I 1685)
ArchCivPr.	=	Archiv für civilistische Praxis
ArchöR	=	Archiv für öffentliches Recht
ARS	=	Arbeitsrechts-Sammlung: Entscheidungen des Reichsarbeitsgerichts und der Landesarbeitsgerichte
AS	=	Amtliche Sammlung
bad. EntschädG	=	badisches Landesgesetz über die Entschädigung der Opfer des Nationalsozialismus vom 10. 1. 1950 (GVBl. 139)
BAG	=	Bundesarbeitsgericht
BayVBl	=	Bayerische Verwaltungsblätter
BB	=	Der Betriebsberater
BGH	=	Bundesgerichtshof
BGHZ	=	Entscheidungen des Bundesgerichtshofes in Zivilsachen
BT	=	Bundestag
BVerwG	=	Bundesverwaltungsgericht
BVerwGE	=	Entscheidungen des Bundesverwaltungsgerichts
DÖV	=	Die öffentliche Verwaltung
DV	=	Deutsche Verwaltung
DVBl.	=	Deutsches Verwaltungsblatt
E	=	Entscheidungssammlung
FürsE	=	Fürsorgerechtliche Entscheidungen
GewO	=	Gewerbeordnung
HGB	=	Handelsgesetzbuch
JR	=	Juristische Rundschau
JZ	=	Juristische Zeitschrift
KlGAO	=	Anordnung des Reichswohnungskommissars über eine weitere Kündigungsmöglichkeit von kleingärtnerisch bewirtschaftetem Land vom 23. 1. 1945 (Reichsanzeiger Nr. 26)
KlGO	=	Kleingarten- und Kleinpachtlandordnung vom 31. 7. 1919 (RGBl. 1371)

KlGVO	=	Verordnung über Kündigungsschutz und andere kleingärtnerische Vorschriften i. d. F. vom 15. 12. 1944 (RGBl. I 347)
KSchG	=	Kündigungsschutzgesetz vom 10. 8. 1951 (BGBl.I 499)
LandpachtG	=	Landpachtgesetz vom 25. 6. 1952 (BGBl. I, S. 343) i. d. F. vom 21. 7. 1953 (BGBl. I, S. 667)
LArbG	=	Landesarbeitsgericht
MRVO 165	=	Verordnung Nr. 165: Verwaltungsgerichtsbarkeit in der britischen Zone (ABl. d. MilReg. 1948 Nr. 24 S. 799)
MuSchG	=	Mutterschutzgesetz vom 24. 1. 1952 (BGBl. I 69)
nds. BergmVersSchG	=	Gesetz über einen Bergmannsversorgungsschein im Lande Niedersachsen vom 6. 1. 1949 (GVBl. 15)
NJW	=	Neue Juristische Wochenschrift
nw. BergmVersSchG	=	Gesetz über einen Bergmannsversorgungsschein im Lande Nordrhein-Westfalen i. d. F. vom 9. 1. 1958 (GVBl. 14)
OVG	=	Oberverwaltungsgericht
RdA	=	Recht der Arbeit
RdL	=	Recht der Landwirtschaft
RG	=	Reichsgericht
RGZ	=	Entscheidungen des Reichsgerichts in Zivilsachen
rh.-pf. KlGG	=	Gesetz über Kündigungsschutz für Kleingärten und andere kleingartenrechtliche Vorschriften vom 23. 11. 1948 (GVBl. I 410)
rh.-pf. KSchVO	=	rheinland-pfälzische Landesverordnung über den Kündigungsschutz der Opfer des Nationalsozialismus vom 17. 12. 1952 (GVBl. 177)
schlesw.-holst. KlGG	=	Kleingartengesetz vom 3. 2. 1948 (GVBl. 59)
SchwBG	=	Schwerbeschädigtengesetz vom 16. 6. 1953 (BGBl. I 389)
SGG	=	Sozialgerichtsgesetz i. d. F. vom 23. 8. 1958 (BGBl. I 614)
TO. A	=	Tarifordnung A für Angestellte im öffentlichen Dienst i. d. F. vom 1. 11. 1943 (RBesBl. 1944 S. 22)
VA	=	Verwaltungsarchiv
VGG	=	Gesetz über die Verwaltungsgerichtsbarkeit
VGH	=	Verwaltungsgerichtshof
VRspr.	=	Verwaltungsrechtsprechung in Deutschland
VwGO	=	Verwaltungsgerichtsordnung vom 21. 1. 1960 (BGBl. I S. 17)
württ.-bad. Verfolgten-SchG	=	württemb.-badisches Gesetz Nr. 707 über Kündigungsschutz der politisch Verfolgten vom 8. 10. 1947 (RegBl. 101)
württ.-hoh. KlGVO	=	Verordnung des Landwirtschaftsministeriums über Kündigungsschutz von Kleingärten vom 28. 7. 1947 (RegBl. 104)
ZMR	=	Zeitschrift für Miet- und Raumrecht
ZZP	=	Zeitschrift für Zivilprozeß

Einleitung

In einer Abhandlung, die den Beziehungen zwischen dem behördlichen Kündigungsschutz und der Verwaltungsgerichtsbarkeit gewidmet war, lenkte Walter *Jellinek*[1] die Aufmerksamkeit auf eine Tätigkeit der Verwaltung, die in einer eigentümlichen Weise bürgerliches und öffentliches Recht verbindet: die behördliche Zustimmung zur Kündigung eines privaten Vertragsverhältnisses. Er sah die Einschaltung der Behörde in die rechtsgeschäftlichen Beziehungen der Beteiligten unter dem verfahrensrechtlichen Gesichtspunkt, wie bei Streitigkeiten, die aus Anlaß der Kündigung entstehen, verhindert werden könne, daß sowohl die Zivilgerichte als auch die Verwaltungsgerichte mit der Sache befaßt werden. Indem er die behördliche Zustimmung zur Kündigung als einen unselbständigen Verwaltungsakt kennzeichnete, glaubte er, den „doppelgleisigen" Rechtsschutz in Kündigungsangelegenheiten vermeiden zu können. Im Grunde genommen hatte er sich, wie seine Ausführungen ergeben, nicht die Beseitigung des doppelten Rechtsweges im Gesamtbereich des behördlichen Kündigungsschutzes zum Ziele gesetzt, sondern nur auf dem Gebiet des Kleingartenrechts. Es konnte aber nicht ausbleiben, daß die gegen die Anfechtung der behördlichen Kündigungsgenehmigung durch den Kleingärtner vorgebrachten Bedenken auf alle Bereiche des behördlichen Kündigungsschutzes erstreckt wurden, zumal die von Jellinek vorgeschlagene Lösung nicht auf den Sonderfall der kleingartenrechtlichen Kündigungsgenehmigung zugeschnitten war, sondern folgerichtig auf alle Fälle behördlichen Kündigungsschutzes anzuwenden gewesen wäre. Der Kündigungsschutz des Kleingärtners wurde zum Ausgangspunkt der zahlreichen verfahrensrechtlichen Streitfragen, die bis zur Gegenwart mit dem behördlichen Kündigungsschutz verknüpft sind. Im Vordergrunde standen und stehen die Fragen der Zulässigkeit des Verwaltungsrechtswegs, des Rechtsschutzbedürfnisses, der Klagebefugnis sowie des Verhältnisses von verwaltungsgerichtlichem und zivilgerichtlichem Verfahren, wenn beide nebeneinander herlaufen oder einander folgen. Bei den bisherigen Erörterungen dieser Fragen in der Rechtsprechung und im Schrifttum war im allgemeinen das Blickfeld in zweifacher Weise eingeengt: Sie beschränkten sich auf

[1] Behördlicher Kündigungsschutz und Verwaltungsgerichtsbarkeit, in: Festschrift Richard *Thoma* zum 75. Geburtstag, 1950 S. 93 ff., insbesondere S. 99.

die verfahrensrechtlichen Fragen und zogen die sachlichrechtliche Grundlage nicht genügend in Betracht; sie hatten ferner in der Regel nur ein bestimmtes Einzelgebiet des behördlichen Kündigungsschutzes im Auge. Eine befriedigende Lösung der zahlreichen Rechtsfragen, die der behördliche Kündigungsschutz aufwirft, läßt sich aber weder aus dem Blickfeld des einzelnen Sonderrechtsgebiets gewinnen noch aus allgemeinen verfahrensrechtlichen Erwägungen, die von der sachlichrechtlichen Grundlage absehen. Es gilt, die einzelnen Sachgebiete des behördlichen Kündigungsschutzes miteinander zu vergleichen, um aus Gemeinsamkeiten und Verschiedenheiten der einzelgesetzlichen Regelung das Wesentliche zu erkennen und daraus die rechtlichen Schlußfolgerungen zu ziehen. Ziel der folgenden Ausführungen ist nicht eine erschöpfende Darstellung der einzelnen Sachgebiete des behördlichen Kündigungsschutzes, sondern die Erörterung der ihnen gemeinsamen rechtlichen Grundfragen. Deren Lösung wird dann allerdings auch für die Lösung weiterer Rechtsfragen der einzelnen Sachgebiete des behördlichen Kündigungsschutzes von Bedeutung sein.

Erster Teil

Der öffentlichrechtliche Kündigungsschutz als besondere Rechtseinrichtung

§ 1. Das Erfordernis behördlicher Zustimmung zur Kündigung

1. Die einzelnen Sachgebiete

Sich gegen die einseitige Auflösung eines Vertragsverhältnisses durch Kündigung zur Wehr zu setzen, überläßt das Gesetz im allgemeinen dem von der Kündigung betroffenen Vertragspartner. Da er, vor allem als Arbeitnehmer oder als Wohnungsmieter, der wirtschaftlich Schwächere zu sein pflegt, gleicht es zu seinen Gunsten aus sozialen Gründen das wirtschaftliche Übergewicht des Kündigenden durch besondere Schutzvorschriften aus. Diese können bestehen in der Beseitigung der ordentlichen Kündigung durch Beschränkung auf die Kündigung aus wichtigem Grunde oder auf einzeln aufgezählte Gründe, in der Festlegung von Kündigungszeiten, Kündigungsfristen, Kündigungsterminen, in besonderen Formvorschriften für die Kündigungserklärung und in der Anordnung besonderer Kündigungsfolgen, z. B. der Pflicht zur Zahlung einer Abfindung. Neben diese sachlich-rechtlichen Erschwerungen der Kündigung treten Sonderregelungen des Verfahrens und der Gerichtsbarkeit. Hierher gehören der Kündigungseinspruch des Arbeitnehmers beim Betriebsrat und die nachfolgende Anrufung des Arbeitsgerichts[1] sowie die beim Mieteinigungsamt zu erhebende Mietaufhebungsklage des Vermieters von Wohnräumen[2]. Diese sachlich-rechtlichen und verfahrensrechtlichen Sonderregelungen bleiben im Rahmen des bürgerlichen Rechts und des bürgerlichen Rechtsschutzes.

Den Rahmen des bürgerlichen Rechts sprengt jene Art des Kündigungsschutzes, die als der behördliche Kündigungsschutz bezeichnet zu werden pflegt. Darunter fallen Regelungen, die die Kündigung eines Vertrages der Prüfung durch eine Verwaltungsbehörde unterwerfen. Die behördliche Kontrolle der Kündigung kann in verschiedener Weise abgestuft sein. Die Regel ist es, daß die Kündigung, um überhaupt oder zu einem bestimmten Zeitpunkt wirksam zu werden, von einer Verwaltungsbehörde ausdrücklich gebilligt werden muß durch eine

---

[1] §§ 2,3 KSchG.

[2] § 1 des Mieterschutzgesetzes vom 15. 12. 1942 (RGBl. I 712).

Erklärung, die bald als Zustimmung, bald als Genehmigung oder als Zulässigerklärung bezeichnet wird[3]. Mitunter genügt es jedoch, daß die Kündigung schon nach der bloßen Anhörung der Verwaltungsbehörde ausgesprochen werden darf oder auch nur einer bloßen Anzeigepflicht unterliegt[4].

Ein auf alle Arbeitnehmer sich erstreckender behördlicher Kündigungsschutz ist vorgesehen bei Massenentlassungen in größeren Betrieben; sie werden vor Ablauf eines Monats nach Eingang der Anzeige des Arbeitgebers beim Arbeitsamt nur mit Zustimmung des Landesarbeitsamts wirksam[5]. Im übrigen sind es einzelne Gruppen von Arbeitnehmern, denen die Einschaltung der Behörde in das Kündigungsverfahren zugute kommt. Es handelt sich um die Gruppen der Schwerbeschädigten, der erwerbstätigen Mütter, der langjährigen Angestellten des öffentlichen Dienstes, der Bergleute mit Bergmannsversorgungsschein und der Opfer des Nationalsozialismus:

1. Will der Arbeitgeber einem Schwerbeschädigten kündigen, so bedarf er hierzu der Zustimmung der Hauptfürsorgestelle[6].

2. Einer werdenden oder stillenden Mutter kann nur gekündigt werden, wenn die Kündigung von der für den Arbeitsschutz zuständigen obersten Landesbehörde oder von der von ihr bestimmten Stelle für zulässig erklärt worden ist[7].

3. Der Angestellte des öffentlichen Dienstes ist nach einer Dienstzeit von 25 Jahren unkündbar; zum Zwecke der Änderung des Arbeitsvertrags oder bei amtsärztlich festgestellter Verminderung der

---

[3] Für den Akt behördlicher Billigung einer Kündigung wird in den Gesetzen am häufigsten die Bezeichnung „Zustimmung" (§ 14 SchwBG; § 16 Abs. 1 KSchG; § 16 Abs. 4 u. 5 TO. A; § 11 Abs. 1 nw. BergmVersSchG; Art. 2 des württ.-bad. VerfolgtenSchG; § 1 rh.-pf. KSchVO) gebraucht; es kommen aber auch die Bezeichnungen „Genehmigung" (§ 1 Abs. 3 KlGVO; § 1 württ.-hoh. KlGVO; § 20 Abs. 2 schlesw.-holst. KlGG; § 2 rh.-pf. KlGG) und „Zulässigerklärung" (§ 9 Abs. 2 MuSchG) vor. Von der Zustimmung oder Genehmigung unterscheidet sich die Zulässigerklärung nicht nur im Ausdruck, sondern auch in der rechtlichen Bedeutung. Im folgenden soll nach dem Vorbild des Bürgerlichen Gesetzbuchs, das als Zustimmung sowohl die dem Rechtsgeschäft vorausgehende Einwilligung als auch die ihm nachfolgende Genehmigung bezeichnet (§§ 183, 184), das Wort „Zustimmung" als Sammelname für jede Art behördlicher Einverständniserklärung verwendet werden, soweit es nicht gerade auf den Unterschied der Bedeutung ankommt. Als gemeinsamen Oberbegriff verwendet das Wort „Zustimmung" auch *Kormann*, System der rechtsgeschäftlichen Staatsakte, 1910, S. 89.

[4] Z. B. die Anhörung der Hauptfürsorgestelle vor der Entlassung eines schwerbeschädigten Beamten (§ 35 Abs. 2 SchwBG) und die schriftliche Anzeige des Arbeitgebers an das Arbeitsamt vor Massenentlassungen (§ 15 Abs. 1 KSchG).

[5] § 16 Abs. 1 KSchG.

[6] § 14 SchwBG.

[7] § 9 Abs. 2 Satz 1 MuSchG.

Dienstfähigkeit kann ihm zwar noch gekündigt werden, aber nur mit Zustimmung der obersten Arbeitsbehörde des Bundes oder des Landes[8].

4. Bergleuten, die einen Bergmannsversorgungsschein erhalten haben, kann in Nordrhein-Westfalen und in Niedersachsen nur mit behördlicher Zustimmung gekündigt werden[9].

5. In mehreren Bundesländern ist die Kündigung der Arbeitsverhältnisse von Opfern des Nationalsozialismus von der Zustimmung einer Behörde abhängig[10].

Der behördliche Kündigungsschutz ist aber nicht etwa seinem Wesen nach auf Arbeitsverhältnisse beschränkt. Auch anderen Dauerrechtsverhältnissen, insbesondere Miet- und Pachtverhältnissen, kann auf solche Weise eine größere, nicht mehr ausschließlich von dem Willen des kündigungsberechtigten Vertragspartners abhängige Bestandfestigkeit gegeben werden. Im geltenden Recht ist der Kleingartenpachtvertrag mit dem besonderen verwaltungsbehördlichen Schutz ausgestattet: Seine Kündigung durch den Verpächter bedarf der Genehmigung der Verwaltungsbehörde[11].

---

[8] § 16 Abs. 4 u. 5 TO. A; vgl. hierzu die Urteile des Bundesverwaltungsgerichts vom 29. 12. 1958 (MDR 1959, 241; DÖV 1959, 188; DVBl. 1959, 286; JR 1959, 274) und vom 9. 4. 1959 BVerwG II C 62.56.

[9] § 11 nw. BergmVersSchG (einem Inhaber des Bergmannsversorgungsscheins kann erst gekündigt werden, wenn die Zentralstelle für den Bergmannsversorgungsschein ihre Zustimmung zur Kündigung erteilt hat); § 1 nds. BergmVersSchG (Arbeitnehmer des Bergbaus werden den Schwerbeschädigten gleichgestellt, wenn sie einen Bergmannsversorgungsschein haben).

[10] § 5 der württemberg-hohenzollernschen Rechtsanordnung über die Beschäftigung Schwerbeschädigter vom 14. 5. 1946 (ABl. S. 171); § 1 des württ.-bad. VerfolgtenSchG in Verbindung mit § 14 SchwBG (die für die Schwerbeschädigten geltenden Bestimmungen werden zugunsten der Verfolgten entsprechend angewendet); § 1 rh.-pf. KSchVO (sie findet nach § 6 keine Anwendung auf Verfolgte, die Schwerbeschädigte sind); § 10 a des Berl. Ges. über die Anerkennung als politisch, rassisch oder religiös Verfolgter vom 20. 3. 1950 (VBl S. 93) i. d. F. des Ges. v. 22. 12. 1952 (GVBl. S. 1184), in welchem die Kündigung des Arbeitsverhältnisses eines anerkannten Verfolgten und seines von der Verfolgung mitbetroffenen Ehegatten von der nach Anhörung des Senators für Arbeit zu erteilenden Zustimmung des Senators für Sozialwesen abhängig gemacht worden war, wurde aufgehoben durch § 46 Abs. 2 Buchst. a des Ges. v. 13. 4. 1956 (GVBl. S. 388). Das bayerische Gesetz zum Schutze der Arbeits- und Wohnverhältnisse der aus religiösen, rassischen oder politischen Gründen Verfolgten vom 18. 1. 1949 (GVBl. S. 23) ist durch die Entscheidung des Bayer. Verfassungsgerichtshofs vom 27. 11. 1950 AS.N.F. Bd. 3 S. 129) für nichtig erklärt worden (durch § 1 Abs. 1 waren die Geschädigten in den Schutz des Schwerbeschädigtengesetzes einbezogen worden, soweit ihre Erwerbsfähigkeit nicht nur vorübergehend um mindestens 50 vom Hundert vermindert war).

[11] § 1 Abs. 3 S. 1 KlGVO. Landesrechtliche Sonderregelungen der Genehmigungspflicht sind ergangen für Württemberg-Hohenzollern durch § 1 württ.-hoh. KlGVO, für Schleswig-Holstein durch § 20 Abs. 2 schlesw.-holst. KlGG und für Rheinland-Pfalz durch § 2 rh.-pf.KlGG.

2. *Der Zustimmungsvorbehalt*

Was als behördlicher Kündigungsschutz bezeichnet zu werden pflegt, ist in Wirklichkeit keine schützende Tätigkeit der Behörde zugunsten des von der Kündigung Betroffenen. Die behördliche Zustimmung begünstigt nicht den, dem gekündigt wird, sondern den, der kündigt. Sie gibt dem kündigungswilligen Vertragspartner die Kündigung frei. Die Behörde ist nicht zuständig, im Einzelfall Kündigungsschutz zu gewähren; sie hebt vielmehr einen an sich bestehenden Kündigungsschutz auf, indem sie der Kündigung zustimmt. Nicht einmal dann gewährt die Behörde dem Kündigungsgegner Schutz, wenn sie die Zustimmung ablehnt; denn durch die Ablehnung erhält der Kündigungsgegner keinen Rechtsstand, den er nicht schon vorher hatte[12]. Die Rechtslage des Schwerbeschädigten ändert sich nicht, wenn die Hauptfürsorgestelle den Antrag seines Arbeitgebers auf Erteilung der Zustimmung zur Kündigung ablehnt; sein Arbeitsverhältnis hat nach dem Ablehnungsbescheid keinen anderen Inhalt, sein Arbeitsvertrag keine stärkere Gültigkeit als vorher. Nur die zustimmende Entscheidung wirkt sich auf sein Arbeitsverhältnis aus, und zwar zu seinen Ungunsten, weil sie die Beendigung des Arbeitsverhältnisses ermöglicht.

Den Kündigungsschutz gibt nicht die Behörde, sondern das Gesetz, indem es dem einen der beiden Vertragspartner verbietet zu kündigen. Gesetzliche Kündigungsverbote können, müssen aber nicht mit der Einschaltung einer Verwaltungsbehörde in den Gang des Kündigungsverfahrens verbunden sein[13]. Ist eine Behörde in den Gang des Kün-

---

[12] Die Ablehnung beseitigt zwar, wenn die Zustimmung nachträglich erteilt werden kann, einen Schwebezustand. Die Wirkung der Beendigung des Schwebezustands besteht aber nur darin, daß die zunächst schwebend unwirksame Kündigung endgültig unwirksam bleibt, also keinen Einfluß auf das Vertragsverhältnis haben kann. Bis zur behördlichen Versagung der Zustimmung war die Kündigung auch nicht vorläufig wirksam.

[13] Gesetzliche Kündigungsverbote ohne Einschaltung einer Verwaltungsbehörde bestehen gegenüber Betriebsratsmitgliedern (§ 13 KSchG), ehrenamtlichen Arbeitsrichtern und Sozialrichtern (§ 26 ArbGG, § 20 SGG). Gesetzliche Kündigungsverbote bestehen ferner gegenüber Heimkehrern (nach § 8 des Heimkehrergesetzes i. d. F. vom 17. 8. 1953 — BGBl. I 931 — darf dem Heimkehrer während der ersten 6 Monate nach Beginn des ersten Arbeitsverhältnisses nach der Entlassung oder nach dem Wiedereintritt in das frühere Arbeitsverhältnis nicht wegen einer durch die Kriegsgefangenschaft oder Internierung verursachten Minderleistungsfähigkeit gekündigt werden) sowie aus Anlaß des Wehrdienstes (nach § 3 Abs. 2 Satz 1 und Abs. 3 Satz 1 des Freiwilligengesetzes vom 23. 7. 1955 — BGBl. I 449 — ist die Kündigung gegenüber Arbeitnehmern während der Eignungsübung sowie vor und nach der Eignungsübung aus Anlaß derselben verboten; § 2 Abs. 1 S. 1 des Eignungsübungsgesetzes vom 20. 1. 1956 — BGBl. I 13 — verbietet die Kündigung gegenüber Arbeitnehmern und Handelsvertretern während der Eignungsübung; § 2 Abs. 1 und Abs. 1 S. 1 des Arbeitsplatzschutzgesetzes vom 10. 3. 1957 — BGBl. I 293 — enthält ein Verbot der Kündigung gegenüber Arbeitnehmern während des Grundwehrdienstes oder während einer Wehrübung sowie vor und nach dem Wehrdienst aus Anlaß des Wehrdienstes).

digungsverfahrens derart eingeschaltet, daß von ihrer Zustimmung die Wirksamkeit der Kündigung abhängig ist, dann braucht es sich noch nicht um behördlichen Kündigungsschutz zu handeln[14]. Behördlicher Kündigungsschutz liegt nur dann vor, wenn die Zustimmung einer Verwaltungsbehörde vorgeschrieben ist, um den wirtschaftlich schwächeren Vertragspartner gegen die Entziehung seiner wirtschaftlichen Daseinsgrundlage zu schützen, im Arbeitsverhältnis also den Arbeitnehmer, im Pachtverhältnis den Pächter. Dies ist auch der Grund, warum es einen behördlichen Kündigungsschutz nur bei Dauerrechtsverhältnissen gibt. Diese sind regelmäßig die Existenzgrundlage oder doch eine für die Lebensführung nicht unwesentliche Grundlage wirtschaftlich schwächerer Gruppen der Bevölkerung. Für den rechtlichen Schutz des wirtschaftlich Schwächeren der beiden Vertragspartner reicht zwar in der Regel der von sozialen Gesichtspunkten getragene allgemeine Kündigungsschutz aus, den das Arbeitsrecht oder das Pachtrecht dem einzelnen gewährt und dessen Geltendmachung es in seine Hand legt. Der behördliche Kündigungsschutz kommt nur für solche Vertragsverhältnisse in Betracht, an deren Aufrechterhaltung nicht nur dem betroffenen Vertragspartner gelegen ist, so daß es auch nicht allein von seinem Willen abhängig sein soll, ob die Kündigung des Vertragsgegners wirksam wird.

Das gesetzliche Kündigungsverbot kann ausdrücklich ausgesprochen sein wie in § 9 Abs. 1 Satz 1 MuSchG: „Die Kündigung gegenüber einer Arbeitnehmerin während der Schwangerschaft und bis zu vier Monaten nach der Niederkunft ist unzulässig ...“ Ein ausdrückliches gesetzliches Kündigungsverbot enthält auch § 1 Abs. 1 Satz 1 KlGVO: „Pachtverträge über kleingärtnerisch genutztes Land dürfen, abgesehen von den in Abs. 2 bezeichneten Fällen, vom Verpächter nicht gekündigt werden.“ In der Regel begnügt sich das Gesetz mit der Vorschrift, daß die Kündigung der Zustimmung der Behörde bedarf[15]. Aus dem Zustimmungserfordernis ist zu schließen, daß die Kündigung ohne die vorgeschriebene behördliche Zustimmung verboten ist.

Das Gesetz verbietet die Kündigung des Vertragsverhältnisses nur für die Regel. Mit dem Erfordernis behördlicher Zustimmung erteilt es gleichzeitig der Behörde die Ermächtigung, für den Einzelfall eine Ausnahme zu bewilligen. In dieser Hinsicht gleicht das Kündigungs-

---

[14] Nach § 1 ArbPlWVO (außer Kraft getreten gemäß § 25 KSchG) war zur Kündigung eines Arbeitsverhältnisses die Zustimmung des Arbeitsamts erforderlich. Der Zustimmung bedurfte aber auch die Kündigung durch den Arbeitnehmer; durch das Zustimmungserfordernis sollte nicht dieser geschützt, sondern der Arbeitseinsatz nach den kriegswirtschaftlichen Bedürfnissen gelenkt werden.

[15] Z. B. § 14 SchwBG.

verbot der Rechtsgestalt des „Polizeiverbots mit Erlaubnisvorbehalt“ (Otto *Mayer*)[16]; sie ist ein Kündigungsverbot mit Zustimmungsvorbehalt[17]: Die Kündigung ist verboten kraft Gesetzes, aber gestattet, wenn die Behörde ihre Zustimmung gibt. Die Form des Verbots mit Zustimmungsvorbehalt ermöglicht es der Behörde, vorbeugend zu prüfen, ob der einseitigen Aufhebung des Dauerrechtsverhältnisses Bedenken entgegenstehen, deren Geltendmachung zu ihrer Aufgabe gehört. Die Zustimmung beseitigt das Verbot für den Einzelfall; die Versagung der Zustimmung erhält es für den Einzelfall aufrecht. Das Verbot ist eine Überwachungsmaßnahme; es erfaßt alle Kündigungsfälle, auch wenn sie im Einzelfall dem vom Gesetzgeber verfolgten Schutzzweck nicht entgegenstehen.

Das gesetzliche Verbot kann auch den Sinn haben, die Kündigung nicht nur vorbeugend auf ihre Unbedenklichkeit zu prüfen, sondern sie darüber hinaus als im allgemeinen unerwünscht zu unterdrücken. Durch die besondere Art der Regelung bringt der Gesetzgeber zum Ausdruck, daß die behördliche Gewährung einer Ausnahme für den Einzelfall eine wirkliche Ausnahme, die Aufrechterhaltung des Verbots dagegen die Regel sein soll. Er ermächtigt die Behörde zur Gewährung einer Ausnahme von dem Kündigungsverbot nur „ausnahmsweise“. Ist dadurch die Behörde bei der Ausübung ihres Ermessens an die Richtlinie gebunden, die Zustimmung zur Kündigung in der Regel zu versagen und nur in besonderen Ausnahmefällen zu erteilen, dann wird das Kündigungsverbot zur „Kündigungssperre mit Vorbehalt der Ausnahmebewilligung“. Als eine Ausnahmebewilligung in diesem Sinne sieht die herrschende Lehre die Zulässigerklärung der Kündigung gegenüber der erwerbstätigen Mutter (§ 9 MuSchG) an[18]. Vom einfachen Verbot mit Zustimmungsvorbehalt unterscheidet sich das mutterschutzrechtliche Kündigungsverbot jedenfalls nicht im Wesen, sondern nur im Wirkungsgrad: Die Kündigung kann nicht nachträglich gebilligt werden, sondern darf erst aus-

---

[16] Deutsches Verwaltungsrecht Bd. 1, 1895, S. 287 (zitiert nach der 1. Auflage).

[17] Ebenso *Molitor*, Die Kündigungsgenehmigung, in: Deutsches Arbeitsrecht 1944 S. 49; *ders.*, Die Kündigung 2. Aufl. 1951 S. 215, 241; *Sellmann*, Gesetz über die Beschäftigung Schwerbeschädigter, 1954, Erl. 48 zu § 14; *Bulla*, Mutterschutz und Frauenarbeitsrecht, 1954, Erl. 82 zu § 9 MuSchG.

[18] Z. B. *Bulla*, Erl. 9 zu § 9 MuSchG. Hierher gehört auch Art. 2 Abs. 2 Satz 1 des württ.-bad. VerfolgtenSchG: Die Zustimmung kann nur erteilt werden, wenn die Kündigung trotz der Rücksicht, die den Verfolgten gebührt, aus zwingenden Gründen geboten ist. Auch beim Vorliegen eines „wichtigen Kündigungsgrundes“ kann der Zweck des Verfolgtenschutzes die Aufrechterhaltung des Arbeitsverhältnisses gebieten. Über den Begriff der Ausnahmebewilligung vgl. BGH 29. 11. 1951 ArchöR Bd. 78, 102 und die Anmerkung von Ernst Rudolf *Huber* hierzu in ArchöR Bd. 78, 112.

gesprochen werden, nachdem sie für zulässig erklärt ist; die Zulässigerklärung liegt außerdem stets im Ermessen der Behörde. Auch der Massenentlassungsschutz wird als „Entlassungssperre" bezeichnet (§ 15 ff. KSchG); dadurch soll jedoch zum Ausdruck gebracht werden, daß er nur ein vorübergehend wirksames Hindernis, eine Sperre auf Zeit ist. Um „behördlichen" Kündigungsschutz handelt es sich aber nur dann, wenn die Kündigung nicht schlechthin ausgeschlossen ist, sondern wenn eine Behörde noch Ausnahmen bewilligen kann.

3. *Die Abhängigkeit des Zustimmungserfordernisses vom Wissen und Verhalten der Beteiligten*

a) Das Wissen des kündigenden Vertragspartners

Daß der Kündigungsschutz von Gesetzes wegen besteht, hat zur Folge, daß er grundsätzlich unabhängig ist davon, ob die Beteiligten den Sachverhalt kennen, der den Kündigungsschutz begründet.

Der Schwerbeschädigte genießt den besonderen Kündigungsschutz des Schwerbeschädigtengesetzes auch dann, wenn der Arbeitgeber von der Schwerbeschädigteneigenschaft keine Kenntnis hat. Der Arbeitgeber kann allenfalls den Arbeitsvertrag anfechten wegen arglistiger Täuschung oder wegen Irrtums über eine wesentliche Eigenschaft; die Anfechtung wirkt wie die Kündigung nur für die Zukunft, macht aber, wenn sie zulässig und wirksam ist, die behördliche Zustimmung entbehrlich[19]. Die Unkenntnis des Arbeitgebers kann jedoch den Kündigungsschutz ausschließen bei Minderbeschädigten und Schwererwerbsbeschränkten, die gemäß § 2 SchwBG den Schwerbeschädigten gleichgestellt werden; sie genießen nicht wie die in § 1 aufgeführten Gruppen von Schwerbeschädigten den Kündigungsschutz kraft Gesetzes, sondern auf Grund des Gleichstellungsbescheids, den die Hauptfürsorgestelle auf ihren Antrag erteilt. Der Arbeitgeber kann deshalb ohne Zustimmung der Hauptfürsorgestelle wirksam kündigen, wenn das Arbeitsverhältnis zur Zeit der Gleichstellung bereits bestand, diese aber dem Arbeitgeber noch nicht bekanntgegeben und infolgedessen

[19] Ob und wie der Arbeitgeber einen Schwerbeschädigten entlassen kann, dessen Schwerbeschädigteneigenschaft ihm bei der Einstellung nicht bekannt gewesen ist, ist strittig. Der Streit bezieht sich hauptsächlich darauf, ob behördlichen Kündigungsschutz auch derjenige Schwerbeschädigte genießt, der vom Arbeitgeber über die Pflichtquote hinaus eingestellt ist. Nach der im Schrifttum überwiegenden Meinung besteht keine Wechselwirkung zwischen Einstellungspflicht und Kündigungsschutz. Vgl. *Hueck-Nipperdey*, Lehrbuch des Arbeitsrechts Bd. 1, 6. Aufl., 1958 S. 427; *Ehmke*, Der Kündigungsschutz des Schwerbeschädigten „Arbeitsrechtsblattei" D Schwerbeschädigte II, B III 3; *Rewolle*, Gesetz über die Beschäftigung Schwerbeschädigter (Loseblattausgabe) Erl. II zu § 14 SchwBG; *Sellmann* Erl. 27 bis 32 zu § 14 SchwBG.

ihm gegenüber noch nicht wirksam geworden ist[20]. Das gleiche gilt für den Inhaber eines Bergmannsversorgungsscheins; er muß dem Arbeitgeber bei der Einstellung davon Kenntnis geben, daß er den Schein besitzt und von seinen Rechten Gebrauch machen will[21].

Auch bei der Kündigung gegenüber der erwerbstätigen Mutter kommt es nicht darauf an, ob dem Arbeitgeber zur Zeit der Kündigung die Schwangerschaft oder Niederkunft bekannt war. Zwar sind die werdenden Mütter verpflichtet, dem Arbeitgeber ihre Schwangerschaft und den mutmaßlichen Tag der Niederkunft mitzuteilen, sobald ihnen ihr Zustand bekannt ist, und sie sollen auf Verlangen des Arbeitgebers das Zeugnis eines Arztes oder einer Hebamme vorlegen (§ 5 Abs. 1 Satz 1 und 2 MuSchG); aber es genügt, daß dem Arbeitgeber die Schwangerschaft oder Niederkunft innerhalb einer Woche nach Zugang der Kündigung mitgeteilt wird (§ 9 Abs. 1 Satz 1 MuSchG). Mit dieser Einschränkung ist also auch die Kündigung gegenüber einer werdenden Mutter oder Wöchnerin trotz Unkenntnis des Arbeitgebers unwirksam[22].

Die Wirksamkeit des Massenentlassungsschutzes (§§ 15 ff. KSchG) ist nicht abhängig davon, ob der Arbeitgeber von vornherein die Absicht gehabt oder auch nur mit der Möglichkeit gerechnet hat, daß die Entlassung von Arbeitnehmern innerhalb der nächsten vier Wochen die gesetzliche Mindestzahl erreichen werde. Zwar ist er ver-

---

[20] Ist der Gleichstellungsbescheid schon vor Begründung des Arbeitsverhältnisses ergangen, dann ist der behördliche Kündigungsschutz in gleicher Weise wirksam wie für diejenigen, die die Schwerbeschädigteneigenschaft kraft Gesetzes besitzen. Die Zustimmung der Hauptfürsorgestelle ist aber selbst dann nicht erforderlich, wenn dem Arbeitgeber bekannt ist, daß ein Gleichstellungsverfahren schwebt, und er kündigt in der Absicht, dem Eintritt des Kündigungsschutzes zuvorzukommen. Die Kündigung verletzt in einem solchen Falle nicht ein bestehendes Kündigungsverbot; sie kann aber wegen eines Verstoßes gegen Treu und Glauben oder gegen die guten Sitten bürgerlich-rechtlich unwirksam sein. Vgl. *Sellmann* Erl. 15 und 18 zu § 2 SchwBG.

[21] BAG 9. 2. 1956 AP Nr. 1 zu § 10 nw. BergmVersSchG (mit ablehnender Anmerkung von *Schmidt*). § 6 der 1. DVO zum nds. Berm VersSchG beugt der Vereitelung des behördlichen Kündigungsschutzes durch den Arbeitgeber wirksamer vor, als es die Berufung des Arbeitnehmers auf Treu und Glauben und die guten Sitten vermag: wenn der Antrag auf Erteilung eines Bergmannsversorgungsscheins gestellt ist, kann das Arbeitsverhältnis des Antragstellers im Wege der ordentlichen, befristeten Kündigung nur gekündigt werden, wenn der Antrag nach Auskunft der Knappschaft aussichtslos erscheint; die fristlose Kündigung aus wichtigem Grunde bleibt hiervon unberührt.

[22] Eine andere Frage ist es, ob die Tatsache der Nichtschwangerschaft bei Vertragsschluß allgemein vorausgesetzt wird und ob der Arbeitgeber wegen Irrtums über eine wesentliche Eigenschaft den Arbeitsvertrag gemäß § 119 Abs. 2 BGB anfechten kann. Vgl. hierzu ArbG Bremen 20. 2. 1953 AP Nr. 1 zu § 9 MuSchG = Nr. 1 zu § 119 BGB.

pflichtet, die Stellungnahme des Betriebsrats herbeizuführen und, unter Beifügung dieser Stellungnahme, dem Arbeitsamt schriftliche Anzeige zu erstatten, bevor er die gesetzliche Mindestzahl von Arbeitnehmern innerhalb von vier Wochen entläßt (§ 15 Abs. 1 KSchG). Die Anzeigepflicht setzt Kenntnis des Tatbestandes voraus, der sie begründet. Aus der Anzeigepflicht folgt deshalb eine Überwachungspflicht des Arbeitgebers; er muß die Entlassungen zählen, um rechtzeitig zu erkennen, mit welchen Entlassungen die Freigrenze erreicht oder überschritten wird. Diejenige Entlassung, mit der die Freigrenze überschritten wird, bildet mit den innerhalb der letzten vier Wochen vorausgehenden Entlassungen eine rechnerische Einheit. Bei aufeinanderfolgenden Entlassungen kann es deshalb sein, daß erst die nachfolgende Zusammenrechnung ergibt, ob und in welchem Zeitpunkt die früheren Entlassungen gemäß § 16 KSchG wirksam geworden sind[23].

Der Kleingärtner kann sich auf den behördlichen Kündigungsschutz berufen, wenn das Pachtland ein Kleingarten im Sinne des Gesetzes ist. Der Verpächter kann nicht geltend machen, daß er das Land nicht als Kleingartenland habe verpachten wollen. Er kann andererseits auch dann, wenn ein Kleingartenpachtvertrag abgeschlossen wurde, geltend machen, daß das verpachtete Grundstück nicht dem gesetzlichen Begriff des Kleingartens entspreche.

b) Das Verhalten des gekündigten Vertragspartners

Es ist nicht ausgeschlossen, daß der Gesetzgeber ein Kündigungsverbot erläßt, das sich gegen beide Vertragspartner richtet und sogar die Aufhebung des Vertrags im beiderseitigen Einvernehmen an die Zustimmung der Behörde bindet[24]. Im Bereich des behördlichen Kündigungsschutzes wendet sich das gesetzliche Kündigungsverbot nur gegen einen der beiden Vertragspartner. Der einzelne Angehörige des geschützten Personenkreises wird nicht gegen seinen Willen an dem Vertragsverhältnis festgehalten. Dem gekündigten Vertragspartner steht es frei, seinerseits zu kündigen oder sich mit der Kündigung des anderen Vertragspartners einverstanden zu erklären. Die Erklärung des Einverständnisses braucht nicht ausdrücklich gegeben zu werden; sie kann sich auch aus einem schlüssigen Verhalten ergeben. Das wird insbesondere dann regelmäßig der Fall sein, wenn er schon vor dem

---

[23] BSG Urteil vom 9. 12. 1958 AP Nr. 3 zu § 15 KSchG; *Endemann-Müller*, Kündigungsschutzgesetz, 2. Aufl. Erl. 13 zu § 15; *Herschel-Steinmann*, Kündigungsschutzgesetz, 3. Aufl. Erl. 1a zu § 16; *Hueck*, Kündigungsschutzgesetz, 3. Aufl. Erl. 21 zu § 15, Erl. 2 zu § 16. A. M. *Nikisch*, Lehrbuch des Arbeitsrechts, Bd. 1, 2. Aufl. S. 684 und *Rohlfing-Rewolle*, Kündigungsschutzgesetz (Stand April 1957) Erl. 4 zu § 16.

[24] Z. B. § 1 ArbPlWVO (aufgehoben).

Zugang der Kündigungserklärung die Absicht bekundet hatte, aus dem Vertragsverhältnis auszuscheiden, oder wenn er gleichzeitig mit der Entgegennahme der Kündigung oder im Anschluß daran mit dem kündigenden Vertragspartner eine Vereinbarung über eine Abfindung trifft. Erfolgt die Kündigung im beiderseitigen Einverständnis, dann liegt in Wirklichkeit keine einseitige Beendigung des Vertragsverhältnisses durch die Kündigung vor, sondern ein Aufhebungsvertrag. Ob das Verhalten des gekündigten Vertragspartners in diesem Sinne gedeutet werden darf, ist eine Frage des Einzelfalls. Es handelt sich hierbei weder um die Umdeutung eines nichtigen Rechtsgeschäfts in ein gültiges Rechtsgeschäft gemäß § 140 BGB noch um die Fiktion einer stillschweigenden Einverständniserklärung[25], sondern um die Erforschung des wirklichen Willens des Kündigungsgegners.

Die im Einverständnis mit dem Kündigungsgegner ausgesprochene Kündigung fällt nicht unter das gesetzliche Kündigungsverbot und bedarf deshalb auch nicht der behördlichen Zustimmung. Der Schluß von dem Verhalten des Kündigungsgegners auf dessen Einverständnis mit der Kündigung darf andererseits nicht der Umgehung des gesetzlichen Kündigungsverbots dienen. Es ist deshalb Zurückhaltung geboten, wenn aus dem Verhalten des Kündigungsgegners auf die Erklärung des Einverständnisses geschlossen werden soll. Daß er sich mit der Kündigung abfindet, insbesondere als Arbeitnehmer keinen Einspruch erhebt oder nach erfolglosem Einspruch nicht den Rechtsweg beschreitet oder erschöpft oder sich um eine andere Arbeitsstelle umsieht oder als Kleingärtner das von ihm bisher benutzte Grundstück räumt, reicht keinesfalls aus, um auf eine Einverständniserklärung zu schließen[26].

Auch die Wirksamkeit des Massenentlassungsschutzes (§§ 15 ff. KSchG) ist unabhängig davon, wie der einzelne von der Massenentlassung betroffene Arbeitnehmer auf seine Entlassung reagiert; sie ist insbesondere unabhängig davon, ob er sich auf den Massenentlassungsschutz beruft[27]. Sein untätiges Verhalten ist jedenfalls dann unverwertbar, wenn er keine Kenntnis davon hatte und zu haben

---

25 So *Molitor* Anm. zu AP Nr. 1 und 2 zu § 15 KSchG.

26 Bedenklich ist deshalb die Umdeutung der Kündigung in einen Aufhebungsvertrag, wenn der gekündigte Arbeitnehmer in Kenntnis seiner Schwerbeschädigteneigenschaft widerspruchslos seine Arbeitspapiere entgegennimmt, nach Ablauf der Kündigungsfrist nicht mehr zur Arbeit erscheint und eine andere Tätigkeit annimmt (so RG 19. 3. 1929, RGZ 124,17).

27 A. M. BAG Urteile vom 6. 11. und 13. 12. 1958 AP Nr. 1 und 2 zu § 15 KschG, mit im Ergebnis zustimmender Anm. von *Molitor,* sowie Urteil vom 23. 10. 1959 AP Nr. 5 zu § 15 KSchG. Gegen die Auffassung des Bundesarbeitsgerichts wendet sich *Gebhardt,* Zum Kündigungsschutz bei Massenentlassungen, in: Arbeit und Recht 1959, 298—301.

brauchte, daß es sich um einen Massenentlassungsvorgang handelt. Er kann es häufig nicht beurteilen, ob mit seiner Entlassung oder mit der später erfolgenden Entlassung eines anderen Arbeitnehmers die Freigrenze erreicht oder überschritten wird. Da überdies fristlose Entlassungen und die Entlassungen leitender Angestellter nicht mitgerechnet werden (§ 15 Abs. 2 und 3 KSchG), kann es für ihn schwierig sein festzustellen, welche Entlassungen zu zählen sind und welche nicht. Das Gesetz fordert von ihm keine Prüfung der vor oder nach oder gleichzeitig mit ihm erfolgenden Entlassungen. Er ist nicht verpflichtet, seine Entlassung daraufhin zu prüfen, ob sie gegen das Massenentlassungsverbot verstößt, und das Ergebnis seiner Prüfung dem Arbeitgeber oder dem Betriebsrat oder dem Arbeitsamt mitzuteilen. Er hat keine Erkundigungspflicht und keine Pflicht zur Geltendmachung der auf dem Massenentlassungsschutz beruhenden Unwirksamkeit seiner Entlassung. Es besteht nicht nur keine Pflicht des einzelnen Arbeitnehmers, sich auf den Massenentlassungsschutz zu berufen, um ihn wirksam zu machen; auch die bloße Möglichkeit, den Entlassungsschutz geltend zu machen, ist für dessen Wirksamkeit unbeachtlich. Ist es nämlich in das Belieben des einzelnen Arbeitnehmers gestellt, ob er von dem Massenentlassungsschutz Gebrauch machen will, hängt aber die Unwirksamkeit der Entlassung davon ab, daß er von dieser Möglichkeit Gebrauch macht, dann hat er es in der Hand, durch Unterlassung der rechtzeitigen Geltendmachung des Mangels nicht nur der gegen ihn ausgesprochenen Kündigung volle Wirksamkeit zu geben, sondern auch die Berücksichtigung seines Kündigungsfalles bei der Zählung der Entlassungsfälle und damit den Massenentlassungsschutz für die übrigen von der Massenentlassung betroffenen Arbeitnehmer auszuschalten, soweit der gesetzliche Schutz von der Mitzählung seiner Entlassung abhängt. Für den einzelnen Arbeitnehmer würde die gesetzlich bestimmte Unwirksamkeit der Entlassung zur bloßen Anfechtbarkeit, für die es an einer gesetzlich bestimmten Anfechtungsfrist fehlte. Ist die Unwirksamkeit der gegen das Massenentlassungsverbot verstoßenden Kündigung unabhängig von ihrer Geltendmachung durch den einzelnen Arbeitnehmer, so wird hierdurch das Grundrecht des Arbeitnehmers, seinen Arbeitsplatz frei zu wählen (Art. 12 Abs. 1 GG), nicht berührt[28]. Seine verfassungsmäßig gewährleistete Entscheidungsfreiheit bleibt bestehen, denn trotz der Unwirksamkeit der vom Arbeitgeber vorgenommenen Entlassung kann der Arbeitnehmer seinerseits kündigen und einen anderen Arbeitsplatz annehmen.

---

[28] A. M. BAG Urteil vom 6. 11. 1958 AP Nr. 1 zu § 15 KSchG.

§ 2. Das Wesen des öffentlichrechtlichen Kündigungsschutzes

Der öffentlich-rechtliche Kündigungsschutz ist eine dem bürgerlichrechtlichen Kündigungsschutz gegenüber selbständige Rechtseinrichtung. Er ist von diesem verschieden nach dem Kreis der geschützten Personen, nach dem Zweck, den der Gesetzgeber erreichen will, und nach den gesetzlichen Mitteln, mit denen der Schutz verwirklicht wird.

1. *Der geschützte Personenkreis*

Der behördliche Kündigungsschutz der Arbeitnehmer ist ein zusätzlicher Kündigungsschutz. Er tritt neben den allgemeinen Kündigungsschutz, den sie als Arbeitnehmer haben, und deckt sich nicht mit diesem. Von dem Massenentlassungsschutz abgesehen, genießt nur ein Teil der Arbeitnehmer behördlichen Kündigungsschutz; andererseits genießen nicht alle Arbeitnehmer mit behördlichem Kündigungsschutz auch den allgemeinen Kündigungsschutz. Es kann sein, daß ein Arbeitnehmer in einem bestimmten Kündigungsfall nur den allgemeinen oder nur den behördlichen Kündigungsschutz oder beides zugleich besitzt; es kann außerdem sein, daß er zur gleichen Zeit einen mehrfachen behördlichen Kündigungsschutz hat, der nach Voraussetzungen, Verfahren und Behördenzuständigkeit verschieden ist.

Der arbeitsrechtliche Kündigungsschutz ist ein allgemeiner Kündigungsschutz. Er erfaßt grundsätzlich alle Arbeitnehmer, setzt aber voraus, daß diese länger als sechs Monate ohne Unterbrechung in demselben Betrieb oder Unternehmen beschäftigt sind und das 20. Lebensjahr vollendet haben (§ 1 Abs. 1 KSchG); er gilt auch nur in beschränktem Umfang für Angestellte in leitenden Stellungen (§ 12 KSchG). In der Regel läßt er das Recht zur außerordentlichen Kündigung unberührt (§ 11 Abs. 1 Satz 1 KSchG).

Der behördliche Kündigungsschutz von Arbeitsverhältnissen ist im allgemeinen beschränkt auf bestimmte Arbeitnehmergruppen, wie Schwerbeschädigte, erwerbstätige Mütter, unkündbare Angestellte des öffentlichen Dienstes, Bergleute mit Bergmannsversorgungsschein usw. Bei diesen ist er unabhängig vom Lebensalter, von der Dauer der Beschäftigung und von der Stellung im Betrieb; bestehen ausnahmsweise Vorschriften über Art und Mindestdauer der Beschäftigung als Voraussetzung des Schutzes (z. B. § 19 Abs 4 SchwBG), dann sind sie anders abgegrenzt als in dem allgemeinen, arbeitsrechtlichen Kündigungsschutz. Der behördliche Kündigungsschutz kann die fristlose Kündigung unberührt lassen (§ 19 Abs. 2 SchwBG); er kann sie aber auch in den Schutz einbeziehen (§ 9 MuSchG). Die Angehörigen der besonders geschützten Arbeitnehmergruppen haben die Wahl, ob sie sich auf den arbeitsrechtlichen oder auf den behördlichen Kündigungsschutz berufen wollen oder auf beiden Arten zugleich. Diese Wahlmöglichkeit gilt allerdings nur hinsichtlich des Gebrauchs von Rechtsbehelfen und der Beschreitung des Rechtswegs; für das Arbeitsgericht kann sich die Notwendigkeit ergeben, ein gesetzliches Kündigungsverbot von Amts wegen zu beachten.

Ein zusätzlicher behördlicher Kündigungsschutz, der dem Arbeitnehmer neben dem allgemeinen arbeitsrechtlichen Kündigungsschutz zugute kommt, ist auch der Massenentlassungsschutz (§§ 15 ff. KSchG). Der Ausschluß der Betriebsangehörigen in leitenden Stellungen ist der gleiche wie beim allgemeinen Kündigungsschutz (§§ 12, 15 Abs. 3 KSchG); im übrigen aber erfaßt er auch die erst kurze Zeit beschäftigten und die jugendlichen Arbeitnehmer, die nach § 1 Abs. 1 vom allgemeinen Kündigungsschutz ausgenommen sind. Wie der allgemeine Kündigungsschutz gegenüber der außerordentlichen Kündigung versagt (§ 11 Abs. 1 KSchG), so werden bei Massenentlassungen die fristlosen Entlassungen bei der Berechnung der Mindestzahl der Entlassungen nicht mitgerechnet (§ 15 Abs. 2 KSchG). Die Zustimmung des Landesarbeitsamts zu einer Massenentlassung nimmt dem einzelnen entlassenen Arbeitnehmer nicht die Möglichkeit, die Sozialwidrigkeit der Kündigung vor dem Arbeitsgericht geltend zu machen, und zwar auch dann nicht, wenn die Kündigung ihm gegenüber mit dringenden betrieblichen Erfordernissen begründet wurde (§ 1 Abs. 3 KSchG)[1].

Im Pachtrecht gibt es gegenwärtig kein Übereinandergreifen und keine Konkurrenz eines bürgerlich-rechtlichen und eines behördlichen Pachtschutzes. Der behördliche Kündigungsschutz des Kleingärtners ist der einzige Kündigungsschutz, den er besitzt. Er hat daneben keinen, dem arbeitsrechtlichen Kündigungsschutz vergleichbaren, von sozialen Erwägungen getragenen pachtrechtlichen Kündigungsschutz. Kleingartenpachtverträge sind keine Landpachtverträge im Sinne des § 1 LandpachtG.

2. *Der Zweck der Einschaltung der Verwaltungsbehörde in das Kündigungsverfahren*

Eine auffällige Eigenart des behördlichen Kündigungsschutzes ist es, daß der geschützte Vertragspartner selbst nichts oder so gut wie nichts zu seinem Schutze tun kann. Er kann die Behörde nicht anrufen, um ihr Verfahren in Gang zu bringen; es ist Sache des Kündigenden dies zu tun. Ohne dessen Antrag trifft die Behörde keine Entscheidung über die Kündigung, selbst dann nicht, wenn der Gekündigte darum bittet oder wenn die Behörde auf andere Weise von der Kündigung erfährt. Nur ausnahmsweise ist vorgeschrieben, daß der Gekündigte zu hören ist (§ 17 SchwBG); in der Regel ist die An-

---

[1] BAG 27. 2. 1958 AP Nr. 1; zu § 1 KSchG mit Anm. v. *Herschel.*

hörung nicht gesetzlich vorgesehen. Dem Schwerbeschädigten ist die Entscheidung der Hauptfürsorgestelle wenigstens zuzustellen (§ 17 Abs. 2 Satz 1); in den meisten anderen Fällen ist über die Bekanntgabe an den Betroffenen nichts bestimmt. Es ist nicht einmal ausgeschlossen, daß dieser von dem behördlichen Verfahren und seinem Ergebnis nichts erfährt; das wird sogar regelmäßig dann der Fall sein, wenn die Kündigung noch nicht ausgesprochen ist und die behördliche Zustimmung nicht erteilt wird aus einem Grunde, der ohne Anhörung des Betroffenen festgestellt werden kann. Bei der Kündigung der Schwerbeschädigten und bei der Massenentlassung gibt es einige Mindestvorschriften für das behördliche Verfahren, in den übrigen Fällen gibt es keine Vorschriften für das Zustimmungsverfahren.

Der Gekündigte ist Objekt, nicht Subjekt des Verfahrens. Die passive Rolle, die ihm im behördlichen Zustimmungsverfahren zugewiesen ist, hat ihren Grund zu einem Teil darin, daß er nichts zu tun braucht, um in den Genuß des behördlichen Kündigungsschutzes zu kommen, weil er ihn schon kraft Gesetzes genießt. Darüber hinaus läßt aber die Gestaltung des Zustimmungsverfahrens erkennen, daß die persönlichen Belange des Kündigungsgegners entweder keine oder doch nur eine untergeordnete Bedeutung haben.

Welchen Interessen der behördliche Kündigungsschutz dient, ist am deutlichsten ausgesprochen in den gesetzlichen Richtlinien für die Entscheidung des Landesarbeitsamts über die Zustimmung zur vorzeitigen Aufhebung der Entlassungssperre oder über die Verlängerung der Sperrfrist bei Massenentlassungen: Der Ausspruch hat sowohl das Interesse des Arbeitgebers als auch das der zu entlassenden Arbeitnehmer, das öffentliche Interesse und die Lage des gesamten Arbeitsmarkts unter besonderer Beachtung des Wirtschaftszweigs, dem der Betrieb angehört, zu berücksichtigen (§ 18 Abs. 3 Satz 1 KSchG). Arbeitsmarktpolitische und sozialpolitische Erwägungen greifen hier ineinander. Soweit das Interesse der zu entlassenden Arbeitnehmer berücksichtigt wird, bedarf es keiner Prüfung jedes Einzelfalls. Die betroffenen Arbeitnehmer bilden eine Gruppe, deren Interesse als Ganzes, nicht als Einzelinteresse jedes Angehörigen der Gruppe, in die Erwägungen einbezogen wird. Aus diesem Grunde braucht der Ausschuß auch nicht die einzelnen Arbeitnehmer zu hören; die Berücksichtigung der Arbeitnehmerinteressen gewährleistet das Gesetz durch die Zusammensetzung des Ausschusses, dem Vertreter der Arbeitnehmer angehören, und durch die Anhörung des Betriebsrats.

Die arbeitsmarktpolitischen Belange stehen bei Massenentlassungen naturgemäß im Vordergrund. Beim behördlichen Kündigungsschutz für Schwerbeschädigte, Bergarbeiter mit Bergmannsversorgungsschein und Opfer des Nationalsozialismus ist die Wahrung solcher Belange jedenfalls nicht ausdrücklich als Zweck des behördlichen Verfahrens ausgesprochen. Für diese Arbeitnehmergruppen enthalten die Gesetze keine Richtlinien, die die zu berücksichtigenden Interessen anführen[2]. Welche Belange durch die Einschaltung der Behörde gewahrt werden sollen, ist den gesetzlichen Voraussetzungen zu entnehmen, unter welchen die Zustimmung erteilt wird.

Bei der nicht in ihr Ermessen gestellten Zustimmung kann die Behörde auf die persönlichen Belange des Kündigungsgegners nur insoweit Rücksicht nehmen, als das Gesetz dies ausdrücklich gestattet. Bei Auflösung oder nicht nur vorübergehender Einstellung des Betriebs muß die Hauptfürsorgestelle die Zustimmung auch dann erteilen, wenn sie den betroffenen Schwerbeschädigten nicht anderweitig angemessen unterbringen kann; dessen Belange sind im Gesetz abschließend berücksichtigt durch die Dreimonatsfrist, die zwischen dem Tage der Kündigung und dem Tage, bis zu dem Lohn gezahlt wird, liegen muß (§ 18 Abs. 1 Satz 1 SchwBG). Nach dem nordrhein-westfälischen Gesetz über den Bergmannsversorgungsschein muß dem Antrag des Arbeitgebers auf Zustimmung zur Kündigung stattgegeben werden, wenn dem Berechtigten ein anderer angemessener Arbeitsplatz gesichert ist; die Sicherung eines anderen angemessenen Arbeitsplatzes ist zugleich die Grenze, innerhalb deren das Einzelinteresse an der Erhaltung des Arbeitsplatzes gesichert wird.

Die Richtlinien des Schwerbeschädigtengesetzes für die Ermessensentscheidungen der Hauptfürsorgestelle ergeben, daß es nicht der Zweck des Kündigungsverbotes ist, dem einzelnen Schwerbeschädigten seinen bisherigen Arbeitsplatz zu erhalten. Die Zustimmung soll auch erteilt werden, wenn dem Schwerbeschädigten ein anderer Arbeitsplatz gesichert ist (§ 18 Abs. 2 Buchst. a) oder wenn er das 65. Lebensjahr vollendet hat und wirtschaftlich ausreichend gesichert ist (§ 18 Abs. 2 Buchst. c), ja sogar, wenn der Arbeitgeber sich gegenüber einem anderen Schwerbeschädigten verpflichtet, ihn an Stelle des ausscheidenden Schwerbeschädigten zu beschäftigen (§ 18 Abs. 2 Buchst. b). Der behördliche Kündigungsschutz ist somit nicht Bestandsschutz für das einzelne Arbeitsverhältnis. Die Hauptfürsorgestelle überwacht in erster Linie, daß die Gesamtzahl der für Schwerbeschädigte verfügbaren Arbeitsplätze erhalten bleibt. Im Grunde genommen wird nicht der einzelne Schwerbeschädigte geschützt, sondern der Personenkreis der Schwerbeschädigten als Gruppe[3]. Es ist aber auch nicht die Gruppe der Schwerbeschädigten als Ganzes Träger

[2] Nach Art. 2 Abs. 2 württ.-bad.VerfolgtenSchG kann allerdings die Zustimmung nur erteilt werden, wenn die Kündigung „trotz der besonderen Rücksicht, die den Verfolgten gebührt“, aus zwingenden Gründen geboten ist.

[3] BVerwGE 8, 49; 8, 68.

eines rechtlich geschützten, von Vertretern der Gruppe wahrzunehmenden Gruppeninteresses. Der Schwerbeschädigtenschutz ist vielmehr Schwerbeschädigtenfürsorge. Der Schwerbeschädigte ist durch sein körperliches Leiden im Wirtschaftsleben und im Arbeitsprozeß in solchem Maße benachteiligt, daß er der Hilfe der Allgemeinheit und damit der öffentlichen Fürsorge bedarf. Der Schwerbeschädigtenschutz ist, wie jede öffentliche Fürsorge, Aufgabe der Allgemeinheit. Die Arbeitsverhältnisse der Schwerbeschädigten werden unter besonderen Schutz gestellt um der Allgemeinheit willen, als deren Aufgabe und Verpflichtung die staatliche Fürsorge für die Schwerbeschädigten anerkannt ist[4]. Die Einzelbelange des Schwerbeschädigten werden mitgeschützt, weil und soweit die Schwerbeschädigtenfürsorge als öffentliche Aufgabe gilt. Die Hauptfürsorgestelle darf deshalb auch dann, wenn sie nach ihrem Ermessen entscheiden kann, nicht in eine umfassende Prüfung der persönlichen Belange des Schwerbeschädigten eintreten. Es ist insbesondere nicht ihre Aufgabe zu prüfen, ob die Kündigung sozial gerechtfertigt im Sinne des Kündigungsschutzgesetzes ist; diese Prüfung ist dem Arbeitsgericht vorbehalten. Die Hauptfürsorgestelle hat nur zu prüfen, inwieweit das körperliche Leiden des Schwerbeschädigten, wegen dessen er den Schwerbeschädigtenschutz genießt, seine Stellung im Arbeitsprozeß beeinträchtigt. Sind mehr offene Pflichtplätze als Bewerber vorhanden, so übt sie ihr Ermessen nicht unsachgemäß aus, wenn sie feststellt, daß das Allgemeininteresse von der Kündigung nicht berührt wird[5].

Auch gegenüber der erwerbstätigen Mutter legt die fehlende gesetzliche Festlegung einer Beteiligung am behördlichen Verfahren den Schluß nahe, daß die Einschaltung der Behörde nicht dazu dient, das persönliche Interesse der Arbeitnehmerin an der Erhaltung des Arbeitsplatzes zu wahren. Daß auch hier Belange der Allgemeinheit im Spiele sind, also ein öffentliches Interesse zu wahren ist, wird besonders deutlich dadurch, daß die Zuwiderhandlung gegen das Kündigungsverbot sogar mit öffentlicher Strafe bedroht ist und die Straftat nicht etwa auf Privatklage oder Antrag der Mutter, sondern auf Verlangen des Gewerbeaufsichtsamts verfolgt wird (§ 20 MuSchG). Der Schutz der Arbeitnehmerin ist beschränkt auf einen gesetzlich festgelegten Zeitraum vor und nach der Niederkunft. Es ist dies die Zeit, in welcher der Verlust des Arbeitsplatzes zu wirtschaftlicher Not und seelischer Belastung und damit zu gesundheitlichen Nachteilen nicht

---

[4] Vgl. die Begründung zum Regierungsentwurf des Schwerbeschädigtengesetzes 1953 BT-Drucksache Nr. 3430: „Dem Schwerbeschädigtengesetz von 1920/23 liegt die im ganzen deutschen Volk lebendige Anschauung zugrunde, daß es Pflicht des Staates und eines nationale Aufgabe ist, Menschen, die im Dienst für die Allgemeinheit schwere gesundheitliche Schäden davongetragen haben, eine wirksame Hilfe in ihrem Lebenskampf zu gewähren."

[5] BVerwGE 8, 46.

nur für die Mutter, sondern auch für das Kind führen kann. Die Rücksichtnahme auf das Kind steht über dem vertraglichen Recht auf Auswertung der Arbeitskraft der Mutter. Der Schutz von Mutter und Kind dient der Erhaltung der Volksgesundheit. Die Zahl der berufstätigen, in abhängiger Stellung am Erwerbsleben teilnehmenden Frauen ist so erheblich, daß die Entlassung während der Schwangerschaft und der Stillzeit nicht nur die einzelne Arbeitnehmerin, sondern auch die Allgemeinheit treffen würde und deshalb als eine öffentliche Aufgabe empfunden wird[6].

Wo immer Gruppen von Arbeitnehmern behördlichen Kündigungsschutz genießen, liegen der gesetzlichen Regelung neben dem Zweck der Fürsorge auch arbeitsmarktpolitische Erwägungen zugrunde. Durch ein Leiden oder einen körperlichen Zustand sind die Angehörigen der Gruppe im freien Wettbewerb der Arbeitskräfte am Arbeitsmarkt benachteiligt oder es wirken sich, wie bei den Opfern des Nationalsozialismus, frühere Benachteiligungen noch aus. Das gesetzliche Kündigungsverbot gleicht die Benachteiligungen aus. Aufgabe der Behörde ist es dafür zu sorgen, daß die Lage der Gruppe am Arbeitsmarkt sich nicht verschlechtert. Beim allgemeinen Kündigungsschutz des § 1 KSchG kommt es darauf an, ob die Kündigungsgründe auch bei Abwägung der Interessen beider Vertragspartner von solchem Gewicht sind, daß sie die Kündigung als gerecht erscheinen lassen; nur dann ist sie „sozial gerechtfertigt". Die behördliche Zustimmung zur Kündigung darf nur erteilt werden, wenn der Beendigung des Arbeitsverhältnisses keine Belange der Allgemeinheit entgegenstehen. Anders als das Arbeitsgericht nimmt die Behörde keine Abwägung gleichwertiger privater Interessen vor; sie richtet vielmehr ihre Entscheidung nach dem Gemeinwohl aus. Für die Entscheidung darüber, was das Gemeinwohl gebietet, kann der Gesetzgeber allerdings auch die Berücksichtigung der Interessen beider Vertragspartner vorschreiben (§ 18 Abs. 3 Satz 1 KSchG).

Die einzelnen Voraussetzungen der Genehmigung der Kündigung von Kleingartenland lassen nicht ohne weiteres erkennen, welche Belange hier geschützt werden; insbesondere scheinen Zahlungsverzug

---

[6] Vgl. auch Art. 6 Abs. 4 GG: „Jede Mutter hat Anspruch auf den Schutz und die Fürsorge der Gemeinschaft."

Das Mutterschutzgesetz vom 17. 5. 1942 (RGBl. I 321) hatte den Zweck des Mutterschutzes in seinem Vorspruch festgelegt: „Die deutsche Frau kann ihre größte Leistung für die Volksgemeinschaft, die Geburt gesunder Kinder, nur vollbringen, wenn sie vor allen Schäden und Nachteilen vor und nach der Niederkunft behütet wird. Die Sorge für einen ausreichenden Schutz gilt allen deutschen Frauen. Vordringlich ist jedoch ein besonderer Schutz für die im Erwerbsleben stehende Mutter, die trotz erschwerter Lebensbedingungen dem Vaterlande Kinder schenkt. Damit sie die Pflichten ihrer Mutterschaft ungefährdet erfüllen kann, hat die Reichsregierung das folgende Gesetz beschlossen, das hiermit verkündet wird."

und Bewirtschaftungsmängel (§ 1 Abs. 2 Buchst. a und b KlGVO) als Gründe, bei deren Vorliegen die Genehmigung erteilt werden muß, sich nicht wesentlich zu unterscheiden von den Gründen, die schon nach allgemeinem bürgerlichen Recht zur fristlosen Kündigung durch den Verpächter berechtigen (§ 581 Abs. 2 in Verbindung mit §§ 553, 554 BGB).

Der Zweck der einzelnen Genehmigungsvoraussetzungen wird ersichtlich aus ihrem Zusammenhang mit der gesamten Ordnung des Kleingartenwesens. Grundstücke dürfen zum Zwecke der Weiterverpachtung als Kleingärten nur durch Körperschaften oder Anstalten des öffentlichen Rechts oder ein als gemeinnützig anerkanntes Unternehmen des Kleingartenwesens gepachtet oder nur an solche verpachtet werden; können solche Einrichtungen zur Kleingartennutzung geeignete Grundstücke nicht in dem von der höheren Verwaltungsbehörde für erforderlich erachteten Umfang beschaffen, so können Zwangspachtungen vorgenommen werden (§ 5 KlGO). Nach den §§ 7 und 8 KlGVO konnte angeordnet werden, daß in die mit einzelnen Kleingärtnern abgeschlossenen Nutzungsverträge ein bestimmtes gemeinnütziges Kleingartenunternehmen als Zwischenpächter eintrat; es konnten durch die zuständige oberste Behörde Kleingartenvereine oder Verbände von Kleingartenvereinen errichtet, aufgelöst oder miteinander vereinigt werden. Die Regel ist, daß Vertragspartner des Kleingärtners nicht ein privater Verpächter ist, sondern ein als gemeinnützig anerkannter Kleingartenverein, der seinerseits nur wieder Zwischenpächter einer öffentlich-rechtlichen Körperschaft, meistens einer kommunalen Gebietskörperschaft, ist[7]. Nach dem schleswig-holsteinischen Kleingartengesetz ist die Landbeschaffung für Kleingärten sogar eine Pflicht der Gemeinden, zu deren Erfüllung sie im Aufsichtswege angehalten werden können (§ 6 Abs. 1 schlesw.-holst. KlGG). Zahlungsverzug (§ 1 Abs. 2 Buchst. a KlGVO) schädigt nicht ein privatwirtschaftliches Interesse des Verpächters, sondern gefährdet die Erfüllung der gemeinnützigen Aufgabe des Vereins. Vertragswidrige Nutzung oder erhebliche Bewirtschaftungsmängel sind gröbliche Verletzung der dem Kleingärtner obliegenden Pflichten (§ 1 Abs. 2 Buchst. b KlGVO). Bei Unterlassung der Kündigung durch den Zwischenpächter kann diesem der Verpächter kündigen und in die Verträge mit einzelnen Kleingärtnern eintreten (§ 1 Abs. 2 Buchst. c KlGVO), um an Stelle des säumigen Zwischenpächters für eine Behebung der Mängel und notfalls für eine anderweitige Zuteilung des Landes zu sorgen. Die Bereitstellung von Kleingartenland und die Überwachung seiner ordnungsmäßigen Bewirtschaftung wird als eine öffentliche Aufgabe angesehen; wegen der Bedeutung des Kleingartenwesens für die Allgemeinheit wird der

[7] § 5 KlGO; § 8 KlGVO; § 6 Abs. 1, §§ 11—13 schlesw.-holst. KlGG.

behördliche Kündigungsschutz gewährt[8]. Der behördliche Kündigungsschutz des Kleingärtners wird im Wege der Kündigungszustimmung aufgehoben, wenn die Belange des einzelnen Kleingärtners am Bestand seines Pachtverhältnisses in Widerstreit geraten mit den Belangen der Allgemeinheit. In der Vergangenheit, insbesondere in Zeiten der öffentlichen Lebensmittelbewirtschaftung, waren mitunter auch ernährungspolitische Gesichtspunkte für die Gestaltung des Kündigungsschutzes maßgebend[9]. In der Gegenwart gilt das Kleingartenwesen als Mittel der „Erholung und Entspannung der arbeitenden Menschen und ihrer Familien" sowie der „Auflockerung und Durchgrünung unserer Städte und Gemeinden"[10]. Hätte der behördliche Kündigungsschutz nur die Aufgabe, das Interesse des Kleingärtners an der Erhaltung seines Kleingartens zu schützen, dann müßte dessen Privatinteresse zurücktreten, wenn ihm öffentliche Interessen entgegenstehen. Weil es aber Belange der Allgemeinheit sind, die geschützt werden, ist die Kündigung nicht ohne weiteres und in jedem Falle zu genehmigen, wenn sie durch öffentliche Interessen gerechtfertigt wird. Nur bei dringendem Bedarf aus — die Belange der Allgemeinheit an der Erhaltung der Kleingärten — überwiegenden Gründen des Gemeinwohls (§ 1 Abs. 2 Buchst. g KlGVO) muß die Behörde die Kündigung genehmigen; aber auch dann ist die Genehmigung nur zu erteilen, wenn festgestellt ist, daß das beabsichtigte Vorhaben an anderer Stelle nicht ohne wesentlichen Nachteil für das Vorhaben auszuführen ist und die Voraussetzungen für eine alsbaldige Inanspruchnahme des Grundstücks für den angegebenen Zweck vorliegen (§ 1 Abs. 3 Satz 2 KlGVO)[11]. Das kleingartenrechtliche Kündigungsverbot

---

[8] Er wurde ursprünglich damit begründet, daß diejenigen, die durch ihrer Hände Arbeit brachliegendes Land urbar gemacht hatten, nicht um die Früchte ihrer Arbeit sollten gebracht werden können, wenn sich für den Verpächter die Möglichkeit der Nutzung als Bauland oder gewinnbringenden Verkaufs als Bauland bot (Amtliche Begründung zur Bundesratsverordnung vom 12. 10. 1917, nach *Kaisenberg*, Kleingarten- und Kleinpachtlandordnung 3. Aufl. 1924, Erl. 75 zu § 3 KlGO).

[9] *Reineke-Reineke*, Das Pachtschutzrecht in der Britischen Zone mit Einschluß des Kleingartenrechts, Aschendorff's Jur. Handbücherei Bd. 4, 4. bis 6. Aufl. 1948, S. 141 ff. In der Zeit nach der Währungsumstellung traten die ernährungspolitischen Gesichtspunkte zurück; um so stärker trat der Bedarf an Bauland, vor allem in der Nähe der Großstädte, zur Behebung der Wohnungsnot in den Vordergrund. Es wurde deshalb die Frage erörtert, ob auch wichtige privatwirtschaftliche Gründe auf seiten des Verpächters die Kündigung statthaft machen (*Gaedke*, Die Kündigung von Kleingärten aus Gründen des Gemeinwohls in NJW 1950, 857; RdL 1950, 271) sowie ob das Interesse an der mit privaten Mitteln durchgeführten Bebauung des Grundstücks zur Beseitigung des Wohnungsmangels das öffentliche Interesse am Bestand des Kleingartens überwiege (*Keinath*, Privatinteresse und Gemeinwohl bei der Kündigung von Kleingärten in: DRZ 1949, 81 f.).

[10] Bulletin der Bundesregierung 1959 Nr. 43 S. 414.

[11] VGH Kassel 29. 6. 1948 (DÖV 1949, 75); vgl. hierzu BVerwG ZMR 1959, 139.

bewirkt eine Zweckbindung des Kleingartenlands, die vom öffentlichen Interesse gefordert und zugleich begrenzt wird[12]. Des zivilrechtlichen Kündigungsschutzes bedarf der Kleingärtner nicht, weil das Gesetz davon ausgeht, daß es die öffentliche Hand ist, die das Kleingartenland zur Verfügung stellt, und daß diese hierbei keine fiskalischen Zwecke verfolgt, sondern eine öffentliche Aufgabe erfüllt. Aus diesem Grunde entfällt das Bedürfnis für eine Abwägung der privaten Interessen der beiden Vertragspartner. Nach der Entwicklung und Gestaltung des Kleingartenwesens kommt nur eine Abwägung zwischen widerstreitenden öffentlichen Interessen in Betracht.

Zweck und Grenze des behördlichen Kündigungsschutzes ist also stets ein öffentliches Interesse am Fortbestand des Vertrags. Die persönlichen Belange des einzelnen Angehörigen des geschützten Personenkreises sind mitgeschützt, weil und soweit sie sich mit dem Interesse der Allgemeinheit am Bestand derartiger Vertragsverhältnisse decken; sie genießen den behördlichen Kündigungsschutz nicht, wenn sie mit den Belangen der Allgemeinheit im Widerstreit stehen; ja nicht einmal dann, wenn der Fortbestand des Vertrages im öffentlichen Interesse nicht erforderlich ist.

3. *Die Zugehörigkeit zum öffentlichen Recht*

Der Zweck des behördlichen Kündigungsschutzes, die Belange der Allgemeinheit und damit das öffentliche Interesse in dem gesetzlich bestimmten Umfang zu wahren, weist seine Regelung dem öffentlichen Recht zu.

Öffentlich-rechtlich ist das gesetzliche *Kündigungsverbot.*

Gesetzliche Kündigungsverbote sind Beschränkungen der bürgerlichrechtlichen Vertragsfreiheit, zu der auch die Freiheit gehört, sich unter Einhaltung einer Frist oder aus wichtigem Grunde von einem Vertrag zu lösen. Gesetzliche Kündigungsverbote werden im öffentlichen Interesse erlassen, auch wenn sie sich im Einzelfall zugunsten einer Vertragspartei, des Arbeitnehmers oder des Pächters, auswirken. Die unmittelbare Wirkung des Kündigungsverbots liegt auf dem Gebiet des bürgerlichen Rechts: Die Unwirksamkeit der verbotswidrig ausgesprochenen Kündigung. Das Recht zu kündigen ist ein Gestaltungsrecht des bürgerlichen Rechts. Vertrag und bürgerliches Recht regeln Voraussetzungen, Verfahren und Wirkung der Kündigung, soweit die vertragliche Freiheit reicht. Das Verbot selbst ist öffentliches Recht, weil es dem öffentlichen Interesse den Vorzug gibt vor den Interessen der Vertragspartner. Es ist zwingendes Recht und kann nicht

---

[12] *Ganschezian-Finck,* Die Aufgaben der Verwaltungsbehörden bei der Kündigung von Kleingärten, in: RdL 1953, 34 ff. (S. 43).

durch Vereinbarung der Vertragspartner im vorhinein wegbedungen werden[13]; auf eine widersprechende Vereinbarung in einem Einzelarbeitsvertrag, in einer Betriebsvereinbarung oder in einem Tarifvertrag könnte sich der Arbeitgeber nicht berufen. Das öffentliche Interesse fordert aber nicht, daß der geschützte Vertragspartner, wenn ihm gekündigt wird und er mit der Aufhebung des Vertrags einverstanden ist oder die Kündigung in Kenntnis des ihm zustehenden Kündigungsschutzes hinzunehmen bereit ist, am Vertrage festgehalten wird; das öffentliche Interesse reicht nicht weiter als das Interesse des einzelnen Angehörigen des geschützten Personenkreises an der Aufrechterhaltung seines Vertrags. Zwar ist die Kündigung als solche ohne behördliche Zustimmung unwirksam. Wenn es aber das ausdrücklich erklärte oder aus den Umständen zu entnehmende Einverständnis des Kündigungsgegners gestattet, die Kündigungserklärung in Verbindung mit dem gleichzeitigen oder nachfolgendem Einverständnis des Kündigungsgegners in einen Aufhebungsvertrag umzudeuten, dann erstreckt sich auf diesen das gesetzliche Kündigungsverbot nicht.

Öffentlich-rechtlich ist das *Verfahren,* in welchem die behördliche Zustimmung zur Kündigung erteilt oder abgelehnt wird.

Der Antrag des Kündigungswilligen, durch den es eingeleitet wird, ist keine bürgerlich-rechtliche Willenserklärung; die Befugnis, ihn zu stellen, die Stelle, an die er zu richten ist, seine Voraussetzungen, sein notwendiger Inhalt und seine Form richten sich nach öffentlichem Recht. Es ist ein Verwaltungsverfahren, seine Regelung ist Verwaltungsrecht und damit öffentliches Recht[14]. In diesem Verfahren tritt die Behörde den Vertragspartnern gegenüber nicht im Verhältnis der bürgerlich-rechtlichen Gleichordnung, auch nicht als Fiskus, sondern im Verhältnis der Über- und Unterordnung. Sie schließt das Verfahren ab durch eine Entscheidung hoheitlicher Art, deren Voraussetzungen und Wirksamkeit sich gleichfalls nach öffentlichem Recht richten.

Dem öffentlichen Recht gehören die *Voraussetzungen* an, unter denen die behördliche Zustimmung erteilt werden darf oder muß.

Die Zustimmungsvoraussetzungen sind Ausnahmen von einem gesetzlichen Kündigungsverbot; sie sind wie die Regel selbst öffentliches Recht. Regel und Ausnahmetatbestände ergeben zusammen Inhalt und

---

[13] *Kaisenberg* Erl. 9 zu § 3 KlGO; a. M. *Sokolowski-Mirels,* Das deutsche Kleingartenrecht, 1930, S. 101. Der Schwerbeschädigte kann nicht schon bei Eingehung des Arbeitsverhältnisses auf seinen besonderen Kündigungsschutz verzichten; ein Verzicht ist frühestens im Zeitpunkt der Kündigung möglich. Der Schwerbeschädigte kann sich auch dann auf die gesetzliche Kündigungsbeschränkung berufen, wenn er vorher ausdrücklich darauf verzichtet oder eine sonstige gegenteilige Vereinbarung getroffen hatte (OVG Lüneburg 25. 4. 1950 AS 1, 325).

[14] So für das kleingartenrechtliche Kündigungsgenehmigungsverfahren schon *Sokolowski-Mirels* S. 78.

Grenzen des Kündigungsschutzes, den der Gesetzgeber in Erfüllung einer öffentlichen Aufgabe vor allem Personengruppen angedeihen läßt, die der staatlichen Fürsorge in besonderem Maße bedürfen. Die Zustimmungsvoraussetzungen sind zu unterscheiden von den Kündigungsgründen. Kündigungsgründe rechtfertigen im Verhältnis der Vertragsparteien untereinander die einseitige Auflösung des Vertragsverhältnisses. Zustimmungsvoraussetzungen sind öffentlich-rechtlich, Kündigungsgründe sind bürgerlich-rechtlich.

Öffentlich-rechtlich ist die *Wirkung* der behördlichen Zustimmung.

Ist das gesetzliche Kündigungsverbot öffentliches Recht, dann liegt auch die Wirkung der Gewährung einer Ausnahme von diesem Verbot auf dem Gebiet des öffentlichen Rechts; sie bewirkt, daß trotz des allgemeinen Verbots die behördlich gebilligte Kündigung rechtmäßig und zwar dem öffentlichen Recht gemäß ist. Greift ihre Wirkung in das Privatrecht über, so beeinträchtigt dies die Zugehörigkeit des behördlichen Kündigungsschutzes zum öffentlichen Recht nicht. Ein Hinüberwirken der behördlichen Zustimmung auf das Gebiet des Privatrechts ist nur die notwendige Folge der Aufhebung des Kündigungsverbots im Einzelfall. Diese besondere Art der Verknüpfung einer behördlichen Entscheidung mit Rechtsverhältnissen des bürgerlichen Kündigungsschutzes gilt in gleicher Weise für alle Arten des behördlichen Kündigungsschutzes.

Die allen einzelgesetzlichen Regelungen gemeinsame rechtliche Eigenart des behördlichen Kündigungsschutzes ist es, daß die gesetzliche Regelung als solche, das behördliche Verfahren und die gesetzlichen Voraussetzungen der behördlichen Entscheidung dem öffentlichen Recht angehören: Der behördliche Kündigungsschutz ist ohne Ausnahme öffentlich-rechtlicher Kündigungsschutz.

Seine im öffentlichen Interesse wurzelnde Eigenart ist zugleich die Rechtfertigung für das Bestehen eines besonderen öffentlich-rechtlichen Kündigungsschutzes neben dem privatrechtlichen Kündigungsschutz. Seine Zuweisung an die Verwaltungsbehörde ist kein „arger gesetzgeberischer Mißgriff“[15], weil es zur natürlichen Aufgabe der Verwaltungsbehörde gehört, das öffentliche Interesse in dem vom Gesetzgeber bestimmten Umfang zu wahren. Zeitbedingt sind die Fälle, für welche der Gesetzgeber die Gewährung des öffentlich-rechtlichen Kündigungsschutzes für erforderlich hält. In Zeiten der Not, insbesondere des Mangels an Bedarfsgütern, wird er in stärkerem Maße geneigt sein, in die Beendigung von Privatrechtsverhältnissen durch Einschaltung der Verwaltungsbehörden einzugreifen als in wirtschaftlich ruhigen Zeiten. In der staatlich gelenkten Wirtschaft ist die be-

---

[15] So *Bettermann*, Wesen, Technik und Grenzen des Miet- und Pachtschutzes, 1947, S. 14, für den Kleingartenpachtschutz.

hördliche Genehmigung privater Rechtsgeschäfte eines der wichtigsten Mittel der Wirtschaftslenkung. In der sozialen Marktwirtschaft tritt die wirtschaftspolitische Aufgabe der behördlichen Zustimmung zurück; diese wird zu einem Mittel, den sozialen Charakter der Marktwirtschaft zu gewährleisten. Wo immer aber die Ausübung des privaten Kündigungsrechts das öffentliche Interesse gefährdet, ist der öffentlich-rechtliche Kündigungsschutz neben dem privatrechtlichen Kündigungsschutz unentbehrlich.

Zweiter Teil

Das Verwaltungsverfahren

§ 3. Der Gang des Verfahrens

Das Verfahren vor der Verwaltungsbehörde geht dem bürgerlichrechtlichen Kündigungsvorgang entweder voraus oder es läuft — wenigstens teilweise — neben ihm her oder es folgt ihm nach. Es ist ein notwendiger Bestandteil des gesamten Kündigungsvorgangs. Der Gesetzgeber hat einen Teil des Kündigungsvorgangs der Privatautonomie der Beteiligten entzogen und hoheitlich geordnet.

Es besteht aus zwei deutlich voneinander geschiedenen Verfahrensabschnitten: Dem Zustimmungsverfahren und dem Widerspruchsverfahren. Ersteres ist das Verwaltungsverfahren im eigentlichen Sinne und spielt sich ab vor der für die Erteilung der Zustimmung zuständigen Behörde; soweit darüber gesetzliche Vorschriften bestehen, sind sie enthalten in den einzelnen Gesetzen, die Voraussetzungen und Umfang der jeweiligen Art des behördlichen Kündigungsschutzes regeln. Das Widerspruchsverfahren ist „Verwaltungsvorverfahren" für das anschließende verwaltungsgerichtliche Verfahren. Es beginnt vor der gleichen Behörde, die über die Zustimmung zu entscheiden hatte (§ 70 Abs. 1 Satz 1, § 72 VwGO; § 84 Abs. 1, § 85 Abs. 1 SSG). Zur Entscheidung im Widerspruchsverfahren kann die Zustimmungsbehörde berufen sein; in der Regel ist jedoch die nächsthöhere Behörde zuständig (§ 73 Abs. 1 VwGO, § 85 Abs. 2 SGG). Das Widerspruchsverfahren ist nicht geregelt in den Einzelgesetzen, die den Kündigungsschutz betreffen, sondern in Verbindung mit dem verwaltungsgerichtlichen Verfahren. Soweit dieses vor den allgemeinen Verwaltungsgerichten stattfindet, ist das Widerspruchsverfahren seit dem 1. April 1960 bundeseinheitlich geregelt (§§ 68 bis 73, 77 VwGO). Soweit das gerichtliche Verfahren vor den Sozialgerichten stattfindet, gilt die Verfahrensordnung dieser Gerichte auch für das Widerspruchsverfahren (§§ 77 bis 86 SGG); landesrechtliche Vorschriften für das Widerspruchsverfahren sind jedoch nicht außer Kraft gesetzt, wenn die Zuständigkeit der Sozialgerichte in Betracht kommt (z. B. § 15 nw. BergmVersSchG).

1. Das Zustimmungsverfahren

Das Zustimmungsverfahren beginnt mit dem Antrag des Kündigungswilligen und endet mit der behördlichen Entscheidung.

Die Erteilung der behördlichen Zustimmung setzt einen Antrag des kündigungswilligen Vertragspartners voraus[1]. Seine bloße Anzeige über die Beendigung des Vertragsverhältnisses oder eine Anfrage, ob und unter welchen Voraussetzungen die Behörde einer Kündigung zustimmen würde, genügen nicht[2], es sei denn, die Umstände ergeben, daß ein Antrag gemeint war. Ebenso genügt nicht die Bitte des mit dem Streit der Vertragsparteien befaßten Gerichts um Stellungnahme, ob der Kündigung des Vertrages zugestimmt wird[3]. Eine Entscheidung über die Zustimmung kann auch nicht auf Antrag des von der Kündigung betroffenen Vertragspartners ergehen, wenn dieser der Auffassung ist, daß die behördliche Zustimmung erforderlich sei, während der Kündigende von der Antragstellung absieht in der Meinung, daß die Kündigung nicht zustimmungsbedürftig sei[4]. Die Behörde kann sich auch nicht von Amts wegen mit der Prüfung des ihr bekanntgewordenen Falles befassen und einen Ablehnungsbescheid erteilen. Ohne rechtswirksamen Antrag des Antragsberechtigten ist die erteilte Zustimmung nichtig.

Von dieser Regel scheint das arbeitsbehördliche Verfahren bei Massenentlassungen abzuweichen. Nach § 15 Abs. 1 KSchG ist der Arbeitgeber zur Erstattung einer Anzeige an das Arbeitsamt verpflichtet, wenn er innerhalb von vier Wochen mehr als die gesetzliche Mindestzahl von Arbeitnehmern entlassen will. In diesem Falle ist die Anzeige ausreichend, wenn der Arbeitgeber keine arbeitsbehördliche Entscheidung zu seinen Gunsten erstrebt, insbesondere sich damit abfindet, daß die Entlassungen nicht vor Ablauf eines Monats nach Eingang der Anzeige beim Arbeitsamt wirksam werden. Auf die Anzeige hin kann die Arbeitsbehörde von Amts wegen tätig werden, vor allem die anderweitige Unterbringung der freiwerdenden Arbeitskräfte einleiten. Die Behörde kann auch von Amts wegen im Einzelfall bestimmen, daß die Entlassungen nicht vor Ablauf von längstens zwei Monaten nach Eingang der Anzeige beim Arbeitsamt wirksam werden;

---

[1] § 16 Abs. 1 SchwBG; § 11 Abs. 1 S. 2 nw. BergmVersSchG; § 2 rh.-pf. KSchVO.

[2] *Sellmann* Erl. 1 zu § 16 SchwBG.

[3] RAG 15. 12. 1937 ARS 31, 367; *Sellmann* 1 zu § 16 SchwBG.

[4] Die Behörde kann in einem solchen Falle im Rahmen der ihr obliegenden Fürsorgeaufgabe dem Kündigungsgegner, aber auch dem kündigenden Vertragspartner ihre Rechtsauffassung über die Zustimmungsbedürftigkeit mitteilen. Eine solche Mitteilung ist aber für die Beteiligten wie für das mit der Klage befaßte Zivilgericht unverbindlich; nicht einmal die Verwaltungsbehörde selbst ist an ihre Rechtsauffassung gebunden, wenn sie nachträglich durch einen Antrag auf Zustimmung mit der Sache befaßt wird.

diese Entscheidung bedarf keines Antrags. Will jedoch der Arbeitgeber erreichen, daß die Entlassungen schon vor Ablauf eines Monats nach Eingang der Anzeige wirksam werden, dann kann dies nur mit Zustimmung des Landesarbeitsamts geschehen und diese ergeht nur auf Antrag; das folgt aus der Vorschrift des § 16 Abs. 1 KSchG, daß die Zustimmung auch rückwirkend „bis zum Tage der Antragstellung" erteilt werden kann. Das gleiche gilt, wenn der Arbeitgeber bis zum Wirksamwerden der Entlassungen Kurzarbeit einführen und den Arbeitslohn entsprechend kürzen will; dann bedarf er der Zulassung der Kurzarbeit durch das Landesarbeitsamt und diese wird ihm nur auf Antrag gewährt.

Für den Antrag des Arbeitgebers auf Zustimmung der Hauptfürsorgestelle und für die Anzeige des Arbeitgebers über eine bevorstehende Massenentlassung ist die Schriftform vorgeschrieben (§ 16 Abs. 1 SchwBG, § 15 Abs. 1 KSchG)[5]; in anderen Fällen kann der Antrag formlos, auch mündlich gestellt werden, wenngleich die Einreichung eines schriftlichen Antrags wegen der Begründung sich als zweckmäßig und notwendig erweisen wird. Soweit der Antrag nicht, wie in § 16 Abs. 1 SchwBG, ausdrücklich vorgeschrieben ist, ergibt sich das Antragserfordernis aus dem Wesen der behördlichen Zustimmung als einer ein allgemeines Verbot für den Einzelfall aufhebenden Erlaubnis.

Zu dem Antrag des Arbeitgebers muß der Schwerbeschädigte gehört werden (§ 16 Abs. 2 Satz 2 SchwBG); dieser hat einen Anspruch auf rechtliches Gehör im Verwaltungsverfahren. Seine Nichtanhörung ist ein wesentlicher Verfahrensfehler, der jedoch durch Nachholung der Anhörung im Widerspruchsverfahren geheilt werden kann[6]. Er kann für die behördliche Entscheidung auch nur dann ursächlich sein, wenn die Zustimmung erteilt, nicht aber, wenn sie abgelehnt wird; die Hauptfürsorgestelle ist berechtigt, den Antrag des Arbeitgebers auch ohne Anhörung des Schwerbeschädigten abzulehnen, insbesondere dann, wenn sie nicht in der Sache entscheidet, sondern den Antrag schon aus förmlichen Gründen ablehnt[7]. In den übrigen Fällen des behördlichen Gruppenschutzes ist die Anhörung des Kündigungsgegners nicht ausdrücklich vorgeschrieben[8]. In welchem Umfange in jedem Verwaltungsverfahren für den Betroffenen ein Recht auf Anhörung besteht,

[5] Ebenso nach § 11 Abs. 1 S. 2 nw. BergmVersSchG.

[6] *Sellmann* Erl. 9 zu § 16, Erl. 9 zu § 29 SchwBG.

[7] Z. B. wegen fehlender Vertretungsbefugnis des Antragstellers, nicht aber wegen fehlender Zustimmungsbedürftigkeit der Kündigung.

[8] Die Anhörungspflicht bejaht OVG Lüneburg BB 1958, 118; *Köst*, Kommentar zum Mutterschutzgesetz (Bücherei des Betriebsberaters, 1958) Erl. 118 zu § 9.

ist eine noch nicht abschließend geklärte Frage[9]. Soweit die Entscheidung über die Erteilung der Zustimmung eine Prüfung des Sachverhalts, insbesondere eines als Kündigungsgrund verwerteten Verhaltens des Kündigungsgegners, sowie eine Berücksichtigung seines Interesses an der Aufrechterhaltung des Vertragsverhältnisses erfordert, wird seine Anhörung schon aus praktischen Gründen nicht entbehrlich sein. Bei der Entscheidung des Ausschusses des Landesarbeitsamtes wegen einer Massenentlassung in größeren Betrieben besteht Anhörungspflicht; an die Stelle der Anhörung der betroffenen Arbeitnehmer tritt aber die Anhörung des Betriebsrats (§ 18 Abs. 1 Satz 2 KSchG).

Eine Frist für die behördliche Entscheidung ist nur im Schwerbeschädigtengesetz vorgesehen: sie soll innerhalb vier Wochen vom Tage des Eingangs des Antrags getroffen werden (§ 17 Abs. 1 Satz 1 SchwBG). Nach diesem Gesetz muß die Entscheidung auch in schriftlicher Form ergehen, weil sie zuzustellen und dem Arbeitsamt eine Abschrift zu übersenden ist (§ 17 Abs. 2 SchwBG). In den übrigen Fällen ist die Schriftlichkeit der Entscheidung eine praktische Notwendigkeit; diese ergibt sich allein schon aus dem Zwang, eine Rechtsmittelbelehrung beizufügen, um die Rechtsmittelfrist in Lauf zu setzen. Es handelt sich jedoch nur um eine in der Regel gegebene praktische Notwendigkeit. Soweit keine gegenteilige gesetzliche Vorschrift besteht, sind die Niederschriften in Akten der Behörde und die mündliche Bekanntgabe an die Beteiligten rechtlich ausreichend.

Die behördliche Entscheidung ist den Beteiligten bekanntzugeben. Erst von der Bekanntgabe an läuft die Frist zur Anfechtung (§ 70 Abs. 1 Satz 1, § 74 Abs. 1 Satz 2 VwGO, § 84 Abs. 1, § 87 Abs. 1 Satz 1 SGG).

Der Bescheid ist in jedem Falle bekanntzugeben dem Antragsteller, also dem kündigenden Vertragspartner (Arbeitgeber, Verpächter), dessen Antrag die förmliche Voraussetzung der behördlichen Entscheidung ist. Nicht bekanntgegeben zu werden brauchen ihm nur solche behördliche Anordnungen, die ihn weder begünstigen noch belasten (z. B. die Zubilligung von Leistungen der gesetzlichen Krankenversicherung an die Arbeitnehmerin, die während der Schutzfrist entlassen werden soll, § 9 Abs. 2 Satz 1, § 13 MuSchG).

Dem Antragsgegner ist die Entscheidung bekanntzugeben, wenn ihm gegenüber die Rechtsmittelfrist in Lauf gesetzt werden soll. Sie ist deshalb geboten in den Fällen, in welchen er durch den Bescheid beschwert sein kann. Das Kündigungsschutzgesetz setzt die Bekanntgabe der Entscheidung der Behörde an den Arbeitnehmer voraus,

---

[9] *Holtkotten*, Kommentar zum Bonner Grundgesetz, Erl. II, 2 zu Art. 103.

wenn es die Frist zur Anrufung des Arbeitsgerichts erst von diesem Zeitpunkt an laufen läßt (§ 3 Satz 2). Die fürsorgende Aufgabe der Behörde legt es nahe, ihn von dem Ergebnis und Abschluß des Zustimmungsverfahrens auch dann zu unterrichten, wenn er in diesem Verfahren bereits gehört worden ist. Das Wirksamwerden des Bescheids hängt aber grundsätzlich nicht von der Bekanntgabe an den Antragsgegner ab. Ihn belastet zwar die zustimmende Entscheidung, weil sie die einseitige Beendigung seines Vertragsverhältnisses durch Kündigung des Arbeitgebers oder Verpächters ermöglicht. Die für den Mutterschutz zuständige Behörde kann es dem Arbeitgeber der erwerbstätigen Mutter, die für den Kleingartenpachtschutz zuständige Behörde kann es dem Verpächter überlassen, den Vertragspartner zu unterrichten. Andererseits kommt eine Bekanntgabe an den Antragsgegner in der Regel dann nicht in Betracht, wenn der Antrag des kündigungswilligen Vertragspartners abgelehnt wird, ohne daß der Kündigungsgegner gehört worden ist.

Die Entscheidung der Hauptfürsorgestelle über den Antrag des Arbeitgebers ist auch dem Schwerbeschädigten bekanntzugeben, und zwar durch Zustellung (§ 17 Abs. 2 Satz 1 SchwBG). Es handelt sich um eine für das Zustandekommen der Entscheidung wesentliche Formvorschrift; die Entscheidung wird nicht wirksam, solange sie nicht auch dem Schwerbeschädigten zugestellt ist. Nach dem Wortlaut der Vorschrift ist ihm auch die ablehnende Entscheidung zuzustellen. Der Zweck der Vorschrift läßt aber ihre einengende Auslegung zu: War die Zustimmung vor Prüfung des Sachverhalts und folglich vor Anhörung des Schwerbeschädigten abzulehnen und war die Kündigung noch nicht ausgesprochen, dann bedarf es auch nicht der Zustellung an ihn[10].

Das Landesarbeitsamt braucht bei einer Massenentlassung die Aufhebung der Entlassungssperre (§ 16 KSchG) nicht jedem betroffenen Arbeitnehmer amtlich bekanntzugeben; es genügt, wenn es seine Entscheidung dem Arbeitgeber als dem Antragsteller mitteilt. Das folgt schon daraus, daß der Anzeigepflicht (§ 15 KSchG) durch eine Mitteilung genügt wird, aus der der Betrieb sowie die Zahl und der Zeitpunkt der in Aussicht genommenen Entlassungen ersichtlich sind. Die Prüfung des Landesarbeitsamts erfaßt das Einzelarbeitsverhältnis nur als zahlenmäßigen Bestandteil des Massenentlassungsvorgangs, nicht in seiner Besonderheit. Da in eine Prüfung des Einzelarbeitsverhältnisses nicht eingetreten wird, brauchen auch die Namen der betroffenen Arbeitnehmer dem Landesarbeitsamt nicht mitgeteilt zu werden. Diesem werden infolgedessen in vielen Fällen Namen und Anschrift der Arbeitnehmer nicht bekannt sein. Es besteht auch die Mög-

[10] Vgl. aber OVG Lüneburg 21. 12. 1955 (AS 10, 380).

lichkeit, daß dem Arbeitgeber selbst bei Erstattung der Anzeige nur die Zahl der notwendigen oder beabsichtigten Entlassungen bekannt ist, daß er aber die Auswahl der zu entlassenden Arbeitnehmer noch nicht getroffen hat. Nach der Entscheidung des Landesarbeitsamts steht es ihm frei, die Auswahl vorzunehmen oder eine früher getroffene Auswahl zu ändern. Die Frage, ob der Arbeitgeber zur Mitteilung der behördlichen Zustimmung an den Arbeitnehmer verpflichtet ist[11], ist eine Frage des Arbeitsrechts; eine Verpflichtung dieser Art wäre eine bürgerlich-rechtliche Verpflichtung aus dem Arbeitsverhältnis. Wäre das Wirksamwerden der Zustimmung von ihrer Mitteilung an den einzelnen von der Massenentlassung betroffenen Arbeitnehmer abhängig[12], dann könnte die Mitteilung des Arbeitgebers eine Mitteilung durch das Landesarbeitsamt nicht ersetzen; denn nur die amtliche Bekanntgabe erfüllt die Voraussetzung für das Wirksamwerden der Zustimmung[13].

Dritten braucht die behördliche Entscheidung nicht bekanntgegeben zu werden, es sei denn, daß sie unmittelbar zu Lasten Dritter ergeht (z. B. der Zubilligungsbescheid nach § 9 Abs. 2 Satz 1 MuSchG oder die Gewährung einer Entschädigung an den Kleingärtner nach § 3 Abs. 1 Satz 1 KlGVO) und diesen gegenüber die Rechtsmittelfrist in Lauf gesetzt werden soll. Solche Entscheidungen ergehen nicht auf Antrag des kündigenden Vertragspartners, sondern von Amts wegen. Werden der erwerbstätigen Mutter gleichzeitig mit der Zulässigerklärung der Kündigung die Wochenhilfeleistungen zugebilligt (§§ 9 Abs. 2, 13 MuSchG), dann wird diese Entscheidung wirksam, auch wenn sie nicht der zuständigen Krankenkasse amtlich bekanntgegeben wird; es ist dann Sache der Arbeitnehmerin, bei der Krankenkasse den Zubilligungsbescheid vorzulegen, wenn sie die Wochenhilfeleistungen beantragt. Trotzdem wird es in der Mehrzahl der Fälle zweckmäßig sein, die behördliche Entscheidung auch dem betroffenen Vertragspartner oder Dritten amtlich bekanntzugeben und damit eine ordnungsmäßige Rechtsmittelbelehrung zu verbinden; in allen Fällen, in welchen der betroffene Vertragspartner oder der belastete Dritte ein Rechtsmittel einlegen kann (Widerspruch, Klage), setzt erst die mit einer ordnungsmäßigen Rechtsmittelbelehrung versehene Bekanntgabe die Rechtsmittelfrist in Lauf und schafft Klarheit darüber, ob die behördliche Entscheidung angefochten oder mit Ablauf der Anfechtungsfrist endgültig wird (§§ 58, 70 VwGO, §§ 66, 84 SGG). Die zweck-

---

11 Bejaht von *Herschel-Steinmann*, Erl. 4 zu § 16 KSchG.

12 *Hueck*, Anm. 9 zu § 16 KSchG; *Rohwer-Kahlmann*, Das Kündigungsschutzgesetz, 2. Aufl. 1955, Erl. 9 zu § 16; *Herschel-Steinmann*, Erl. 4 zu § 16 KSchG.

13 Vgl. *Baring*, Zustellungsmängel, in: DVBl. 1951, 78.

mäßigste Form der Bekanntgabe ist die Zustellung, weil sie den für die Feststellung des Fristablaufs erforderlichen Nachweis sichert. Diese richtet sich nach dem Verwaltungszustellungsgesetz vom 3. 7. 1952 (BGBl. I S. 379) im Massenentlassungsverfahren, in den übrigen Fällen dann, wenn Gesetze des Bundes oder eines Landes es für anwendbar erklären (§ 1 Abs. 2 VwZG).

2. *Das Widerspruchsverfahren*

Wollen sich der Antragsteller mit der Ablehnung seines Antrags oder der Antragsgegner mit der Erteilung der Zustimmung nicht abfinden, so können sie in der Regel nicht unmittelbar den Rechtsweg beschreiten. Zwischen das behördliche Zustimmungsverfahren und das gerichtliche Verfahren schiebt sich ein Verwaltungsvorverfahren, das durch Erhebung des Widerspruchs eröffnet wird (§ 68 Abs. 1, § 69 VwGO, §§ 78, 83 SGG). Seit dem Inkrafttreten der Verwaltungsgerichtsordnung (1. April 1960) tritt in den vor die allgemeinen Verwaltungsgerichte gehörenden Angelegenheiten der Widerspruch an die Stelle sonstiger Rechtsbehelfe (Einspruch, Beschwerde), die in den außer Kraft getretenen Verwaltungsgerichtsgesetzen oder in Einzelgesetzen vorgesehen waren. Es ist deshalb auch in Schwerbeschädigtensachen und in Kleingartensachen nicht mehr die Beschwerde (§ 26 Abs. 1 Satz SchwBG, § 6 Satz 1 KlgVO), sondern der Widerspruch gegeben. Der Nachprüfung der behördlichen Entscheidung in einem Vorverfahren bedarf es nicht, wenn über den Antrag auf Zulässigerklärung der Kündigung gegenüber einer erwerbstätigen Mutter die für den Arbeitsschutz zuständige oberste Landesbehörde entschieden hatte (§ 9 Abs. 2 Satz 1 MuSchG, § 68 Abs. 1 Satz 2 Nr. 1 VwGO); hatte dagegen eine von der obersten Landesbehörde bestimmte Stelle entschieden, die nicht selbst oberste Landesbehörde ist, dann findet ein Vorverfahren statt, weil diese Stelle durch die gesetzlich zulässige Übertragung der Entscheidungsbefugnis nicht zur obersten Landesbehörde wird. Hatte im Massenentlassungsverfahren ein bei der Hauptstelle der Bundesanstalt für Arbeitsvermittlung und Arbeitslosenversicherung gebildeter Ausschuß (§ 19 Satz 1 KSchG) die Entscheidung getroffen, dann findet ein Vorverfahren statt, weil jener Ausschuß keine oberste Bundesbehörde ist (§ 81 Nr. 1 SGG).

Der Widerspruch ist innerhalb eines Monats, nachdem die behördliche Entscheidung dem beschwerten Antragsteller oder Antragsgegner bekanntgegeben worden ist, schriftlich oder zur Niederschrift bei der Behörde zu erheben, die die Entscheidung erlassen hat (§ 70 Abs. 1 Satz 1 VwGO, § 84 Abs. 1 SGG). Diese Behörde ist verpflichtet, den Widerspruch zu prüfen und ihm abzuhelfen, wenn sie ihn für begründet hält (§ 72 VwGO, § 85 Abs. 1 SGG). Andernfalls erläßt sie den

Widerspruchsbescheid, wenn sie selbst hierfür zuständig ist, oder sie legt die Sache der zur Entscheidung über den Widerspruch zuständigen Stelle vor. Das bisherige Abänderungsverbot für die Entscheidung der Hauptfürsorgestelle schloß die Abhilfe durch diese aus (§ 26 Abs. 3 SchwBG); es ist nunmehr aufgehoben (§ 72 i. Verb. m. § 77 Abs. 1 VwGO).

Die gesetzlich vorgesehene Regel ist, daß die nächsthöhere Behörde über den Widerspruch entscheidet (§ 73 Abs. 1 Nr. 1 VwGO, § 85 Abs. 2 Nr. 1 SGG). Diese Regel kommt zur Anwendung in Mutterschutzangelegenheiten, wenn eine von der zuständigen obersten Landesbehörde verschiedene, von ihr bestimmte Stelle (z. B. Gewerbeaufsichtsamt) über den Antrag auf Zulässigerklärung entschieden hatte. Hatte die oberste Landesbehörde selbst entschieden, dann entscheidet diese auch selbst über den Widerspruch (§ 73 Abs. 1 Nr. 2 VwGO). In Schwerbeschädigtenangelegenheiten entscheidet der bei der Hauptfürsorgestelle gebildete, bisher als „Beschwerdeausschuß" bezeichnete Ausschuß über den Widerspruch (§ 26 Abs. 1 Satz 1, § 27 SchwBG, § 73 Abs. 2 VwGO). Im Massenentlassungsverfahren entscheidet über den Widerspruch gegen die Entscheidung des beim Landesarbeitsamt gebildeten Massenentlassungsausschusses (§ 18 Abs. 1 KSchG), des beim Arbeitsamt gebildeten Ausschusses (§ 18 Abs. 4 KSchG) oder des bei der Hauptstelle der Bundesanstalt für Arbeitsvermittlung und Arbeitslosenversicherung gebildeten Ausschusses (§ 19 Satz 1 KSchG) die von dem Verwaltungsrat der Bundesanstalt bestimmte Stelle (§ 85 Abs. 2 Nr. 3 SGG). In Kleingartensachen kommt es darauf an, ob diese nach Landesrecht den Gemeinden oder Kreisen als Selbstverwaltungsangelegenheit überlassen sind (so z. B. § 4 schl.-holst. KlgG) oder von der Behörde einer Gebietskörperschaft als Auftragsangelegenheit oder von einer staatlichen unteren Verwaltungsbehörde wahrgenommen werden (vgl. § 1 Abs. 3 i. Verb. mit § 6 KlgVO). Handelt es sich um eine Selbstverwaltungsangelegenheit, dann entscheidet über den Widerspruch die Selbstverwaltungsbehörde, soweit nicht durch Gesetz etwas anderes bestimmt wird (§ 73 Abs. 1 Nr. 3 VwGO; eine anderweitige Bestimmung dieser Art enthält § 28 Abs. 5 schl.-holst. KlgG). Ist das Kleingartenwesen Auftragsangelegenheit einer Gebietskörperschaft oder Sache einer unteren staatlichen Verwaltungsbehörde, dann gilt die allgemeine Regel, daß die nächsthöhere Behörde über den Widerspruch entscheidet.

Hat der Antragsteller den Widerspruch erhoben, so soll der Antragsgegner vor Erlaß des Widerspruchsbescheids gehört werden, weil ihn die Änderung des Ablehnungsbescheids, insbesondere die Erteilung der Zustimmung zur Kündigung, beschweren kann (§ 71 VwGO). Ist seine Anhörung im Zustimmungsverfahren gesetzlich vorgeschrieben (§ 16 Abs. 2 Satz 2 SchwBG), aber unterblieben, dann ist sie in jedem Falle nachzuholen. Hat der Antragsgegner den Widerspruch erhoben, dann soll der Antragsteller gehört werden, weil ihn die Aufhebung der bereits erteilten Zustimmung oder deren Aufrechterhaltung unter Einschränkungen beschweren kann. Eine Beschwer des Antragstellers liegt insbesondere auch dann vor, wenn die von der Hauptfürsorgestelle mit der Maßgabe des § 17 Abs. 1 Satz 2 SchwBG erteilte Zustimmung mit der Maßgabe aufrechterhalten werden soll, daß die Kündigung frühestens vier Wochen nach der Erteilung des Widerspruchsbescheids wirksam werden soll. Auf das Verfahren in Angelegenheiten, die zur Zuständigkeit der Sozialgerichtsbarkeit gehören, ist § 71 VwGO entsprechend anwendbar, im Widerspruchsverfahren wegen einer Massenentlassung jedoch unter Berücksichtigung derjenigen Besonderheiten der Anhörungspflicht, die sich aus § 18 Abs. 1 Satz 2 KSchG ergeben. Die Anhörungspflicht gegenüber dem Widerspruchsgegner beruht auf einer Sollvorschrift; sie entfällt, wenn er durch den Widerspruchsbescheid nicht beschwert werden kann, weil der Widerspruch als unzulässig zurückgewiesen werden muß, z. B. wegen Versäumung der Widerspruchsfrist. Dem Sinne der Vorschrift entsprechend ist aber die Anhörungspflicht auch in einem solchen Falle zu bejahen, wenn derjenige, der Widerspruch erhebt, die Wiedereinsetzung in den vorigen Stand beantragt (§§ 60, 70 Abs. 2 VwGO).

Im Widerspruchsverfahren sind die Rechtmäßigkeit und die Zweckmäßigkeit der angefochtenen Entscheidung nachzuprüfen. Im Widerspruchsbescheid kann nicht nur der angefochtene Bescheid aufgehoben, sondern in der Sache selbst so entschieden werden, wie die für die Erteilung der Zustimmung an sich zuständige Behörde bei richtiger Beurteilung der Sach- und Rechtslage und bei richtiger Ausübung ihres Ermessens hätte entscheiden müssen. Für die Beurteilung der Sach- und Rechtslage und der Ermessensfragen ist aber nicht der Sach- und Rechtsstand zur Zeit des Erlasses des angefochtenen Bescheids, sondern derjenige zur Zeit des Widerspruchsbescheids maßgebend. Nachträgliche Änderungen der Sach- und Rechtslage, ja selbst eine andere Auffassung über Zweckmäßigkeitsfragen sind also zu berücksichtigen, letztere allerdings nur insoweit, als sie nach der jeweiligen einzelgesetzlichen Regelung an sich berücksichtigt werden dürfen.

Der Widerspruchsbescheid ist zu begründen, mit einer Rechtsmittelbelehrung zu versehen und zuzustellen (§ 73 Abs. 3 VwGO, § 85 Abs. 3 SGG). Zuzustellen ist er jedenfalls demjenigen, der den Widerspruch erhoben hat. Zuzustellen ist er aber auch demjenigen, der durch ihn beschwert sein kann, und zwar jedenfalls dann, wenn er im Widerspruchsverfahren gehört wurde oder hätte gehört werden sollen (§ 71 VwGO). Hat der Antragsteller den Widerspruch erhoben, so ist also regelmäßig auch dem Antragsgegner zuzustellen, hat dieser den Widerspruch erhoben, auch dem Antragsteller.

§ 4. Die Voraussetzungen der behördlichen Zustimmung

1. *Gebundene und freie Zustimmung*

Die sachlich-rechtlichen Voraussetzungen, von denen die Erteilung der behördlichen Zustimmung zur Kündigung eines Vertrages abhängt, können im Gesetz festgelegt oder dem Ermessen der Behörde überlassen sein. Wie auch sonst im Verwaltungsrecht die gebundene und die freie Erlaubnis unterschieden werden, gibt es im Bereich des behördlichen Kündigungsschutzes die an bestimmte gesetzliche Voraussetzungen gebundene und die in das Ermessen der Behörde gestellte freie Zustimmung der Behörde zur Kündigung.

Das Schwerbeschädigtengesetz unterscheidet Fälle, in welchen die Zustimmung erteilt werden muß (§ 18 Abs. 1 Satz 1: „hat die Zustimmung zu erteilen"), solche, in welchen sie erteilt werden soll (§ 18 Abs. 1 Satz 2 und Abs. 2) und die übrigen, in welchen sie erteilt werden kann. Die ersten beiden Gruppen von Ausnahmetatbeständen sind im Gesetz ausdrücklich aufgeführt; die dritte Gruppe ergibt sich daraus, daß die Zustimmung auch in den übrigen Fällen erforderlich ist, soweit nicht in § 19 SchwBG ausdrücklich Ausnahmen zugelassen sind[1].

Das Mutterschutzgesetz (§ 9 Abs. 2) führt nur einen einzigen Ausnahmetatbestand auf; die zuständige Behörde „kann" die Kündigung für zulässig erklären, entscheidet also nach ihrem Ermessen[2].

Die Tarifordnung für Angestellte des öffentlichen Dienstes (§ 16 Abs. 4 und 5) gibt keine Gründe an, die die Zustimmung rechtferti-

---

[1] BVerwG 28. 11. 1958 (BVerwGE 8, 46); daß die Entscheidung der Hauptfürsorgestelle gemäß § 14 SchwBG in BVerwG 17. 12. 1958 (BVerwGE 8,69) allgemein als eine Ermessensentscheidung bezeichnet wird, ist, wie die Bezugnahme auf die Entscheidung BVerwGE 8, 46 ergibt, nur ein Fehlgriff in der Ausdrucksweise. Auch nach dem Gesetz ist das Vorliegen einer Ermessensentscheidung die Regel, einer gebundenen Entscheidung die Ausnahme, weil nur die Ausnahmetatbestände im Gesetz ausdrücklich aufgeführt werden. In ähnlicher Weise wie die §§ 14, 18 SchwBG unterscheiden die §§ 11 Abs. 1, 12 nw. BergmVersSchG Fälle der Muß-, Soll- und Kann-Zustimmung: Dem Antrag des Arbeitgebers muß stattgegeben werden, wenn dem Berechtigten ein anderer angemessener Arbeitsplatz gesichert ist; ihm soll stattgegeben werden, wenn keine unbillige Härte vorliegt. Die Zustimmung zur Kündigung darf nicht versagt werden, wenn der Betrieb eines Arbeitgebers nicht nur vorübergehend eingeschränkt oder vollständig eingestellt wird und zwischen dem Tage der Kündigung und dem Tage, bis zu dem Gehalt oder Lohn weitergezahlt wird, mindestens drei Monate liegen.

[2] Auch nach § 2 Abs. 2 Satz 1 württ.bad.VerfolgtenSchG „kann" unter besonderen Voraussetzungen die Zustimmung des Landesarbeitsamts zur Kündigung gegenüber einem Verfolgten erteilt werden.

gen; auch hier entscheidet infolgedessen die oberste Arbeitsbehörde nach ihrem Ermessen[3].

Die in § 1 Abs. 2 Buchst. a—e KlGVO aufgeführten Voraussetzungen für die Genehmigung der Kündigung eines Kleingarten-Pachtvertrags sind Ausnahmetatbestände, die durch ihre Einzelaufzählung als abschließend gekennzeichnet sind. Sie sind durch die Anordnung des Reichswohnungskommissars vom 23. Januar 1945 um einige weitere Tatbestände vermehrt worden[4]. Die Einzelaufzählung in § 1 Abs. 2 Buchst. a—e und die weitere Einengung in § 1 Abs. 3 Satz 2 („in den Fällen der Buchstaben d und e ist die Genehmigung nur zu erteilen, wenn...") ergeben, daß es sich hier um Fälle gebundener Zustimmung handelt[5].

Die gebundene Zustimmung muß bei Vorliegen bestimmter Voraussetzungen erteilt werden. Die freie Zustimmung liegt im Ermessen der Behörde.

Bei der *gebundenen* Zustimmung können die Ausnahmen vom gesetzlichen Kündigungsverbot in den Einzelheiten so geregelt sein, daß die Behörde nur die Möglichkeit hat, den Sachverhalt unter den gesetzlichen Tatbestand zu subsumieren. So hat die Hauptfürsorgestelle die Zustimmung zur Kündigung eines Schwerbeschädigten zu erteilen bei Betrieben und Verwaltungen, die nicht nur vorübergehend eingestellt oder aufgelöst werden, wenn zwischen dem Tag der Kündigung und dem Tage, bis zu dem Gehalt oder Lohn gezahlt wird, mindestens zwei Monate liegen (§ 18 Abs. 1 Satz 1 SchwBG). Dem Verpächter hat die untere Verwaltungsbehörde die Genehmigung zur Kündigung eines Kleingartens zu erteilen, wenn der Pächter drei Monate mit der Zahlung des Pachtzinses im Verzuge ist, oder wenn er trotz Anmahnung die ihm obliegenden Pflichten gröblich verletzt oder wenn ein Zwischenpächter trotz schriftlicher Aufforderung des Verpächters das Pachtverhältnis mit einem Kleingärtner nicht auflöst, ob-

---

[3] BVerwG 29. 12. 1958 (MDR 1959, 241; DÖV 1959, 188; DVBl. 1959, 286; JR 1959, 274) und 9. 4. 1959 BVerwG II C 62. 56.

[4] Ebenso § 1 Nr. 1—4 württ.-hoh. KlGVO.

[5] Das gleiche gilt nach § 2 rh.-pf. KlGG. Ob die kleingartenrechtliche Kündigungsgenehmigung gebunden ist oder im Ermessen der Behörde liegt, ist in Rechtsprechung und Schrifttum verschieden beurteilt worden. Häufig wurde unterschieden zwischen den Genehmigungstatbeständen des § 1 Abs. 2 Buchst. a—c einerseits und Buchst. d u. e andererseits; entweder wurde die Genehmigung in den Fällen a—c als gebundene Entscheidung, in den Fällen d und e als Ermessenssache angesehen (so OVG Hamburg 7. 3. 51 MDR 1951, 505 m. Anm. von Werner *Meyer;* 30. 6. 55 DVBl. 1955, 714), oder es wurden umgekehrt die Fälle a—c als Ermessensentscheidungen, die Fälle d und e als gebundene Genehmigungen bezeichnet (so OVG Lüneburg 14. 8. 53 DÖV 1954, 510; OVG Münster 2. 3. 1955 ZMR 1955, 347). Nach BVerwG 4, 328 ist die kleingartenrechtliche Kündigungsgenehmigung in allen Fällen „gebundener Verwaltungsakt".

wohl er diesem wegen gröblicher Pflichtverletzung kündigen kann (§ 1 Abs. 2 Buchst. a—c KlGVO).

Die gebundene Zustimmung kann durch Verwendung *unbestimmter Rechtsbegriffe* so gelockert sein, daß sie sich der freien Zustimmung nähert. Der Gesetzgeber kann sich des unbestimmten Rechtsbegriffs bedienen, um der Behörde bei der Rechtsanwendung einen dem Wandel der Verhältnisse und der Rechtsauffassung anpassungsfähigen Beurteilungsspielraum[6] zu überlassen. Unbestimmte Rechtsbegriffe sind z. B. die Angemessenheit des Arbeitsplatzes, der dem Schwerbeschädigten gesichert sein muß, wenn die Hauptfürsorgestelle verpflichtet sein soll, ihre Zustimmung zur Kündigung zu erteilen (§ 13 Abs. 1 Satz 2 SchwBG)[7], oder das Vorliegen eines besonderen Falles, der Voraussetzung der Zulässigerklärung gegenüber der erwerbstätigen Mutter ist (§ 9 ABs. 2 MuSchG)[8].

Im Bereich des Kleingartenrechts enthalten die Ausnahmetatbestände der Buchst. d („aus Gründen der Reichsverteidigung") und e („aus überwiegenden Gründen des Gemeinwohls") in § 1 Abs. 2 KlGVO unbestimmte Rechtsbegriffe. Der genaueren Bestimmung durch die Verwaltungsbehörde unterliegt es auch, wann eine Pflichtverletzung des Kleingärtners „gröblich" ist (Buchst. b). Nur der Tatbestand des Zahlungsverzugs (Buchst. a) ist so genau festgelegt, daß auch jeder Beurteilungsspielraum ausgeschlossen ist. Für die Genehmigung „aus überwiegenden Gründen des Gemeinwohls" bestimmt das schleswig-holsteinische Kleingartengesetz, daß sie nur erteilt werden soll, wenn die Kündigung unter Abwägung der Belange der Beteiligten und der Allgemeinheit billig erscheint; auch die Billigkeit ist unbestimmter Rechtsbegriff, obwohl die Entscheidung nur unter Abwägung aller Umstände des Einzelfalls getroffen werden kann[9].

Bei der *freien* Zustimmung kann der Gesetzgeber der Behörde freie Hand lassen, indem er von jeder näheren Bestimmung für die Ausübung des Ermessens absieht. Die Behörde handelt nach freiem Ermessen, wenn das Gesetz ihr — von der Beachtung der allgemeinen Gesetze abgesehen — keine weitere Beschränkung auferlegt. Ermessensentscheidungen dieser Art ergeben sich aus § 16 Abs. 4 und 5 TO. A[10]. Sie bestehen aber auch im Bereich des Schwerbeschädigtenschutzes, soweit nicht einer der Muß- oder Kann-Fälle der Zustim-

---

[6] Nach dem Urteil BVerwG 6. 3. 1959 (DVBl. 1959, 438; JZ 1959, 543; MDR 1959, 601) ist der Begriff des Beurteilungsspielraums ein wissenschaftlicher Hilfsbegriff; das Gesetz verwendet nur die Bezeichnung Ermessen.

[7] BVerwG 15. 4. 1959 (BB 1959, 781; DVBl. 1959, 586).

[8] BVerwG 29. 10. 1958 (AP Nr. 14 zu § 9 MuSchG).

[9] *Dopatka* in: Schlesw.-Holst. Anzeiger, 1958, 104.

[10] BVerwG 29. 12. 1958 (DÖV 1959, 188; DVBl. 1959, 286; JR 1959, 274; MDR 1959, 241).

mung vorliegt. Es ist z. B. kein Ermessensfehler, wenn die Hauptfürsorgestelle der Kündigung eines Schwerbeschädigten deshalb zustimmt, weil er nicht über die nach dem Inhalt des Arbeitsvertrages vorausgesetzten Kenntnisse verfügt oder weil es in seiner Berufssparte mehr offene Pflichtplätze als Bewerber gibt und er daher anderweitig in seinem Berufe untergebracht werden kann[11]. Es ist andererseits ein Ermessensfehler der Behörde, wenn sie einer Kündigung lediglich deshalb zustimmt, weil das Ergebnis dem Schwerbeschädigten zugemutet werden könne, ohne dabei gleichzeitig zu prüfen, welche Interessen des Arbeitgebers ein derartiges Opfer erfordern[12].

Das Ermessen kann aber auch in mehrfacher Hinsicht *beschränkt (gebunden)* sein. Das Ermessen ist beschränkt, wenn die Zustimmung beim Vorliegen bestimmter Voraussetzungen erteilt werden darf, aber nicht erteilt werden muß. So darf die Kündigung gegenüber einer erwerbstätigen Mutter nur für zulässig erklärt werden, wenn ein „besonderer Fall" vorliegt; dies ist ein unbestimmter Rechtsbegriff[13]. Um seine gleichmäßige Handhabung herbeizuführen, kann der Bundesminister für Arbeit durch Rechtsverordnung Vorschriften darüber erlassen, wann ein besonderer Fall vorliegt (§ 9 Abs. 2 Satz 2 MuSchG). Liegt ein besonderer Fall vor, so kann die Zulässigerklärung trotzdem abgelehnt werden[14].

Der Gesetzgeber kann das Ermessen auch in der Weise beschränken, daß er der Behörde *Ermessensrichtlinien* gibt, insbesondere indem er ihr sagt, in welchen Fällen sie die Zustimmung erteilen oder nicht erteilen soll. Ist dem Schwerbeschädigten ein anderer angemessener Arbeitsplatz gesichert (§ 18 Abs. 2 Buchst. a SchwBG), dann soll die Hauptfürsorgestelle die Zustimmung zur Kündigung erteilen und sie nur bei Vorliegen ganz besonderer Umstände, die eine Ausnahme rechtfertigen, versagen[15]. Nach der herrschenden Auffassung[16] ent-

---

[11] BVerwG 28. 11. 1958 (BVerwGE 8, 46).

[12] BVerwG 15. 4. 1959 (BB 1959, 781; DVBl. 1959, 586).

[13] BVerwG 29. 10. 1958 (AP Nr. 14, 2 zu § 9 MuSchG m. Anm. von *Wertenbruch*); LVG Koblenz 18. 12. 1953 (AS 4, 291); OVG Lüneburg 21. 12. 55 (AS 10, 380); *Bulla* Erl. 101 zu § 9 MuSchG.

[14] Nach Art. 2 Abs. 2 württ.-bad. VerfolgtSchG kann die Zustimmung nur erteilt werden, wenn die Kündigung trotz der besonderen Rücksicht, die den Verfolgten gebührt, aus zwingenden Gründen geboten ist; bei der Beurteilung der Frage, ob die Kündigung aus zwingenden Gründen geboten ist, ist insbesondere auf das Maß der eingetretenen Beeinträchtigung, die beiderseitigen wirtschaftlichen Verhältnisse und das Vorhandensein eines anderen gleichwertigen Arbeitsplatzes abzustellen.

[15] Als solche Umstände kommen in Betracht das Fehlen der vertraglich vorausgesetzten Kenntnisse, das Vorhandensein einer größeren Anzahl offener Plätze als Bewerber: BVerwG 28. 11. 1958 (BVerwGE 8, 46). Vgl. auch § 11 Abs. 1 Satz 4, 2. Halbsatz nw.BergmVersSchG.

[16] Z. B. *Bulla* Erl. 101 zu § 9 MuSchG.

hält auch das Wort „ausnahmsweise" in § 9 Abs. 2 Satz 1 MuSchG eine Ermessensrichtlinie: Die Kündigung gegenüber einer erwerbstätigen Mutter soll auch dann, wenn ein „besonderer Fall" vorliegt, nur ausnahmsweise, in der Regel also nicht für zulässig erklärt werden, so daß es sich um den an sich im Wirtschaftslenkungsrecht heimischen Begriff einer „Ausnahmebewilligung" handelt[17]. Die Verwendung des Wortes „ausnahmsweise" rechtfertigt aber die über das Vorliegen eines „besonderen Falls" noch hinausgehende Einengung des behördlichen Ermessens nicht. Verbindet das Gesetz mit dem Wort „ausnahmsweise" eine Einzelaufzählung der Ausnahmetatbestände[18], dann ist es klar, daß diese die abschließende Regelung der Ausnahmen sind und die Verwendung des Wortes „ausnahmsweise" keine weitere Bedeutung hat, als diese Tatbestände als Ausnahmen von der Regel zu kennzeichnen[19]. Werden die Einzeltatbestände durch einen unbestimmten Rechtsbegriff ersetzt, dann soll das Wort „ausnahmsweise" gleichfalls nichts anderes besagen, als den durch den unbestimmten Rechtsbegriff gekennzeichneten Tatbestand als den Ausnahmetatbestand zu kennzeichnen. Die Kündigung gegenüber einer erwerbstätigen Mutter kann für zulässig erklärt werden, wenn ein „besonderer Fall" vorliegt. Ob dieser Ausnahmetatbestand gegeben ist, unterliegt der gerichtlichen Nachprüfung. Im übrigen gelten aber für die Ausübung und die Grenzen des behördlichen Ermessens und für dessen gerichtliche Nachprüfung keine anderen Grundsätze als in den sonstigen Fällen behördlicher Ermessensentscheidungen.

Wenn die Behörde nach ihrem Ermessen entscheiden darf, dann hat sie die gesetzlichen Grenzen ihres Ermessens zu prüfen und den Zweck der Ermächtigung; sie darf von ihrem Ermessen nur in einer dem Zweck der Ermächtigung entsprechenden Weise Gebrauch machen. Sowohl durch Überschreitung der Ermessensgrenzen als auch durch sachwidrigen Ermessensgebrauch würde ihre Entscheidung rechtswidrig (§ 114 VwGO).

Die für die Ermessensentscheidung maßgeblichen Grundsätze können im Gesetz angegeben sein; so hat bei Massenentlassungen der zuständige Ausschuß des Landesarbeitsamts, wenn er über die zum Wirksamwerden der Entlassung vor Ablauf eines Monats nach Eingang der Anzeige des Arbeitgebers (§ 16 Abs. 1 KSchG) oder über die Hinausschiebung ihres Wirksamwerdens (§ 16 Abs. 2 KSchG) entscheidet, sowohl das Interesse des Arbeitgebers als auch das der zu ent-

---

[17] BGH 29. 11. 1951 ArchöR Bd. 78, 102 und die Anmerkung von Ernst Rudolf *Huber* hierzu in ArchöR Bd. 78, 112.

[18] Vgl. z. B. § 8 Abs. 1 Satz 2 des Gesetzes zur Regelung der Wiedergutmachung nationalsozialistischen Unrechts für Angehörige des öffentlichen Dienstes (BWGöD) i .d. F. v. 23. 12. 1955 (BGBl. I S. 820).

[19] BVerwG VIII C 198. 59 v. 24. 2. 1960 (zu § 8 BWGöD).

lassenden Arbeiter, das öffentliche Interesse und die Lage des gesamten Arbeitsmarkts unter besonderer Beachtung des Wirtschaftszweigs, dem der Betrieb angehört, zu berücksichtigen (§ 18 Abs. 3 Satz 1 KSchG). In der Regel ist der Zweck der Ermächtigung im Gesetz nicht ausdrücklich festgelegt. Er ist dem Zweck des Zustimmungserfordernisses zu entnehmen, der im allgemeinen mit dem Zweck des Gesetzes übereinstimmen wird. Ist dieser nicht in einem Gesetzesvorspruch festgelegt[20], dann ist er mit den üblichen Mitteln der Gesetzesauslegung zu bestimmen.

2. *Ordentliche und außerordentliche Kündigung*

Unter das Kündigungsverbot zugunsten der Schwerbeschädigten fällt dem Grundsatze nach nur die ordentliche Kündigung, die in der Regel unter Einhaltung einer vertraglichen oder gesetzlichen Kündigungsfrist vorzunehmen ist. Die gesetzlichen Bestimmungen über die fristlose Kündigung — sie ist der Hauptfall der außerordentlichen Kündigung[21] — bleiben unberührt (§ 19 Abs. 3 Satz 1 SchwBG). Auch die fristlose Kündigung ist nur mit Zustimmung der Hauptfürsorgestelle zulässig, wenn sie aus einem Grunde erfolgt, der im unmittelbaren Zusammenhang mit der gesundheitlichen Schädigung steht, wegen der der Schutz des Schwerbeschädigtengesetzes gewährt wird (§ 19 Abs. 3 Satz 2 SchwBG). Gleiches gilt für die landesrechtlich geregelten Fälle des behördlichen Kündigungsschutzes von Arbeitsverhältnissen[22]. Auch von dem arbeitsbehördlichen Kündigungsschutz bei Massenentlassungen bleibt das Recht des Arbeitgebers zur fristlosen Entlassung von Arbeitnehmern unberührt (§ 15 Abs. 2 KSchG).

Der mutterschutzrechtliche Kündigungsschutz geht weiter; er gilt sowohl für die ordentliche als auch für die außerordentliche Kündigung. Ob der Arbeitgeber unter Einhaltung der vertraglich, tariflich

---

[20] Der Zweck der gesetzlichen Regelung ist angegeben im Vorspruch des nordrhein-westfälischen Bergmannversorgungsscheingesetzes; einen Vorspruch dieser Art enthielt auch das Mutterschutzgesetz vom 17. 5. 1942 (RGBl. I S. 321).

[21] Zum Verhältnis außerordentlicher und fristloser Kündigung vgl. LArbG Mannheim 21. 10. 1953 (AP Nr. 1 zu § 11 KSchG).

[22] Die fristlose Kündigung aus wichtigem Grunde wird ausdrücklich ausgenommen in § 11 Abs. 2 nw. BermVersSchG, § 6 Satz 2 nds. BermVers. SchG, § 4 württ.-bad. VerfolgtSchG. Für das badische Landesgesetz über die Entschädigung der Opfer des Nationalsozialismus ergibt es sich aus der entsprechenden Anwendung des Schwerbeschädigtengesetzes (§ 34), für die rheinland-pfälzische Landesverordnung über den Kündigungsschutz der Opfer des Nationalsozialismus aus der Vorschrift des § 6, daß die Verordnung keine Anwendung finde auf Arbeitnehmer, die unter die Kündigungsschutzbestimmungen für Schwerbeschädigte fallen; wenn schon der Schwerbeschädigte, der gleichzeitig Opfer des Nationalsozialismus ist, keinen behördlichen Kündigungsschutz gegen die fristlose Kündigung besitzt, so kann es nicht der Sinn des Gesetzes sein, daß die in § 2 Abs. 1 festgelegte Mindestkündigungsfrist von 4 Wochen bei Opfern des Nationalsozialismus, die nicht Schwerbeschädigte sind, auch an die Stelle der fristlosen Entlassung treten soll.

oder gesetzlich vorgesehenen Kündigungsfrist kündigt oder ob er die Arbeitnehmerin aus wichtigem Grunde fristlos entlassen will: um die Kündigung wirksam aussprechen zu können, muß sie vorher von der zuständigen Behörde für zulässig erklärt worden sein[23].

Das Pachtverhältnis kann nach den allgemeinen Bestimmungen des bürgerlichen Rechts für den Schluß eines Kalendervierteljahres und spätestens am dritten Werktag des Vierteljahres, bei monatlicher Mietzinszahlung für den Schluß des Kalendermonats und spätestens am 15. des Monats gekündigt werden (§ 581 Abs. 1 in Verbindung mit §§ 564, Abs. 2, 565 BGB)[24]. Im Kleingartenrecht ist aber sowohl die befristete Kündigung des bürgerlichen Rechts als auch die fristlose Kündigung wegen vertragswidrigen Gebrauchs oder Zahlungsverzugs gesetzlich ausgeschlossen. Die Kündigung ist in jedem Falle nur unter Einhaltung einer Frist von drei Monaten zum 31. Oktober zulässig; erfordern zwingende Gründe eine vorzeitige Inanspruchnahme des Grundstücks oder ist dem Verpächter wegen des zur Kündigung berechtigenden Verhaltens des Pächters eine Fortsetzung des Vertrags nicht zuzumuten, so kann die Verwaltungsbehörde auf Antrag bestimmen, daß die Kündigung zu einem früheren Zeitpunkt zulässig ist, und die Kündigungsfrist hierbei ebenfalls abkürzen (§ 2 KlGVO). Es gibt also nur eine befristete Kündigung. Über das Vorliegen zwingender Gründe für eine vorzeitige Inanspruchnahme des Grundstücks oder über die Zumutbarkeit der Fortsetzung des Vertrags für den Verpächter (§ 2 Satz 2 KlGVO) bestimmt die Verwaltungsbehörde. Die bürgerlich-rechtlichen Bestimmungen über die Kündigung sind hier ersetzt nicht durch eine ihnen vorgehende bürgerlich-rechtliche Sonderregelung[25], sondern durch eine das bürgerliche Recht verdrängende öffentlich-rechtliche Regelung. Es gibt weder eine ordentliche noch eine außerordentliche Kündigung im Sinne des bürgerlichen Rechts. Die öffentlich-rechtliche Natur der Regelung ist ersichtlich aus

---

[23] BAG 8. 12. 1955 (AP Nr. 4 zu § 9 MuSchG); *Bulla* Erl. 84 zu § 9 MuSchG; *Köst*, Erl. 108 zu § 9 MuSchG.

[24] Das Landpachtgesetz vom 25. 6. 1952 (BGBl. I S. 343) in d. F. d. Ges. v. 21. 7. 1953 (BGBl. I 667) findet auf Kleingartenpachtverhältnisse keine Anwendung.

[25] *Bettermann*, Wesen, Technik und Grenzen des Miet- und Pachtschutzes, 1947 S. 19: „Lex specialissima des Pachtrechts" (im Hinblick auf das damals gültige Pachtschutzrecht). Auch *Kaisenberg* S. 77 bezeichnet das kleingartenrechtliche Kündigungsverbot als Sonderrecht, als Durchbrechung der Regeln des bürgerlichen Rechts für Pachtverträge; er ist der Auffassung, der Kleingartenschutz komme erst zur Anwendung, wenn die Kündigung nach Vertrag oder Gesetz, also nach bürgerlichem Recht, zulässig sei; vgl. auch Erl. 4 zu § 4 KlGO. Ebenso *Pohl*, Das schleswig-holsteinische Kleingartengesetz nebst Verfahrensordnung und Durchführungsbestimmungen, 1949 Exkurs zu § 19. *Dopatka*, Zuständigkeitsfragen zwischen Zivilgerichten und Verwaltungsbehörden nach dem schleswig-holsteinischen Kleingartengesetz, in: Schlesw.-Holst. Anzeiger 1955, 125.

der Ermächtigung an die Verwaltungsbehörde, einen früheren Kündigungstermin und eine kürzere Kündigungsfrist festzusetzen, also in hoheitlicher Weise über die Zeit der Beendigung des Pachtverhältnisses abweichend von der gesetzlichen Regelung zu bestimmen.

3. *Zustimmungsvoraussetzungen und Kündigungsgründe*

Die ordentliche Kündigung bedarf keiner Rechtfertigung durch einen Kündigungsgrund; es steht — soweit nicht arbeitsmarktpolitische oder soziale Schutzvorschriften eingreifen — in der Macht des Kündigungsberechtigten, unter Einhaltung der vertraglichen oder gesetzlichen Kündigungsfrist sich von seinem Vertragspartner zu lösen. Eine außerordentliche Kündigung ist nur möglich, wenn ein besonderer Kündigungsgrund vorliegt. Die Gründe, die zur Kündigung ohne Einhaltung der vertraglichen oder gesetzlichen Frist berechtigen, ergeben sich aus dem Gesetz. Das Gesetz kann die fristlose Lösung des Vertragsverhältnisses aus jedem wichtigen Grunde gestatten (z. B. § 626 BGB), es kann aber auch einzelne Entlassungsgründe abschließend aufführen (z. B. § 123 GewO).

Die gesetzlichen Voraussetzungen, unter denen die Verwaltungsbehörde ihre Zustimmung zur Kündigung erteilen kann oder soll oder muß, sind verschieden von den Gründen, die den Vertragspartner berechtigen, fristlos zu kündigen. Die Zustimmungsvoraussetzungen sind Voraussetzungen der Rechtmäßigkeit einer behördlichen Entscheidung, also eines Verwaltungsakts, die Kündigungsgründe sind Voraussetzungen für die Wirksamkeit einer bürgerlich-rechtlichen Willenserklärung.

Die Verschiedenheit der Zustimmungsvoraussetzungen von den Kündigungsgründen ist ohne weiteres ersichtlich dann, wenn der behördliche Kündigungsschutz nur die befristete Kündigung erfaßt, nicht aber die fristlose Kündigung; denn in einem solchen Falle gibt es nur Zustimmungsvoraussetzungen und keine gesetzlichen Kündigungsgründe.

Für die ordentliche Kündigung unter Einhaltung der gesetzlichen Kündigungsfristen brauchen Arbeitgeber und Verpächter keine Kündigungsgründe anzuführen; die für die Erteilung der behördlichen Zustimmung vorgesehenen Voraussetzungen müssen trotzdem erfüllt sein. Wird dem Arbeitnehmer fristlos gekündigt und ist die fristlose Entlassung von dem behördlichen Kündigungsschutz ausgenommen, dann gibt es keine gesetzlichen Zustimmungsvoraussetzungen, die erfüllt sein müssen; es muß aber ein privatrechtlicher Kündigungsgrund vorliegen. Fällt der Arbeitnehmer unter den allgemeinen arbeitsrechtlichen Kündigungsschutz, dann muß die Kündigung außerdem sozial gerechtfertigt sein (§ 1 KSchG).

Die vertraglichen oder gesetzlichen Bestimmungen über Kündigungsfristen und Kündigungstermine für die ordentliche Kündigung sind auch dann anzuwenden, wenn das Vorliegen der Zustimmungsvoraussetzungen bejaht wird.

Die behördliche Zustimmung gibt dem Kündigenden diejenige Rechtsstellung zurück, die er hätte, wenn das Verbot nicht bestünde. Sie stellt die durch das Verbot eingeschränkte Freiheit wieder her, nach Vertrag oder bürgerlichem Recht zu kündigen. Der Kündigende kann nunmehr sein Kündigungsrecht ausüben so, als ob das gesetzliche Verbot nicht vorhanden wäre.

Gilt das Kündigungsverbot nur oder auch für die befristete Kündigung, dann kann unter Einhaltung der vertraglichen oder gesetzlichen Kündigungsfrist gekündigt werden. Die behördliche Zustimmung enthebt den Kündigenden nicht der Pflicht, sich an die Kündigungsfrist zu halten. Stimmt die Hauptfürsorgestelle der Kündigung zu, weil dem Schwerbeschädigten ein anderer angemessener Arbeitsplatz gesichert ist (§ 18 Abs. 2 Buchst. a SchwBG), so kann der Arbeitgeber nicht fristlos, sondern nur innerhalb der vertraglichen oder gesetzlichen Frist kündigen; die Sicherung des angemessenen Arbeitsplatzes ist kein Kündigungsgrund. Auf Grund der Sondervorschrift des § 17 Abs. 1 Satz 2 SchwBG kann sich das Wirksamwerden der Kündigung über die vertragliche oder gesetzliche Kündigungsfrist hinaus im Einzelfall verzögern; gleichwohl ersetzt die behördliche Zustimmung nicht die bürgerlich-rechtlichen Vorschriften über die befristete Kündigung.

Erfaßt der behördliche Kündigungsschutz auch die fristlose Kündigung, dann kann diese nunmehr grundsätzlich ohne Einhaltung einer Kündigungsfrist ausgesprochen werden. Es müssen aber die vertraglichen oder gesetzlichen Gründe für eine fristlose Kündigung vorliegen, bei Arbeitsverhältnissen also ein wichtiger Grund im Sinne des § 626 BGB, des § 133 Buchst. b der Gewerbeordnung oder des § 70 HGB, bei den Arbeitsverhältnissen der gewerblichen Arbeiter einer der Kündigungsgründe des § 123 Abs. 1 der Gewerbeordnung usw.

Ist ausnahmsweise auch die fristlose Kündigung eines Schwerbeschädigten nur mit Zustimmung der Hauptfürsorgestelle zulässig, weil sie aus einem Grunde erfolgt, der in unmittelbarem Zusammenhang mit der gesundheitlichen Schädigung steht, wegen der der Schutz des Schwerbeschädigtengesetzes gewährt wird (§ 19 Abs. 3 Satz 2 SchwBG), dann fallen der Kündigungsgrund des Arbeitgebers und die Voraussetzung, unter welcher die Hauptfürsorgestelle ihre Zustimmung erteilt, nicht zusammen. Der Kündigungsgrund ist zwar in diesem Falle für die Hauptfürsorgestelle von Bedeutung in Verbindung mit der Frage der Zustimmungspflichtigkeit der Kündigung. Sie wird aber unabhängig davon, ob der Kündigungsgrund des Arbeitgebers berechtigt ist oder nicht, die Zustimmung erteilen, wenn die Voraussetzungen des § 18 Abs. 1 oder 2 gegeben sind, die ihrerseits mit dem Kündigungsgrund des Arbeitgebers nichts zu tun haben. Der mutterschutzrechtliche Kündigungsschutz gilt, wie schon erwähnt, sowohl für die ordentliche als auch für die außerordentliche, insbesondere die fristlose Kündigung. Ist das Arbeitsverhältnis auf unbestimmte Dauer abgeschlossen und bedarf es deshalb zu seiner Beendigung der Kündigung, dann ist diese in der Regel nach Parteivereinbarung, nach Tarifrecht oder nach Gesetzesrecht an die Einhaltung einer bestimmten Kündigungsfrist gebunden. Kündigt der Arbeitgeber unter Einhaltung der Frist, so kann die Kündigung durch die zuständige Behörde trotzdem nur für zulässig erklärt werden, wenn ein „besonderer Fall" vorliegt (§ 9 Abs. 2 MuSchG). Will der Arbeitgeber die Arbeitnehmerin fristlos aus wichtigem Grunde entlassen, so kann derselbe Sachverhalt, in welchem der Arbeitgeber den wichtigen Grund erblickt, die Grundlage für die Prüfung der zuständigen Verwaltungsbehörde sein, ob ein „besonderer Fall" vorliegt, namentlich dann, wenn einer der im § 123 Abs. 1 Nr. 2, 4—7 GewO aufgezählten Gründe für eine fristlose Entlassung gewerblicher Arbeitnehmer, wie Diebstahl oder Unterschlagung, gegeben ist. Als besonderer Fall kommt auch in Betracht die Entlassung im Rahmen einer Betriebsstillegung, oder im Rahmen einer Teilstillegung, wenn die Arbeitnehmerin in dem verbleibenden Betriebsteil nicht beschäftigt werden kann oder wenn ihre Versetzung dorthin aus besonderen Gründen unzumutbar ist oder von ihr abgelehnt wird, sowie im Rahmen einer Betriebsverlagerung, wenn die Arbeitnehmerin nicht an den neuen Betriebssitz mitgehen will[26]. Das Vorliegen eines „wichtigen Grundes"[27] ist aber nicht von Rechts wegen gleichbedeutend mit dem Vorliegen eines „besonderen Falls" im Sinne des § 9 Abs. 2 Satz 1 MuSchG; er liegt nur ausnahmsweise dann vor, wenn außergewöhnliche Umstände es rechtfertigen, die vom Gesetz als vorrangig angesehenen Interessen der Arbeitnehmerin hinter diejenigen des Arbeitgebers zurücktreten zu lassen[28]. Die Verwaltungsbehörde prüft, ob dem Arbeitgeber unter Berücksichtigung der gesamten Umstände des Einzelfalls gestattet werden muß, die Arbeitnehmerin trotz ihrer Schwangerschaft mit dem Ausspruch der Kündigung zu behelligen, so daß die mit der Kündigung verbundene Folge des Verlusts der wirtschaftlichen Sicherung sowie die

[26] Erlaß des Arbeitsministeriums von Baden-Württemberg vom 17. 2. 1953, Arbeits- und Sozialrecht 1953, 65.

[27] Im Sinne der §§ 626 BGB, 133 b GewO, 70 HGB, §§ 82, 88 b, 89 des pr. Allg. Berggesetzes vom 24. 6. 1865, § 20 Abs. 3 des Binnenschiffahrtsgesetzes vom 20. 5. 1898 und § 16 der vorläufigen Landarbeitsordnung vom 24. 1. 1919.

[28] BVerwG 29. 10 1958 (BVerwGE 7, 294).

durch außergerichtliche und gerichtliche Auseinandersetzungen verursachten Aufregungen in Kauf genommen werden müssen; der Fall muß so dringlich sein, daß der Arbeitgeber den Umständen nach nicht mehr darauf verwiesen werden darf, das Verstreichen der Schonfrist abzuwarten[29]. Nach früherem Recht[30] konnte die behördliche Kündigungserlaubnis erteilt werden, wenn ein „wichtiger Grund" zur Lösung des Arbeitsverhältnisses berechtigte. Im geltenden Mutterschutzrecht ist die Verwendung des Ausdrucks „wichtiger Grund" bewußt vermieden worden, um die Verschiedenartigkeit von Kündigungsgrund und Zulassungsvoraussetzung hervorzuheben[31]. Das Vorliegen eines wichtigen Grundes zwingt die Verwaltungsbehörde nicht, das Vorliegen eines „besonderen Falls" zu bejahen; vielmehr wird vom Arbeitgeber die Fortsetzung eines Arbeitsverhältnisses mit der Arbeitnehmerin auch dann verlangt, wenn diese durch ihr Verhalten an sich einen wichtigen Grund zu ihrer sofortigen Entlassung gegeben hat[32]. Für die Entscheidung der Verwaltungsbehörde kommt es auch nicht darauf an, ob dem Arbeitgeber nach Arbeitsvertragsrecht die Weiterbeschäftigung der Arbeitnehmerin zuzumuten ist, sondern ob der Zweck des gesetzlichen Mutterschutzes auch durch Zulassung der Kündigung noch erreichbar ist oder gefährdet würde[33]. Bejaht die zuständige Arbeitsschutzbehörde die Zulässigkeit der Kündigung gegenüber einer erwerbstätigen Mutter, so kann daraus nicht gefolgert werden, daß der Arbeitgeber zur fristlosen Kündigung berechtigt ist. Liegt kein wichtiger Grund im Sinne des Arbeitsvertragsrechts vor, dann muß trotz der Zulässigerklärung der Kündigung die für die ordentliche Kündigung vorgesehene Frist eingehalten werden.

Unabhängig von der Zulässigerklärung der Kündigung durch die Verwaltungsbehörde ist auch die Frage zu prüfen, ob die Kündigung sozial ungerechtfertigt und deshalb rechtsunwirksam ist (§ 1 KSchG). Da die Vorschriften über das Recht zur außerordentlichen Kündigung eines Arbeitsverhältnisses durch das Kündigungsschutzgesetz nicht berührt werden (§ 11 Abs. 1 Satz 1), der Anlaß zur Kündigung und der Grund der Zulässigerklärung aber in der Regel auf dem gleichen Sachverhalt beruhen werden, wird es nur selten in Betracht kommen, daß ein und derselbe Kündigungsfall sowohl von der Verwaltungsbehörde unter dem Gesichtspunkt des „besonderen Falls" als auch von einem Arbeitsgericht unter dem Gesichtspunkt der Sozialwidrigkeit zu prü-

---

[29] *Herschel*, Vom Wesen des Kündigungsschutzes der Mutter, in: Arbeit und Recht 1959, 257—261 (259).

[30] § 6 des Mutterschutzgesetzes vom 17. 5. 1942 (RGBl. I 321).

[31] 180. Sitzung des 2. Bundestags vom 12. 12. 1951 Sten.Ber. 7521, A; BVerwG 29. 10. 58 (BVerwGE 7, 294).

[32] BAG 8. 12. 1955 (AP Nr. 4 zu § 9 MuSchG m. Anm. *Theuerkauf*).

[33] BVerwG 29. 10. 58 (BVerwGE 7,294); *Nikisch*, Arbeitsrecht Bd. I, S. 665; *Bulla*, Erl. 90 zu § 9 MuSchG.

fen ist. Kommt der Vorgang vor das Arbeitsgericht, dann ist es für dessen Entscheidung über die Sozialwidrigkeit der Kündigung oder das Vorliegen eines wichtigen Grundes unerheblich, ob die Verwaltungsbehörde die Kündigung für zulässig erklärt hat oder nicht. Die Entscheidung der Verwaltungsbehörde ist für das arbeitsgerichtliche Verfahren keine Vorentscheidung im Rechtssinne[34].

Für den behördlichen Kündigungsschutz von Arbeitsverhältnissen ist die Verschiedenheit von Zustimmungsvoraussetzungen und Kündigungsgründen bisher nicht hervorgehoben, aber auch nicht bezweifelt worden. Für den behördlichen Kündigungsschutz von Kleingartenpachtverhältnissen dagegen gilt es als selbstverständlich und keiner Begründung bedürftig, daß sie zusammenfallen. Teils wird die Identität der in § 1 Abs. 2 Buchst. a—e KlGVO und in der Anordnung des Reichswohnungskommissars vom 23. 1. 1945 aufgeführten Voraussetzungen der behördlichen Genehmigung mit den bürgerlich-rechtlichen Kündigungsgründen angenommen; teils wird, ohne daß dies ausdrücklich gesagt wird, es als selbstverständlich angesehen, daß § 1 Abs. 2 Buchst. a—e KlGVO bürgerlich-rechtliche Kündigungsgründe enthalten. Als nicht minder selbstverständlich gilt die Folgerung, daß sie in vollem Umfange der Nachprüfung durch die ordentlichen Gerichte unterliegen. Es sind aber, wie im behördlichen Kündigungsschutz von Arbeitsverhältnissen, auch bei den Kleingarten-Pachtverhältnissen Genehmigungsvoraussetzungen und Kündigungsgründe begrifflich zu unterscheiden. Nach bürgerlichem Recht kann der Verpächter ohne Einhaltung einer Kündigungsfrist das Pachtverhältnis kündigen, wenn der Pächter oder derjenige, dem er den Gebrauch der Pachtsache überlassen hat, ungeachtet einer Abmahnung des Verpächters einen vertragswidrigen Gebrauch der Sache fortsetzt, der die Rechte des Verpächters in erheblichem Maße verletzt, insbesondere einem Dritten den ihm unbefugt überlassenen Gebrauch beläßt, oder die Sache durch Vernachlässigung der dem Pächter obliegenden Sorgfalt erheblich gefährdet (§ 581 Abs. 2 in Verb. m. § 553 BGB). Der Verpächter kann ferner fristlos kündigen, wenn der Pächter für zwei aufeinanderfolgende Termine mit der Zahlung des Pachtzinses oder eines Teiles des Pachtzinses im Verzuge ist (§ 581 Abs. 2 in Verb. m. § 554 Abs. 1 Satz 1 BGB). Mit diesen Kündigungsgründen haben einige der Fälle eine gewisse Ähnlichkeit, in welchen eine Kündigung des Pachtvertrags über kleingärtnerisch genutztes Land durch den Verpächter statthaft ist: wenn der Pächter drei Monate mit der Zahlung des Pachtzinses oder eines Teiles des Pachtzinses, der einen Monatsbetrag übersteigt, im Verzuge ist (§ 1 Abs. 2 Buchst. a KlGVO) oder wenn der Kleingärtner trotz Anmahnung die ihm obliegenden Pflich-

[34] *Herschel*, Arbeit und Recht 1959, 259.

ten gröblich verletzt, vor allem das Grundstück vertragswidrig nutzt oder erhebliche Bewirtschaftungsmängel nicht innerhalb einer schriftlich gesetzten angemessenen Frist abstellt (§ 1 Abs. 2 Buchst. b KlGVO). Den übrigen Kündigungstatbeständen des Kleingartenrechts stehen keine entsprechenden Regelungen des allgemeinen bürgerlichen Pachtrechts gegenüber: die Nichtauflösung des Kleingartenpachtverhältnisses durch den Zwischenpächter (§ 1 Abs. 2 Buchst. c KlGVO), der dringende Bedarf für Verteidigungszwecke (§ 1 Abs. 2 Buchst. d KlGVO) oder aus anderen überwiegenden Gründen des Gemeinwohls (§ 1 Abs. 2 Buchst. e KlGVO) sowie der dringende Bedarf an Kleingartenland, vor allem für Familien mit Kindern unter 14 Jahren und für Kriegsbeschädigte, wenn der Kleingärtner genügend weiteres Kleingartenland besitzt oder seinen Wohnsitz in eine andere entfernte Gemeinde verlegt (Nr. 1 bis 3 KlGAO).

Beim Vergleich des Kleingartenpachtrechts mit dem allgemeinen Pachtvertragsrecht ist zu beachten, daß die außerordentlichen Kündigungsgründe die ordentliche, unter Einhaltung der vertraglichen oder gesetzlichen Kündigungsfrist ausgesprochene Kündigung nicht verdrängen, während nach Kleingartenrecht sowohl die befristete Kündigung des bürgerlichen Rechts als auch die fristlose Kündigung, die bei vertragswidrigem Gebrauch oder Zahlungsverzug möglich wäre, gesetzlich ausgeschlossen ist. Die Kündigung ist nur statthaft, wenn eine der im einzelnen aufgeführten Voraussetzungen gegeben ist; sie ist auch dann nur unter Einhaltung einer Frist von drei Monaten zum 31. Oktober zulässig. Die in § 1 Abs. 2 Buchst. a—e KlGVO und in der Anordnung des Reichswohnungskommissars vom 23. 1. 1945 festgelegten Tatbestände sind deshalb Ausnahmen von dem in § 1 Abs. 1 Satz 1 KlGVO gegebenen Kündigungsverbot; das ergibt sich aus den Worten des Verbots: „abgesehen von den in Absatz 2 bezeichneten Fällen." Daß in § 1 Abs. 2 KlGVO eine Kündigung durch den Verpächter als „statthaft" bezeichnet wird, wenn einer der aufgestellten fünf Ausnahmetatbestände vorliegt, bedeutet nicht, daß der Verpächter seinem Vertragspartner gegenüber ohne weiteres berechtigt ist zu kündigen. Das Gesetz sagt ausdrücklich, daß er zur Kündigung der Genehmigung der Verwaltungsbehörde bedarf (§ 1 Abs. 3 Satz 1 KlGVO). Die Ausnahmetatbestände sind Voraussetzungen der behördlichen Genehmigung. Sie legen zwar erschöpfend fest, in welchen Fällen die Kündigung des Pachtverhältnisses durch den Verpächter statthaft ist; die Behörde ist es aber, die über das Vorliegen der Genehmigungsvoraussetzungen entscheidet. Die Genehmigung stellt für die Vertragspartner nur jene Rechtslage wieder her, die ohne das gesetzliche Kündigungsverbot bestünde. Dies hätte an sich zur Folge, daß der Verpächter nunmehr nach Maßgabe des Pachtvertrags und des bürgerlichen Rechts kündigen könnte. Hier greift aber die Vorschrift des § 2 KlGVO über den Kündigungstermin und die Kündigungsfrist ein; durch diese werden die vertraglichen und gesetzlichen Bestimmungen des bürgerlichen Rechts über die ordentliche und über die außerordentliche Kündigung verdrängt. Es gibt keine ordentliche und keine außerordentliche Kündigung im Sinne des bürgerlichen Rechts. Wären die Tatbestände des § 1 Abs. 2 Buchst. a—e KlGVO Kündigungsgründe, dann könnte der Verpächter, wenn sie vorliegen, fristlos kündigen, denn zur ordentlichen Kündigung bedarf er seinem Vertragspartner gegenüber keiner Kündigungsgründe. Er kann aber, wenn eine der Voraussetzungen des § 1 Abs. 2 Buchst. a—e KlGVO erfüllt ist, nicht ohne Genehmigung kündigen und er ist, wenn die Behörde die Voraussetzung hierzu bejaht und die Genehmigung erteilt, an den Kündigungstermin des 31. Oktober und an die dreimonatige Kündigungsfrist gebunden, wenn nicht die Behörde den gesetzlichen Termin vorverlegt und die gesetzliche Frist abkürzt. Die in § 1 Abs. 2 Buchst. a—e KlGVO festgelegten Tatbestände sind ausschließlich die öffentlich-rechtlichen Voraussetzungen der behördlichen Genehmigung; sie sind weder ausschließlich noch gleichzeitig bürgerlich-rechtliche Kündigungsgründe. Der Verpächter wird, ehe er kündigt oder die Genehmigung beantragt, prüfen, ob eine der Genehmigungsvoraussetzungen vorliegt, und er wird, wenn er selbst diese Frage verneint, sowohl von einem Antrag auf Genehmigung als auch von der Kündigung absehen. Er wird, wenn er einen der Tatbestände als gegeben ansieht, seinen Antrag an die Behörde damit begründen. Dem Pächter gegenüber braucht er die Kündigung nicht zu rechtfertigen; ihm gegenüber genügt es, daß der Verpächter sich an den Termin und die Frist des § 2 KlGVO hält und sich auf die behördliche Genehmigung berufen kann oder diese nachträglich beibringt.

Für diese Auffassung spricht auch die geschichtliche Entwicklung[35]. Schon die Kleingarten- und Kleinpachtlandordnung vom 31. 7. 1919 enthielt ein Kündigungsverbot für kleingartenrechtliche Pachtverträge (§ 3 Abs. 1 Satz 1). Es fand jedoch keine Anwendung, wenn ein „wichtiger Grund" für die Kündigung vorlag (§ 3 Abs. 2). Streitigkeiten, die sich aus der Anwendung dieser Vorschrift ergaben, wurden unter Ausschluß des Rechtswegs durch die untere Verwaltungsbehörde entschieden (§ 4 Abs. 1 KlGO). Wegen der Verwendung des aus dem bürgerlichen Vertragsrecht übernommenen Ausdrucks „wichtiger Grund" konnte es damals noch zweifelhaft sein, ob dieser im Sinne des bisherigen Pachtvertragsrechts verstanden werden durfte oder ob die Verwaltungsbehörde bei der Auslegung dieses Begriffs von dem Zwecke der kleingartenrechtlichen Sonderregelung auszugehen hatte.

---

[35] A. M. *Bettermann*, NJW 1957, 1499; 1958, 437.

Solche Zweifel sind nicht mehr berechtigt, seitdem sich die kleingartenrechtliche Gesetzgebung in der Fassung der Ausnahmetatbestände von der bürgerlich-rechtlichen Ausdrucksweise freigemacht hat.

Ist die Genehmigung erteilt, dann bedarf die Kündigung dem Pächter gegenüber keiner weiteren Begründung, denn die Genehmigung gibt dem Verpächter den Weg frei, innerhalb der Frist des § 2 KlGVO zu kündigen. Die Tätigkeit der Behörde beschränkt sich deshalb nicht auf eine „Vorprüfung" der Kündigungsgründe[36] noch ist sie ein in das vertragliche Kündigungsverfahren eingebauter „Filter"[37] noch ein leerer, die vertragliche oder bürgerlich-rechtliche Kündigung begleitender Formalakt, eine nur förmliche Voraussetzung der Kündigung, die neben den sachlich-rechtlichen Kündigungsgründen gegeben sein und im Zweifelsfalle zusammen mit diesen nachgewiesen werden muß[38]. Die Kündigungszustimmung des Kleingartenrechts hat vielmehr die gleiche rechtliche Bedeutung wie die behördliche Zustimmung zur Kündigung von Arbeitsverhältnissen: Sie schafft eine Ausnahme vom gesetzlichen Kündigungsverbot und ermöglicht dem Verpächter, trotz des Kündigungsverbots eine wirksame Kündigung auszusprechen.

Der Verpächter kann nicht wirksam kündigen, wenn er die Genehmigung nicht erhält. Er hat keine Aussicht, die Genehmigung zu erlangen, wenn keine der Genehmigungsvoraussetzungen vorliegt. Er kann andererseits unabhängig von dem Vorliegen der aus Vertrag oder aus dem bürgerlichen Recht sich ergebenden Kündigungsgründe wirksam kündigen, wenn ihm die Genehmigung erteilt ist. Aus diesem Grunde treten für ihn die Genehmigungsvoraussetzungen praktisch an die Stelle von Kündigungsgründen: er ist genötigt, vor dem

---

[36] OVG Hamburg 7. 3. 1951 (MDR 1951, 505, mit zustimmender Anmerkung von Werner *Meyer*); *Bullinger,* Die behördliche Genehmigung privater Rechtsgeschäfte und ihre Versagung, in: DÖV 1957, 762.

[37] VGH (Karlsruhe) 15. 9. 1949, 660; VGH München 26. 7. 1952 (AS 52 I 186; VRspr. Bd. 5 Nr. 30); OVG Münster 16. 10. 1952 (AS. 8,1).

[38] BVerwG 13. 3. 57 (BVerwGE 4, 329); BGH NJW 1958, 43. Vgl. *Menger* VA 49, 75: „rein formaler Akt ohne irgendwelche eigene Bedeutung." Die Auffassung, die kleingartenrechtliche Kündigungsgenehmigung sei bloßer Formalakt, hängt zusammen mit der Frage der Gebundenheit der Behörde. Das Bundesverwaltungsgericht (BVerwGE 4, 329) hat, wie schon vorher das OVG Berlin (E 3, 134), gegen die Unterscheidung Stellung genommen, daß in den Fällen § 1 Abs. 2 Buchst. a—c die Genehmigung nur formale, in den Fällen d und e dagegen materielle Bedeutung habe. Diese Unterscheidung war damit begründet worden, daß in den beiden letztgenannten Fällen die Genehmigung nur zu erteilen sei, wenn festgestellt sei, daß das beabsichtigte Vorhaben an anderer Stelle nicht ohne wesentlichen Nachteil für das Vorhaben auszuführen sei und die Voraussetzungen für eine alsbaldige Inanspruchnahme des Grundstücks für den angegebenen Zweck vorlägen (§ 1 Abs. 3 S. 2 KlGVO). Das Bundesverwaltungsgericht meint, diese Vorschrift stehe im Gesetzestext nicht an der richtigen Stelle; es werde hier kein zusätzliches Erfordernis aufgestellt, sondern nur eine Erläuterung des Begriffs „dringender öffentlicher Bedarf" dargeboten.

Ausspruch oder vor dem Antrag auf Genehmigung zu überlegen, ob er sich auf eine der gesetzlichen Voraussetzungen berufen kann. Diese aus der gesetzlichen Regelung sich ergebende Notwendigkeit wandelt aber die Voraussetzungen der behördlichen Genehmigung nicht in Kündigungsgründe im Sinne des Vertragsrechts um noch schafft sie eine rechtliche Identität zwischen Genehmigungsvoraussetzungen und Kündigungsgründen. Im Kleingartenrecht gibt es, neben den öffentlich-rechtlichen Genehmigungsvoraussetzungen, keine bürgerlich-rechtlichen Kündigungsgründe mehr. Der Gesetzgeber hat sie nicht, wie auf den anderen Sachgebieten des behördlichen Kündigungsschutzes, neben den Genehmigungsvoraussetzungen bestehen lassen, sondern er hat das Kündigungsverfahren, soweit es sich um die besonderen kleingartenrechtlichen Voraussetzungen der Kündigung handelt, aus dem Privatrecht herausgenommen und öffentlich-rechtlich geordnet. Die Anwendung der bürgerlich-rechtlichen Bestimmungen über Kündigungsgründe und Kündigungsfristen ist im Kleingartenrecht ausgeschlossen. Sie sind ersetzt durch eine öffentlich-rechtliche Regelung, die auch die Gewährung einer Ausnahme von der gesetzlichen Frist und dem gesetzlichen Termin der Kündigung in die Hand der Verwaltungsbehörde legt. Nur die allgemeinen bürgerlich-rechtlichen Voraussetzungen der Kündigung, wie die Geschäftsfähigkeit des Kündigenden, das Fehlen von Willensmängeln und der Zugang der Kündigungserklärung, richten sich nach bürgerlichem Recht.

Für das Land Rheinland-Pfalz ist durch Landesgesetz allerdings bestimmt, daß Pachtverträge über Kleingärten vom Verpächter nur aus den im einzelnen bezeichneten Gründen gekündigt werden dürfen. Diese Ausdrucksweise scheint dafür zu sprechen, daß es sich nach Auffassung des Gesetzgebers um die Kündigungsgründe des Verpächters handelt. Da aber auch hier in den vom Gesetz aufgeführten Fällen die Kündigung der behördlichen Genehmigung bedarf und diese Genehmigung oder ihre Versagung überdies als „Entscheidung" bezeichnet wird (§ 6 rh.-pf. KlGG), handelt es sich um eine mißverständliche Ausdrucksweise, nicht aber um eine Verschiedenheit in der Sache. Auch hier wird von der Verwaltungsbehörde das Vorliegen der Genehmigungsvoraussetzungen geprüft und die Wirksamkeit der Kündigung hängt nicht von dem Vorliegen eines der „Kündigungsgründe" ab, sondern von der Entscheidung der Verwaltungsbehörde.

4. *Die Prüfungspflicht der Behörde*

Es ist Sache der Behörde, das Vorliegen der gesetzlichen Ausnahmetatbestände und die für ihre Ermessensentscheidung in Betracht kommenden Gesichtspunkte in tatsächlicher und rechtlicher Hinsicht zu prüfen.

In tatsächlicher Hinsicht darf sich die Behörde nicht damit begnügen, die Richtigkeit des vom Antragsteller behaupteten Sachverhalts zu unterstellen und eine bloße Schlüssigkeitsprüfung vorzunehmen[39]. Auch für das Zustimmungsverfahren gilt der das Verwaltungsverfahren beherrschende Untersuchungsgrundsatz; die Behörde muß von Amts wegen mit den ihr zu Gebote stehenden Mitteln den Sachverhalt erforschen. Müßte die Hauptfürsorgestelle die Tatsachendarstellung des Arbeitgebers zugrundelegen, dann hätte es wenig Sinn, daß sie verpflichtet ist, eine Stellungnahme des zuständigen Arbeitsamts, des Betriebsrats und des Vertrauensmannes der Schwerbeschädigten einzuholen und den Schwerbeschädigten zu hören (§ 16 Abs. 2 SchwBG). Zweck der Anhörung des Betroffenen und der beteiligten Stellen ist es, der Hauptfürsorgestelle ein vollständiges, sachlich einwandfreies, also nicht an die Darlegungen des Arbeitgebers gebundenes Bild aller für die Behörde maßgeblichen Umstände des Einzelfalls zu vermitteln. Auch der für die Entscheidungen des Arbeitsamts bei Massenentlassungen zuständige Ausschuß hat vor seiner Entscheidung den Arbeitgeber und den Betriebsrat anzuhören und es sind ihm, insbesondere vom Arbeitgeber und vom Betriebsrat, die von ihm für die Beurteilung des Falles für erforderlich gehaltenen Auskünfte zu erteilen (§ 18 Abs. 1 Satz 2, Abs. 2 Satz 1 KSchG). Anhörung und Auskunftseinholung sind Mittel der Erforschung des Sachverhalts und der Gewinnung eines die betrieblichen und sozialen Erfordernisse berücksichtigenden Maßstabs. Würde eine bloße Schlüssigkeitsprüfung genügen, dann könnte der Arbeitgeber durch schlüssige, nicht nachprüfbare Behauptungen vor der Hauptfürsorgestelle den besonderen Kündigungsschutz des Schwerbeschädigten umgehen[40]. Wird ein Kleingarten für Verteidigungszwecke oder aus anderen überwiegenden Gründen des Gemeinwohls dringend benötigt, so darf die höhere Verwaltungsbehörde die Genehmigung nur erteilen, wenn festgestellt ist, daß das beabsichtigte Vorhaben an anderer Stelle nicht ohne wesentlichen Nachteil für das Vorhaben auszuführen ist und die Voraussetzungen für eine alsbaldige Inanspruchnahme des Grundstücks für den angegebenen Zweck vorliegen (§ 1 Abs. 3 Satz 2 KlGVO). Auch hier ist

---

[39] BVerwG 28. 11. 1958 (BVerwGE 8, 51). Daß die Hauptfürsorgestelle bei der Erteilung der Zustimmung zur Kündigung eines Schwerbeschädigten sich mit einer bloßen Schlüssigkeitsprüfung begnügen müsse, nehmen an VGH Stuttgart 3. 9. 1953 (BB 1953, 917), OVG Hamburg 6. 12. 1955 (DÖV 1956, 246; Betrieb 1956, 480; FürsE 3, 22; AP Nr. 3 zu § 14 SchwBG m. Anm. v. *Gotzen*). Für das Kleingartenrecht meint *Ganschezian-Finck* RdL 1953, 35, die Verwaltungsbehörde brauche den Sachverhalt nicht zu prüfen und dürfe es nicht einmal; es bestehe kein Bedürfnis dafür und es fehlten der Verwaltungsbehörde die notwendigen Voraussetzungen einer solchen Prüfung.

[40] BVerwG 28. 11. 1958 (BVerwGE 8, 53).

eine Feststellung tatsächlicher Verhältnisse durch die Behörde, und zwar sogar eine ausdrückliche Feststellung vorgeschrieben.

Ist die Zustimmung oder ihre Ablehnung als Verwaltungsakt vor den Verwaltungsgerichten anfechtbar, dann ist die behördliche Entscheidung als rechtswidrig auch dann anzusehen, wenn die Tatsachen, die sie gerechtfertigt hätten, nicht vorhanden waren (vgl. § 23 Abs. 2 der seit dem 31. 3. 1960 außer Kraft getretenen MRVO 165). Daß die Behörde nicht die gerichtlichen Beweismittel zur Verfügung hat, steht ihrer Befugnis und Pflicht zur Wahrheitserforschung nicht entgegen[41]; die ihr zu Gebote stehenden Mittel der Tatsachenfeststellung sind anderer Art als die gerichtlichen Beweismittel, aber nicht deshalb etwa minderwertiger oder gar wertlos und entbehrlich. Die Behörde greift auch nicht der verwaltungsgerichtlichen oder zivilgerichtlichen Tatsachenfeststellung vor. Wenn im Einzelfall eine und dieselbe Tatsache wesentlich ist sowohl für die behördliche Entscheidung als auch für die zivilgerichtliche Beurteilung der Kündigung, dann ist weder die Behörde an die Tatsachenfeststellung des Zivilgerichts noch dieses an die Tatsachenfeststellung der Behörde gebunden. Es brauchen sich insbesondere die für die Rechtmäßigkeit der behördlichen Entscheidung und die Rechtswirksamkeit der Kündigung maßgeblichen Tatsachen nicht zu decken.

In rechtlicher Hinsicht prüft die Behörde, ob der behauptete und von ihr festgestellte Sachverhalt unter den gesetzlichen Ausnahmetatbestand fällt. In den Fällen der gebundenen Zustimmung prüft sie, ob die einzelnen Merkmale des gesetzlichen Tatbestands gegeben sind. So prüft bei Kündigung wegen Betriebseinstellung die Hauptfürsorgestelle, ob die Einstellung des Betriebs nicht nur vorübergehend ist und ob zwischen dem Tage der Kündigung und dem Tage, bis zu dem Gehalt oder Lohn gezahlt wird, mindestens drei Monate liegen (§ 18 Abs. 1 Satz 1 SchwBG). Bei der Genehmigung zur Kündigung eines Kleingartens wegen Zahlungsverzugs prüft die untere Verwaltungsbehörde, ob der Pächter drei Monate mit der Zahlung des Pachtzinses im Verzuge ist (§ 1 Abs. 2 Buchst. a KlGVO). Sie muß diese Prüfung vornehmen, weil von ihr die Erteilung der Genehmigung abhängig ist.

Außer dem Vorliegen des Ausnahmetatbestands prüft die Behörde die Vorfragen ihrer Entscheidung, einerlei, ob sie dem öffentlichen Recht oder dem bürgerlichen Recht angehören[42]. Wie jede Behörde und jedes Gericht, hat sie dem Grundsatze nach die Zuständigkeit zur Prüfung und Mitentscheidung der Vorfragen der von ihr zu treffenden Entscheidung.

---

[41] A. M. *Ganschezian-Finck* S. 35.

[42] A. M. hinsichtlich der öffentlich-rechtlichen Vorfrage *Ganschezian-Finck* S. 35.

Dem öffentlichen Recht gehört die Vorfrage an, ob die Zustimmung erforderlich ist, z. B. ob sie auch zur sogenannten Änderungskündigung gegenüber einem Schwerbeschädigten eingeholt werden muß[43] oder ob das Grundstück Kleingartenland im Sinne des Gesetzes ist[44]. Die Behörde darf diese Fragen nicht offenlassen. Sie darf ihre Entscheidung weder vorsorglich treffen für den Fall, daß die Zustimmung erforderlich ist noch darf sie die Beteiligten zur Klärung dieser Fragen auf den Zivilrechtsweg verweisen. Sie darf die Zustimmung nur erteilen, wenn sie diese Vorfrage geprüft und bejaht hat. Sie muß die Zustimmung ablehnen, wenn sie diese Vorfrage verneint. Die Entscheidung über die Vorfrage kann ihr allerdings entzogen sein oder es kann hierfür ein besonderes Verfahren vorgeschrieben sein, z. B. für die Gleichstellung eines Schwerbeschädigten gemäß §§ 2 und 3 SchwBG oder die Erteilung des Bergmannsversorgungsscheins. Im letzteren Falle kann sie, wenn ein Bergmannsversorgungsschein erteilt ist, die Frage, ob er erteilt werden durfte, nicht mehr zum Gegenstand ihrer Prüfung machen; sie kann andererseits ihre Zustimmung nicht erteilen, solange der Bergmannsversorgungsschein nicht vorliegt, selbst wenn sie der Auffassung ist, daß die Voraussetzungen für seine Erteilung gegeben sind. Eine Ermächtigung der Genehmigungsbehörde, durch besonderen feststellenden Verwaltungsakt bindend über die Frage zu entscheiden, ob eine Genehmigung erforderlich ist[45], ist im Bereich des behördlichen Kündigungsschutzes nicht vorgesehen. Sie kann infolgedessen diese Frage nie als Hauptfrage, sondern stets nur als Vorfrage entscheiden. Ein feststellender Bescheid der Verwaltungsbehörde, durch welchen sie die Erforderlichkeit oder Nichterforderlichkeit der Zustimmung feststellt, wäre wegen Fehlens einer Rechtsgrundlage hierzu rechtswidrig und unterläge der Aufhebung.

Als bürgerlich-rechtliche Vorfrage kommt in Betracht das Vorliegen eines rechtswirksamen Vertragsverhältnisses. Auch diese Frage muß die Behörde prüfen, wenn Zweifel bestehen. Liegt kein Vertragsverhältnis vor, das durch einseitige Erklärung des Kündigenden beendet werden kann, dann bedarf es auch keiner behördlichen Zustimmung. Es kann sein, daß das durch die Kündigung zu zerstörende

---

[43] BVerwG 29. 5. 1958 (NJW 1959, 1382; BB 1959, 780); *Sellmann* Erl. 20 zu § 14 SchwBG.

[44] A. M. *Reineke-Reineke* S. 147. Nach *Dopatka* (Schlesw.-Holst. Anzeiger 1955, 125) hat die Vorfrage, ob ein Pachtvertrag über einen Kleingarten vorliegt, rein zivilrechtlichen Charakter und unterliegt der Entscheidung der ordentlichen Gerichte; die Verwaltungsbehörden dürfen in Kündigungsgenehmigungsfällen so lange nicht mehr tätig werden, als nicht Klarheit herrscht über die zivilrechtliche Frage, ob das Land Kleingartenland im Rechtssinne ist oder nicht.

[45] Vgl. hierzu die von *Bullinger* DÖV 1957, 767 angeführten Beispiele.

Vertragsverhältnis niemals bestanden hat oder zur Zeit des Zustandekommens des Verwaltungsakts nicht mehr besteht. Ein rechtswirksames Vertragsverhältnis kann allerdings auch dann vorliegen, wenn kein gültiger Vertragsschluß vorliegt. Das ist der Fall bei der Zwangseinstellung eines Schwerbeschädigten (§ 10 Abs. 2 SchwBG) und beim faktischen Arbeits- oder Pachtverhältnis, das durch die tatsächliche Eingliederung des Arbeitnehmers in den Betrieb oder durch die tatsächliche Gebrauchsüberlassung des Pachtlandes zur Entstehung kommt. Auch die Kündigung eines Vertragsverhältnisses ohne gültigen Vertragsschluß unterliegt dem Erfordernis behördlicher Zustimmung[46]. Ist der Kündigungsgegner mit der Kündigung einverstanden, dann wird die bisher unwirksame Kündigung gegenstandslos, weil die Beendigung des Vertragsverhältnisses durch die zweiseitige Aufhebung herbeigeführt wird. Die behördliche Zustimmung zur Kündigung hat zwar nicht die Feststellung zum Inhalt, daß das durch die Kündigung zu beseitigende Vertragsverhältnis bei Erteilung der Zustimmung noch bestanden habe. Wird die Zustimmung zur Kündigung eines nicht bestehenden oder nicht mehr bestehenden Vertragsverhältnisses erteilt, dann liegt ein gültiger, der verwaltungsgerichtlichen Nachprüfung zugänglicher Verwaltungsakt vor; er ist aber unwirksam, weil das Vertragsverhältnis fehlt, auf das er sich auswirken soll. Durch ungenutzten Ablauf der Anfechtungsfrist wird er zwar als gültiger Verwaltungsakt unanfechtbar; der Eintritt der Unanfechtbarkeit verleiht ihm aber keine Wirksamkeit. Seine Unwirksamkeit kann jederzeit, auch im zivilgerichtlichen Verfahren, geltend gemacht werden.

Die Verkennung des Bestehens und des Inhalts der behördlichen Prüfungspflicht hat dazu geführt, die Aufgabe der Behörde in anderer Weise zu bestimmen: zu prüfen, ob die Zustimmung im öffentlichen Interesse liegt, ob ihr Bedenken aus dem öffentlichen Recht entgegenstehen, ob die Kündigung der Billigkeit entspricht oder ob sie sozial gerechtfertigt ist oder gar, ob sie nach Vertrag oder bürgerlichem Recht berechtigt ist.

Bei der gebundenen Zustimmung prüft die Behörde nicht neben oder gar an Stelle des Ausnahmetatbestands und unabhängig von diesem, ob die Zustimmung im öffentlichen Interesse liegt[47]; sie darf in einem solchen Falle die Zustimmung nicht versagen mit der Begründung, daß die Kündigung nicht im öffentlichen Interesse liegt. Ob und in welchem Umfang bei der Zustimmung zur Kündigung eines Ver-

[46] *Ehmke* B III 1.

[47] Für das Kleingartenrecht: VGH Kassel 29. 6. 1948 (DV 1949, 75); VGH München 26. 7. 1952 (E 5 I 186, VRspr. 5 Nr 30); OVG Lüneburg 14. 8. 1953 (DÖV 1954, 510); OVG Berlin 30. 10. 1953 (E 3, 127) sowie *Ganschezian-Finck* a. a. O. S. 34 und *Herzer,* Die Anfechtbarkeit behördlicher Kündigungszustimmungen, in: DVBl. 1957 S. 410 ff. (413).

trags das öffentliche Interesse gewahrt werden soll, ist in den gesetzlichen Ausnahmetatbeständen erschöpfend festgelegt. Bei den Ausnahmetatbeständen des Kleingartenrechts gilt in dieser Hinsicht nicht anderes als in den sonstigen Fällen des behördlichen Kündigungsschutzes; bei gebundener Zustimmung gibt es keine anderen rechtlichen Gesichtspunkte der Prüfung und Entscheidung als diejenigen, die gesetzlich festgelegt sind. Bei freier Zustimmung prüft die Behörde das Vorliegen des öffentlichen Interesses nur, wenn der Zweck der Ermächtigung die Wahrung des öffentlichen Interesses ist; ob die Behörde das öffentliche Interesse ausschließlich oder neben anderen Interessen zu wahren hat, ist eine Frage der Auslegung des Einzelgesetzes.

Die Behörde prüft auch nicht, ob der beantragten Zustimmung irgendwelche Bedenken aus dem öffentlichen Recht entgegenstehen[48]. Sie prüft nur im Rahmen ihrer Zuständigkeit und an Hand des Gesetzes, dessen Anwendung ihr übertragen ist, ob sie nach diesem Gesetz die Zustimmung erteilen muß oder soll oder kann. Es kümmert sie grundsätzlich nicht, ob noch ein weiteres öffentlich-rechtliches Verbot vorliegt. Bei der Zustimmung des Landesarbeitsamts zur Massenentlassung prüft der zuständige Ausschuß nicht, ob die Kündigung nach dem Schwerbeschädigtengesetz oder nach dem Mutterschutzgesetz zulässig ist. Die Hauptfürsorgestelle prüft nicht, ob der Arbeitnehmer, wenn er Bergmann ist, einen Bergmannsversorgungsschein hat, oder ob er politisch Verfolgter ist und als solcher besonderen Kündigungsschutz genießt. Sie holt zwar eine Stellungnahme des zuständigen Arbeitsamts ein (§ 16 Abs. 2 Satz 1 SchwBG); sie beteiligt nicht im Innenverhältnis die übrigen etwa zuständigen Kündigungsschutzbehörden und ihre Zustimmung räumt nicht alle etwaigen gesetzlichen Kündigungshindernisse aus.

Das Gesetz kann freilich auch eine Verbindung zwischen mehreren Arten des behördlichen Kündigungsschutzes herstellen. So hat nach dem nordrhein-westfälischen Gesetz über einen Bergmannsversorgungsschein die Zentralstelle die Entscheidung über eine beantragte Zustimmung zur Kündigung bis zur Vorlage der Entscheidung der Hauptfürsorgestelle auszusetzen, wenn der Inhaber des Bergmannsversorgungsscheins zugleich Schwerbeschädigter ist; sie darf auch nur aus besonders wichtigen Gründen abweichend entscheiden, wenn die Hauptfürsorgestelle die Berechtigung der Kündigung anerkannt hat (§ 11 Abs. 4). Nach § 6 der rheinland-pfälzischen Landesverordnung über den Kündigungsschutz für Opfer des Nationalsozialismus findet diese Verordnung keine Anwendung auf Arbeitnehmer, die unter die Kündigungsschutzbestimmungen für Schwerbeschädigte fallen; ist also der politisch Verfolgte zugleich Schwerbeschädigter, dann ist nur die

---

[48] A. M. *Bullinger* DÖV 1957, 763.

Zustimmung der Hauptfürsorgestelle einzuholen; ihre Zustimmung beseitigt im Lande Rheinland-Pfalz auch das Verbot der Kündigung gegenüber politisch verfolgten Arbeitnehmern. Dies sind Ausnahmefälle, die gerade beweisen, daß die behördliche Zustimmung keine öffentlich-rechtliche Unbedenklichkeitsbescheinigung ist. Sie ist weniger als eine Bescheinigung des Nichtbestehens öffentlich-rechtlicher Bedenken, weil sie kein sonstiges gesetzliches Verbot für den Einzelfall aufhebt und keine sonstige behördliche Erlaubnis entbehrlich macht, es sei denn auf Grund besonderer Vorschrift. Sie ist andererseits mehr als eine bloße Bescheinigung über das Nichtbestehen von Bedenken, weil von ihr die Wirksamkeit der Kündigung abhängt.

Die Behörde prüft auch nicht, ob die Kündigung der Billigkeit entspricht. Bei gebundener Zustimmung ist diese vom Vorliegen des Ausnahmetatbestands abhängig; ist dieser gegeben, dann darf sie nicht wegen Unbilligkeit versagt werden, es sei denn, das Gesetz stellt die zusätzliche Forderung der Billigkeit auf, wie es im schleswig-holsteinischen Kleingartengesetz für den Ausnahmetatbestand der überwiegenden Gründe des Gemeinwohls geschehen ist[49]. Darf die Behörde nach ihrem Ermessen entscheiden, dann darf sie im Zweifel nach billigem Ermessen entscheiden; die Berücksichtigung der Billigkeit gehört zum Wesen freien behördlichen Ermessens.

Die Behörde prüft nicht, ob die Kündigung nach Vertrag oder bürgerlichem Recht berechtigt ist; etwaige Einwendungen aus Vertrag oder bürgerlichem Recht bleiben dem Gekündigten immer offen, ohne daß sie ihm von der Behörde ausdrücklich vorbehalten zu werden brauchen. Die Behörde prüft auch nicht, ob die Kündigung nach bürgerlichem Recht wirksam ist. Darf die Kündigung erst ausgesprochen werden, wenn sie von der Behörde für zulässig erklärt ist, dann kann die Rechtmäßigkeit der behördlichen Zulässigkeitserklärung nicht von dem Vorliegen einer nach bürgerlichem Recht gültigen Kündigung abhängig sein. Kann die behördliche Zustimmung auch nachträglich erteilt werden, dann ist das Vorliegen einer bürgerlich-rechtlich gültigen Kündigungserklärung doch nicht Voraussetzung der behördlichen Zustimmung. Von Bedeutung ist aber die Art der Kündigung, wenn der behördliche Kündigungsschutz, wie es die Regel ist, nur bei befristeter, nicht aber bei fristloser Kündigung gewährt wird. Die Behörde muß in diesem Falle prüfen, ob eine befristete oder eine fristlose Kündigung vorliegt und ob infolgedessen ihre Zustimmung erforderlich ist oder nicht.

---

[49] Die Genehmigung soll erteilt werden, wenn die Kündigung unter Abwägung der Belange der Beteiligten und der Allgemeinheit billig erscheint, § 20 Abs. 2 S. 2 schlesw.-holst. KlGG. Vgl. auch *Dopatka* Schlesw.-Holst. Anzeiger 1958, 104; *Pohl*, Kleingartengesetz S. 163.

Die Behörde prüft auch nicht, ob die Kündigung gegenüber einem Arbeitnehmer sozial gerechtfertigt ist, und zwar auch dann nicht, wenn der Arbeitnehmer ihr gegenüber die Sozialwidrigkeit der Kündigung geltend macht. Bei Massenentlassungen soll der für die Zustimmung des Landesarbeitsamts zuständige Ausschuß zwar auch die Interessen der Arbeitnehmer berücksichtigen; er prüft aber nur den Vorgang der Massenentlassung als solchen und nicht die Sozialgerechtigkeit der einzelnen Kündigung; sind Schwerbeschädigte mitbetroffen, so stellt er gleichwohl für diese nicht jene Erwägungen an, die der Hauptfürsorgestelle obliegen. Daß die Hauptfürsorgestelle dann, wenn ein Fall der gebundenen Zustimmung vorliegt (§ 18 Abs. 1 Satz 1 SchwBG), nur den im Gesetz genannten Ausnahmetatbestand prüfen darf und nicht auch die Sozialwidrigkeit der Kündigung, folgt aus dem Wesen der gebundenen Zustimmung. Die Fälle des gebundenen Ermessens (§ 18 Abs. 1 Satz 2 und Abs. 2 Satz 1 SchwBG) können sich im Einzelfall mit der Frage der Sozialwidrigkeit berühren; sie decken sich aber nicht nach ihrem rechtlichen Gehalt. Die Prüfung der Sozialwidrigkeit hat das Gesetz nicht der Hauptfürsorgestelle, sondern dem Betriebsrat und dem Arbeitsgericht zugewiesen.

Die Gleichstellung von Genehmigungsvoraussetzungen und Kündigungsgründen führt zu Schwierigkeiten verfahrensrechtlicher Art, die bei klarer Auseinanderhaltung der Begriffe vermieden werden können. Die Verwaltungsbehörde hat nicht die Aufgabe, die Kündigung auf ihre bürgerlich-rechtliche Berechtigung und Wirksamkeit nachzuprüfen. Ihre Aufgabe ist es insbesondere nicht, die Zahl der Zivilrechtsstreitigkeiten aus Kündigungen einzudämmen oder für das Zivilgericht Vorarbeit zu leisten oder zwischen den Vertragspartnern vor der Anrufung des Zivilgerichts zu schlichten. Ihre Aufgabe liegt ausschließlich auf dem Gebiet des öffentlichen Rechts.

§ 5. Der Inhalt der behördlichen Entscheidung

1. *Erteilung und Versagung der Zustimmung*

Der wesentliche Inhalt der behördlichen Entscheidung wird durch den Antrag des kündigungswilligen Vertragspartners bestimmt: Entweder erteilt die Behörde die beantragte Zustimmung (Genehmigung, Zulässigerklärung) oder sie versagt sie. Die Zustimmung verleiht dem Kündigenden für einen bestimmten Kündigungsfall die Fähigkeit, die Kündigung gegenüber seinem Vertragspartner wirksam auszusprechen. Sie regelt mit verbindlicher Wirkung für die Beteiligten einen Einzelfall. Die Regelung liegt auf dem Gebiet des öffentlichen Rechts, weil die Behörde für einen bestimmten Einzelfall ein im öffentlichen Interesse erlassenes, mit Nichtigkeitsfolge ausgestattetes Kündigungsverbot aufhebt. Als verbindliche Regelung eines Einzelfalls auf dem Gebiet des öffentlichen Rechts ist die Zustimmung ein Verwaltungsakt[1]. Ein Verwaltungsakt ist auch der Ablehnungsbescheid. Zwar hebt er das gesetzliche Kündigungsverbot für den Einzelfall nicht auf, sondern beläßt es bei der bestehenden Rechtslage; aber auch er trifft eine hoheitliche Entscheidung für den Einzelfall, indem er, falls er rechtskräftig wird, für die Beteiligten verbindlich bestimmt, daß der kündigungswillige Vertragspartner nicht kündigen kann oder konnte, ohne gegen das gesetzliche Verbot zu verstoßen. Eine Einzelfallentscheidung in diesem Sinne ist auch die Zustimmung des für Massenentlassungen zuständigen Ausschusses des Landesarbeitsamts zu einer anzeigepflichtigen Massenentlassung (§§ 15, 16 KSchG). Ihre Besonderheit liegt nur darin, daß sie sich gleichzeitig auf eine größere Zahl von Arbeitsverhältnissen mit demselben Arbeitgeber bezieht, die innerhalb von vier Wochen im Wege der Kündigung des Arbeitgebers beendet werden sollen. In diesem Falle ist die Zustimmung auch teilbar, indem sie auf einen Teil der beabsichtigten Entlassungen beschränkt wird[2], so daß sie teilweise erteilt und teilweise versagt wird.

Die Erteilung der Zustimmung begünstigt den kündigungswilligen Vertragspartner und belastet den Kündigungsgegner; ihre Versagung belastet jenen und begünstigt diesen. Der Verwaltungsakt ist doppelgesichtig; er ist zugleich begünstigender und belastender Verwaltungsakt. Ist er dem einen Vertragspartner günstig, so belastet er notwendig den anderen.

2. *Nebenbestimmungen*

Gunst und Last des Verwaltungsakts können durch Nebenbestimmungen vermindert und vermehrt werden. Wird der Zustimmung eine Bedingung, Befristung oder Auflage beigefügt, so begünstigt sie den kündigungswilligen Vertragspartner nicht nur, sondern belastet ihn zugleich; der Kündigungsgegner wird durch die Nebenbestimmung des ihn belastenden Verwaltungsakts begünstigt.

Bedingungen, Befristungen, Auflagen und Widerrufsvorbehalt sind unzulässig, wenn die Behörde beim Vorliegen der gesetzlichen Voraussetzungen die Zustimmung erteilen muß. In diesem Falle sind die Voraussetzungen der Zustimmung im Gesetz abschließend festgelegt und können von der Behörde nicht durch Beifügung einer Nebenbe-

---

[1] BVerwG 29. 12. 58 (DÖV 1959, 188; DVBl. 1959, 286; JR 1959, 272; MDR 1959, 241: betr. Dauerangestellte des öffentlichen Dienstes). Vgl. u. a. *Bürckner*, Der privatrechtsgestaltende Staatsakt, Leipz. Rechtsw. Studien H. 47, 1930, S. 17; *Bullinger* DÖV 1957 S. 762; *Herzer* DVBl. 1957, S. 410 ff; *Lange*, Die behördliche Genehmigung und ihre zivilrechtlichen Auswirkungen, in: ArchCivPr. Bd. 152 (1952/53), S. 241 ff. (244).

[2] *Herschel-Steinmann* Erl. 4 zu § 16 KSchG.

stimmung über das Gesetz hinaus vermehrt werden. Nebenbestimmungen, die nicht nur in der Wiederholung einer gesetzlichen Zustimmungsvoraussetzung bestehen, setzen voraus, daß die Erteilung der Zustimmung im Ermessen der Behörde steht[3].

Mit einer Ermessensentscheidung können nur solche Nebenbestimmungen verbunden werden, die dem Zweck des Gesetzes und des der Behörde eingeräumten Ermessens entsprechen. Unterliegt die befristete Kündigung der behördlichen Zustimmung, so kann die Behörde nicht die Einhaltung einer längeren als der vertraglichen oder gesetzlichen Kündigungsfrist fordern[4]. Zu einer Hinausschiebung des Ablaufs der Kündigungsfrist führt es aber im Ergebnis, wenn die Hauptfürsorgestelle die Zustimmung gegenüber einem Schwerbeschädigten mit der Maßgabe erteilt, daß die Kündigung frühestens vier Wochen nach dem Zeitpunkt der Entscheidung wirksam wird; sie soll diese Bestimmung beifügen, wenn sie der Kündigung zustimmt und im Zeitpunkt der Zustimmung die Kündigungsfrist ganz oder auf weniger als vier Wochen abgelaufen ist (§ 17 Abs. 1 Satz 2 SchwBG). Diese „Maßgabe" ist weder aufschiebende Bedingung noch Befristung noch Auflage; sie bestimmt einen von der vertraglichen oder gesetzlichen Kündigungsfrist abweichenden Zeitpunkt der Vertragsbeendigung und schränkt die Rückwirkung der nachträglich erteilten Zustimmung ein.

Die *Auflage* legt dem Antragsteller eine Verpflichtung auf, ohne die Zustimmung in ihrem Rechtsbestande zu berühren. Um eine echte Auflage handelt es sich aber nur dann, wenn die Behörde ihre Erfüllung notfalls erzwingen kann. Hierzu geben aber die Gesetze der Kündigungsschutzbehörde keine Handhabe[5]. Sie kann die Erfüllung der Auflage nicht einmal durch einen Widerrufsvorbehalt sicherstellen, denn die erteilte Zustimmung ist wegen ihrer Einwirkung auf die Privatrechtsverhältnisse der Beteiligten grundsätzlich unwiderruflich; ein Widerrufsvorbehalt wäre mit dem Wesen und dem Zweck der behördlichen Zustimmung unvereinbar.

---

[3] *Forsthoff*, Lehrbuch des Verwaltungsrechts Bd. 1, 7. Aufl., 1958, S. 199. Für das Schwerbeschädigtengesetz: *Becker*, Gesetz über die Beschäftigung Schwerbeschädigter, 1955 Erl. 12 zu § 14; *Ehmke*, D III; *Sellmann* Erl. 58 bis 60 zu § 14 SchwBG; a. M. *Zigan*, Kommentar zum Schwerbeschädigtengesetz (Bücherei des Betriebsberaters, 1953) Erl. 55—57 zu § 11, Erl. 55 zu § 14 SchwBG.

[4] *Ehmke* D III; *Rewolle* Erl. V 3 zu § 14 SchwBG; *Sellmann* Erl. 59 zu § 14, Erl. 4 zu § 15 SchwBG.

[5] Nach *Bulla* (Erl. 106 zu § 9 MuSchG) kann die Behörde hierbei dem Arbeitgeber die Auflage erteilen, die zuständige Krankenkasse über die Zubilligung der Wochenhilfeleistungen an die Arbeitnehmerin zu unterrichten. Diese Auflage wäre jedoch nicht erzwingbar. Sie könnte auch ihren Zweck nicht erfüllen, weil nur die amtliche Bekanntgabe etwaige Rechtsmittelfristen in Lauf setzt (vgl. oben S. 39); *Bulla* hält freilich den Bescheid für unanfechtbar.

Eine der Zustimmung beigefügte *Bedingung* macht ihre Rechtswirksamkeit von einem künftigen ungewissen Ereignis abhängig. Eine auflösende Bedingung ist unzulässig, jedenfalls dann, wenn der Zeitpunkt ihres Eintritts nach dem Zeitpunkt der Vertragsbeendigung liegen würde oder auch nur liegen könnte; denn der von ihr geschaffene Rechtszustand — Wirksamkeit oder Unwirksamkeit einer privatrechtlichen Kündigung und damit Beendigung oder Nichtbeendigung eines Privatrechtsverhältnisses — soll gewiß sein. Die Kündigungszustimmung gehört zu den von Natur bedingungsfeindlichen Verwaltungsakten[6]. Eine aufschiebende Bedingung braucht nicht ohne weiteres unzulässig zu sein. Es ist vielmehr von Fall zu Fall zu prüfen, ob sie mit dem Zweck der gesetzlichen Regelung in Einklang zu bringen ist und die Gewißheit der durch die behördliche Zustimmung herbeizuführenden Rechtswirkung nicht gefährdet. Die aufschiebende Bedingung schiebt den Eintritt der Wirkung der Zustimmung und damit der Kündigung hinaus. Ist die Bedingung von solcher Art, daß über ihren Eintritt oder Nichteintritt unter den Beteiligten keine Unklarheit bestehen kann, dann bestehen gegen eine aufschiebende Bedingung keine Bedenken.

Unterliegt — wie im Falle des § 9 MuSchG — sowohl die befristete als auch die fristlose Kündigung der behördlichen Zustimmung, so wird man die Behörde, wenn ihre Zustimmung für eine fristlose Kündigung beantragt war, als berechtigt ansehen dürfen, die Kündigung unter der Voraussetzung für zulässig zu erklären, daß der Arbeitgeber eine Mindestkündigungsfrist einhält; eine solche die Belange der werdenden oder stillenden Mutter wahrende und dem Arbeitgeber zumutbare Zwischenlösung kann nach pflichtgemäßem Ermessen der Behörde geboten sein, wenn auf solche Weise der Zweck des gesetzlichen Mutterschutzes im Einzelfall am besten erreicht wird[7].

Die Hauptfürsorgestelle soll ihre Zustimmung zur Kündigung eines Schwerbeschädigten erteilen, wenn diesem ein anderer angemessener Arbeitsplatz gesichert ist (§ 18 Abs. 2 Buchst. a SchwBG) oder an seiner Stelle ein anderer Schwerbeschädigter beschäftigt wird (§ 18 Abs. 2 Buchst. b) oder die ausreichende wirtschaftliche Sicherung des Schwerbeschädigten, etwa durch rechtskräftigen Rentenbescheid der Angestellten- oder Invalidenversicherung in einer bestimmten Mindesthöhe, nachgewiesen ist (§ 18 Abs. 2 Buchst. c SchwBG)[8]. Die Hauptfürsorgestelle kann ihre Zustimmung von der Erfüllung dieser Voraussetzungen abhängig machen.

---

[6] *Bürckner* S. 70; *Rohwer-Mann*, Schwerbeschädigtengesetz (Loseblattausgabe) Erl. 57 zu § 14; *Sellmann* Erl. 60 zu § 14.

[7] *Bulla* Erl. 99 zu § 9 MuSchG.

[8] *Ehmke* D III; *Rohwer-Mann* Erl. 58 zu § 14 SchwBG; *Sellmann* Erl. 59 zu § 14 SchwBG.

Es handelt sich nicht um die gesetzlichen Voraussetzungen für die Erteilung der Zustimmung, die als solche nicht Gegenstand einer Bedingung sein könnten, sondern um Fälle von Ermessensentscheidungen, für die das Gesetz die Richtlinien enthält, daß, wenn sie gegeben sind, die Zustimmung erteilt werden soll. Ist die Bedingung so gefaßt, daß ihr Eintritt für die Beteiligten klar erkennbar ist, so wird dem Zwecke des Gesetzes entsprochen, wenn die wirtschaftliche Sicherung des Schwerbeschädigten in der im Gesetz bezeichneten Weise zur Bedingung der Zustimmung gemacht wird. Die Beifügung der aufschiebenden Bedingung ermöglicht es der Hauptfürsorgestelle in diesen Fällen, die gesetzlichen Ermessensrichtlinien (§ 18 Abs. 2) zu beachten, ohne mit der Erteilung ihres Bescheides warten zu müssen, bis jene Voraussetzungen eingetreten sind. Die Beteiligten erhalten auf solche Weise alsbald Gewißheit über die Stellungnahme der Hauptfürsorgestelle und können sich in ihrem Verhalten darauf einstellen und etwaige Zweifelsfragen im Rechtsmittelverfahren klären. Als Anfangstermin für das Wirksamwerden ihrer Zustimmung kann die Hauptfürsorgestelle im Falle des § 18 Abs. 2 Buchst. c die Vollendung des 65. Lebensjahres des Schwerbeschädigten bestimmen; sie ist dadurch in der Lage, schon vor diesem Zeitpunkt ihre Entscheidung zu treffen.

Der für Massenentlassungen zuständige Ausschuß des Landesarbeitsamts darf seine Zustimmung nicht davon abhängig machen, daß die Urlaubsansprüche der Arbeitnehmer abgegolten oder Abfindungen gewährt werden oder der Arbeitgeber sich gegenüber den zu entlassenden Arbeitnehmern zu späterer Wiedereinstellung verpflichtet[9]. Solche Bedingungen hätten die Erfüllung oder Übernahme bürgerlich-rechtlicher Verpflichtungen gegenüber dem einzelnen von einer Massenentlassung betroffenen Arbeitnehmer zum Inhalt. Deren private Belange zu wahren ist nicht die Aufgabe des Landesarbeitsamts. Trotz dessen Zustimmung bleibt es ja dem einzelnen Arbeitnehmer unbenommen, sowohl gegen die Kündigung als auch wegen der aus seinem Arbeitsverhältnis sich ergebenden bürgerlich-rechtlichen Ansprüche das Arbeitsgericht anzurufen und dieses kann unter bestimmten Voraussetzungen den Arbeitgeber zur Zahlung einer Abfindung verurteilen (§ 7 Abs. 1 Satz 1 KSchG). Das Landesarbeitsamt kann aber helfend und vermittelnd tätig werden und darauf hinwirken, daß der Arbeitgeber vor Erteilung der Zustimmung bestimmte ihm vorgeschlagene Maßnahmen trifft, die geeignet sind, die plötzliche Erschütterung des Arbeitsmarkts zu vermeiden oder abzuschwächen und den Arbeitsämtern die Vermittlung, den betroffenen Arbeitnehmern die Suche neuer Arbeitsplätze zu erleichtern.

---

[9] *Herschel-Steinmann* Erl. 7 zu § 18 KSchG.

Auch in sonstigen Fällen wird die Kündigungsschutzbehörde gut daran tun, Zwischenlösungen, die sie im Rahmen ihrer Aufgabe und des ihr zustehenden Ermessens für zweckmäßig hält, vor Erteilung der Zustimmung zu regeln. So kann sie z. B., ehe sie die Kündigung gegenüber einem Kleingärtner zu einem früheren Zeitpunkt als zum 31. Oktober genehmigt, den Verpächter oder das gemeinnützige Unternehmen, zu deren Gunsten die Kündigung genehmigt wird, veranlassen sich zu verpflichten, dem Kleingärtner auch nach der Herausgabe des Grundstücks dessen Betreten zu gestatten, um die Früchte zu ernten. Solche Zwischenlösungen werden unter Umständen den Kündigungsgegner abhalten, Rechtsbehelfe einzulegen nur zu dem Zwecke, einen Aufschub zu erreichen. Die Behörde vermittelt in einem solchen Falle eine gütliche Einigung der Beteiligten im Wege des gegenseitigen Nachgebens. Die Verpflichtungen der Beteiligten werden nicht der Behörde gegenüber eingegangen, sondern untereinander und sind dann im Zivilrechtswege durchsetzbar. Die Behörde macht Anregungen und Vermittlungsvorschläge; die Einigung der Beteiligten wird die Grundlage für die Ermessensentscheidung der Behörde. Freilich muß die Behörde bei solchen Bemühungen um einen Ausgleich der Beteiligten untereinander sich im Rahmen ihrer Zuständigkeit halten. So gehört es z. B. nicht zu ihrer Aufgabe, dem Arbeitnehmer zu einer Abfindung zu verhelfen; zuständig für die Festsetzung einer solchen Verpflichtung ist das Arbeitsgericht (§§ 7, 8 KSchG)[10]. Im Verhältnis zwischen Kleingärtner und Verpächter oder gemeinnützigem Unternehmen handelt sie dagegen im Rahmen ihrer Zuständigkeit, wenn sie auf eine Vereinbarung über eine angemessene Entschädigung des Kleingärtners sowie die Beschaffung einer geeigneten Ersatzfläche hinwirkt; Abreden der Beteiligten hierüber bedürfen sogar der Genehmigung der Behörde und diese ist befugt, von Amts wegen die Höhe der Entschädigung festzusetzen und die Beschaffung des erforderlichen Ersatzgeländes zu regeln (§ 3 Abs. 1 Satz 2 u. 3 KlGVO).

3. Bewilligung besonderer Leistungen

Wird dem Kleingärtner gekündigt, weil das Grundstück für Zwecke der Verteidigung oder aus anderen überwiegenden Gründen des Gemeinwohls verwendet werden soll, so ist ihm eine angemessene Entschädigung sowie eine geeignete Ersatzfläche auf einem zur dauernden kleingärtnerischen Nutzung vorgesehenen Gelände zu gewähren (§ 3 Abs. 1 Satz 1 KlGVO). Die Pflicht, den Pächter zu entschädigen und das Ersatzland bereitzustellen, obliegt grundsätzlich dem Erwerber oder Eigentümer, der das Kleingartenland beansprucht (§ 3 Abs. 2

---

[10] *Ehmke* D III; *Sellmann* Erl. 59 zu § 14 SchwBG; a. M. *Rewolle* Erl. V 3 zu § 14 SchwBG.

Satz 1 u. 2 KlGVO). Die Parteien können über diese Ansprüche Abreden treffen, die der Genehmigung der höheren Verwaltungsbehörde bedürfen; diese setzt die Höhe der Entschädigung fest und regelt die Beschaffung des Ersatzgeländes (§ 3 Abs. 1 Satz 2 u. 3 KlGVO). In den übrigen Fällen der Kündigungsgenehmigung (Zahlungsverzug des Kleingärtners, Bewirtschaftungsmängel) kann die untere Verwaltungsbehörde dem Pächter eine Entschädigung zubilligen, soweit dies nach Lage der Sache der Billigkeit entspricht (§ 3 Abs. 5 KlGVO); als entschädigungspflichtig kommt in diesen Fällen der Verpächter in Betracht. In den erstgenannten Fällen (§ 1 Abs. 2 Buchst. d u. e KlGVO) besteht die Verpflichtung zur Entschädigung und zur Beschaffung des Ersatzgeländes kraft Gesetzes; die Entschädigungspflicht wird ausgelöst durch die — auf Grund der behördlichen Genehmigung wirksam gewordene — Kündigung des Verpächters. Die Anordnungen der höheren Verwaltungsbehörde (Festsetzung der Höhe der Entschädigung, Regelung der Beschaffung des Ersatzgeländes) können als Verwaltungsakte im Verwaltungsrechtswege angefochten werden; die Klage richtet sich dann gegen das Land oder gegen die Körperschaft, deren Behörde den angefochtenen Verwaltungsakt erlassen hat, oder gegen die Behörde selbst (§ 78 Abs. 1 VwGO). Die Ansprüche auf Entschädigung und Ersatzgelände richten sich gegen den Erwerber oder Eigentümer des Kleingartenlandes; sie sind im Zivilrechtswege verfolgbar. In den anderen Fällen (§ 1 Abs. 2 Buchst. a—c KlGVO) erwirbt der Kleingärtner auf Grund des Zubilligungsbescheids der Verwaltungsbehörde einen Rechtsanspruch gegen den Verpächter, den er im Zivilrechtswege verfolgen kann. Er hat aber keinen Rechtsanspruch gegen die Verwaltungsbehörde auf Zubilligung einer Entschädigung. Die Zubilligung der Entschädigung liegt im Ermessen der Behörde. Lehnt diese die Zubilligung einer Entschädigung ab, oder erscheint dem Kleingärtner die ihm zugebilligte Entschädigung als zu gering, so kann er Anfechtungsklage, ausnahmsweise auch Verpflichtungsklage erheben. Ist die Zubilligung einer Entschädigung abgelehnt, so hat die Klage auf Zahlung einer Entschädigung, die vor dem Zivilgericht gegen den Verpächter erhoben wird, keine Aussicht auf Erfolg, jedenfalls nicht insoweit, als sie auf § 3 Abs. 5 KlGVO gestützt wird. Eine andere Frage ist es, ob er auf Grund seines Pachtvertrags oder wegen eines nach bürgerlichem Recht zu Schadenersatz verpflichtenden Verhaltens des Verpächters gegen diesen einen Entschädigungsanspruch hat; hierüber entscheidet nicht die Verwaltungsbehörde, sondern im Streitfalle unmittelbar das Zivilgericht.

Nach § 9 Abs. 2 Satz 1 MuSchG kann die zuständige Behörde, wenn sie die Kündigung für zulässig erklärt, gleichzeitig bestimmen, daß der werdenden Mutter oder Wöchnerin von der zuständigen Krankenkasse Wochen- und Stillgeld und die sonstigen Wochenhilfeleistungen der gesetzlichen Krankenversicherung zu gewähren sind. Es bedarf hierzu keines Antrags der Arbeitnehmerin. Die Zubilligung dieser Leistungen liegt im Ermessen der Behörde.

Dieser Zubilligungsbescheid ist keine Auflage an den Arbeitgeber, überhaupt keine Nebenbestimmung der Zulässigerklärung, sondern eine zu dieser hinzukommende Zusatzbestimmung und damit ein besonderer Verwaltungsakt, der mit der Zulässigerklärung äußerlich verbunden sein kann, aber nicht mit ihr verbunden sein muß. Er wandelt nicht die mit der Erteilung der Zustimmung regelmäßig gegebene Gestaltung der Rechtsbeziehungen zwischen den Vertragspartnern ab, sondern er regelt die Rechtsbeziehungen zwischen der Arbeitnehmerin und dem Versicherungsträger. Er hat keinen Einfluß auf die Wirksamkeit der Kündigung, sondern verschafft der Arbeitnehmerin einen Rechtsanspruch auf Leistungen der Sozialversicherung[11]. Er gibt der Arbeitnehmerin für den Fall der Kündigung einen Rechtsanspruch gegen die Krankenkasse auf die Wochenhilfeleistungen, wenn sie ihn ohne die Zulässigerklärung der Kündigung beim Fortbestand ihres Arbeitsverhältnisses auf Grund der Pflichtversicherung gehabt hätte, und belastet gleichzeitig die Krankenkasse mit einer Verpflichtung, die den kraft Gesetzes bestehenden Verpflichtungen gleichsteht. Der Zubilligungsbescheid ist in seinem rechtlichen Schicksal von der Zulässigerklärung unabhängig, obwohl er auf diese bezogen ist. Ist die Zulässigerklärung aus irgendeinem Grunde nichtig oder wird sie aufgehoben, dann wird der Zubilligungsbescheid hierdurch insofern berührt, als er aufgehoben werden kann und muß. Er ist aber kein abhängiger, sondern ein selbständiger Verwaltungsakt. Zwar ist in solchen Fällen in erster Linie der Arbeitgeber zur Lohnzahlung verpflichtet, die Leistungspflicht der Krankenkasse bleibt aber hilfsweise bestehen. Die Krankenkasse kann, wenn sie an Stelle des Arbeitgebers Leistungen gewährt, von diesem Erstattung verlangen (§ 13 Abs. 2 Satz 2 MuSchG)[12]. Die Arbeitnehmerin erhält die zugebilligten Leistungen allerdings nicht schon auf Grund des Zubilligungsbescheids, sondern nur auf Antrag (§ 1545 RVO) und hat auch die sonstigen Voraussetzungen ihres Anspruchs nachzuweisen. Sie hat die Möglichkeit, vor dem Sozialgericht Klage zu erheben, wenn ihr die Krankenkasse die mutterschutzrechtlichen Wochenhilfeleistungen verweigert. Die Klage im Verfahren der Sozialversicherung hat aber nach Lösung des Arbeitsverhältnisses nur dann Aussicht auf Erfolg, wenn eine arbeitsbehördliche Bestimmung im Sinne des § 9 Abs. 2 Satz 1 MuSchG vor-

---

[11] Ebenso *Mörtel* in: DVBl. 1958, 290.

[12] BAG 14.10.1954 AP Nr. 1 zu § 13 MuSchG (mit zustimmender Anmerkung von *Hueck*).

liegt. Liegt kein Zubilligungsbescheid vor, dann ist die Krankenkasse nicht zur Leistung verpflichtet und das Sozialgericht muß schon aus diesem Grunde die Klage abweisen. Liegt dagegen ein Zubilligungsbescheid vor und verweigert die Krankenkasse trotzdem die Wochenhilfeleistungen, etwa weil die Voraussetzungen des § 13 MuSchG nicht nachgewiesen sind, so ist das Sozialgericht an die Entscheidung der Arbeitsbehörde über die Gewährung der Wochenhilfeleistungen gebunden. Hat die Arbeitnehmerin, der die Wochenhilfeleistungen entweder nicht oder nur teilweise zugebilligt wurden, Anfechtungsklage vor dem Verwaltungsgericht erhoben, dann ist das Sozialgericht an die in dem verwaltungsgerichtlichen Verfahren ergehende Entscheidung gebunden.

Festsetzungsbescheid (§ 3 Abs. 1 Satz 3 KlGVO) und Zubilligungsbescheid (§ 3 Abs. 5 KlGVO, § 9 Abs. 2 Satz 1 MuSchG) sind keine Nebenbestimmungen der Kündigungszustimmung, denn sie schränken diese nicht ein. Sie können mit der Zustimmung verbunden werden, brauchen es aber nicht. Der mutterschutzrechtliche Zubilligungsbescheid ergeht nach ausdrücklicher Bestimmung des Gesetzes „gleichzeitig"; im Kleingartenrecht ist die Gleichzeitigkeit nicht gesetzlich vorgesehen. Festsetzungsbescheid und Zubilligungsbescheid sind im Verhältnis zur Kündigungszustimmung besondere Verwaltungsakte, die angefochten werden können, ohne daß gleichzeitig die Kündigungszustimmung mit angefochten wird; soweit ein Dritter (z. B. ein gemeinnütziges Unternehmen gemäß § 3 Abs. 1 Satz 3 KlGVO, die Krankenkasse gemäß § 9 Abs. 2 Satz 1 MuSchG) belastet wird, kann dieser den Bescheid anfechten[13]. Infolgedessen sind Festsetzungsbescheid und Zubilligungsbescheid keine selbständigen, sondern abhängige Verwaltungsakte in dem Sinne, daß eine gültige Kündigungsgenehmigung Voraussetzung ist. Kommt diese nicht zustande oder ist sie nichtig, oder wird sie nachträglich aufgehoben, dann sind oder werden auch Festsetzungs- und Zubilligungsbescheid gegenstandslos und müssen aufgehoben werden.

§ 6. Die Wirkung der behördlichen Zustimmung

Die behördliche Entscheidung über Erteilung oder Versagung der Zustimmung kommt zustande durch Bekanntgabe an den richtigen Empfänger; sie ist ein empfangsbedürftiger Verwaltungsakt. Erst die Bekanntgabe erledigt das durch den Antrag des kündigungswilligen Vertragspartners eingeleitete Verwaltungsverfahren; die Bekanntgabe der Zustimmung ist die förmliche Voraussetzung dafür, daß sie die ihr innewohnende Wirkung entfalten kann.

Erst mit der ordnungsmäßigen Bekanntgabe — in Schwerbeschädigtenangelegenheiten mit der Zustellung des § 17 Abs. 2 Satz 1 SchwBG

[13] *Mörtel* DVBl. 1958, 290; a. M. *Bulla* Erl. 103 zu § 9 MuSchG.

— ist die behördliche Entscheidung gegenüber dem am Verfahren Beteiligten rechtlich vorhanden. Erst von diesem Zeitpunkt an ist die Behörde, soweit sie in der Zurücknahme und im Widerruf ihrer Entscheidung beschränkt ist, an diese gebunden.

Nach § 134 BGB ist ein Rechtsgeschäft, das gegen ein gesetzliches Verbot verstößt, nichtig, wenn sich nicht aus dem Gesetz ein anderes ergibt. Wegen dieser Ausnahme ist es für jede Verbotsvorschrift besonders zu ermitteln, ob mit ihrer Übertretung die Nichtigkeitsfolge verbunden ist. Handelt nur eine Vertragspartei unerlaubt, so ist das Geschäft in der Regel gültig[1]. Im Rahmen des öffentlich-rechtlichen Kündigungsschutzes ist es immer nur der eine Vertragspartner, der unerlaubt handelt, wenn er kündigt; trotzdem ist die regelmäßige Folge der Verbotswidrigkeit die Unwirksamkeit der Kündigung. Die Gesetzessprache gibt Anhaltspunkte, wie z. B. durch die Verwendung der Worte „unzulässig" in § 9 Abs. 1 Satz 1 MuSchG oder „dürfen nicht" in § 1 Abs. 1 Satz 1 KlGVO. § 16 KSchG verwendet die Ausdrücke „zulässig" und „wirksam" in dem Sinne, daß die verbotswidrig ausgesprochene Entlassung unzulässig und unwirksam ist. Andererseits ist nur die ohne behördliche Zustimmung ausgesprochene Kündigung verbotswidrig. Die Kündigung ist infolgedessen nicht schlechthin verboten. Bedarf ein Geschäft behördlicher Genehmigung, dann ist das ohne Genehmigung vorgenommene Geschäft in der Regel bis zur Genehmigung oder Versagung der Genehmigung schwebend unwirksam; ist aber die behördliche Genehmigung zu einem einseitigen Rechtsgeschäft erforderlich, dann ist dieses im allgemeinen sofort unwirksam. Die Kündigung ist ein einseitiges Rechtsgeschäft; trotzdem gibt es Fälle des behördlichen Kündigungsschutzes, in welchen die ungenehmigte Kündigung nur schwebend unwirksam ist.

Das mit dem Vorbehalt behördlicher Zustimmung versehene Verbot zu kündigen beschränkt den kündigenden Vertragspartner in seinem rechtlichen Können, nicht nur in seinem rechtlichen Dürfen. Er handelt nicht nur unerlaubt, wenn er kündigt, ohne die Genehmigung einzuholen, sondern die Verbotswidrigkeit berührt die Gültigkeit der Kündigung. Es bedarf daher nicht der Unterscheidung zwischen dem Kündigungsrecht an sich und seiner Ausübung[2]; das gesetzliche Kündigungsverbot mit dem Vorbehalt behördlicher Zustimmung schränkt die Fähigkeit zur rechtswirksamen Kündigung ein.

1. Die öffentlich-rechtliche Wirkung

Die erste und eigentliche Wirkung der Kündigungszustimmung liegt auf dem Gebiet des öffentlichen Rechts: sie beseitigt das gesetzliche

---

[1] RGZ 104, 107.
[2] *Herschel* in: Arbeit und Recht 1959, 258.

Kündigungsverbot für den Einzelfall. Sie stellt die Vertragspartner so, wie sie stünden, wenn es das gesetzliche Kündigungsverbot nicht gäbe.

Dem kündigenden Vertragspartner gibt sie die aus der Vertragsfreiheit fließende Freiheit zu kündigen wieder zurück. Sie beseitigt aber nicht jedes Kündigungsverbot und jede Kündigungsbeschränkung, sondern nur gerade ein bestimmtes Kündigungshindernis, das auf demjenigen Kündigungsverbot beruht, von dem die zustimmende Behörde befreien kann. Trifft auf eine Arbeitnehmerin sowohl das Kündigungsverbot des Mutterschutzgesetzes als auch das Kündigungsverbot des Schwerbeschädigtengesetzes zu, dann ersetzt die Zustimmung der Hauptfürsorgestelle nicht die Zulässigerklärung der Mutterschutzbehörde und umgekehrt. Das Zusammentreffen mehrerer Kündigungsverbote in einem Kündigungsfalle kann aber besonders geregelt sein. In Nordrhein-Westfalen ist, wenn ein Inhaber des Bergmanns-Versorgungsscheins zugleich Schwerbeschädigter ist, die Entscheidung der Zentralstelle über eine beantragte Zustimmung bis zum Erlaß der Entscheidung der Hauptfürsorgestelle auszusetzen; erteilt diese die Zustimmung, dann darf die Zentralstelle nur aus besonders gewichtigen Gründen abweichend entscheiden (nw. BergmVersSchG § 11 Abs. 4). Ist für einen Personenkreis der besondere Kündigungsschutz in der Weise geregelt, daß die Angehörigen dieses Personenkreises den Schwerbeschädigten gleichgestellt oder die Vorschriften des Schwerbeschädigtengesetzes auf sie für anwendbar erklärt werden und ist die Hauptfürsorgestelle auch für die nach diesem Gesetz erforderliche Zustimmung sachlich zuständig, dann befreit ihre Zustimmung von beiden Kündigungsverboten. Das Gesetz kann auch ausdrücklich bestimmen, daß die nach diesem Gesetz erteilte Zustimmung zugleich die nach anderen gesetzlichen Vorschriften erforderliche Zustimmung ersetze[3].

Der Kündigungsgegner erhält durch die behördliche Zustimmung die gleiche Rechtsstellung wie der nichtbegünstigte Arbeitnehmer. Er genießt, jedenfalls in der Regel, trotz der behördlichen Zustimmung zur Kündigung noch den allgemeinen Kündigungsschutz. Er kann den Betriebsrat und das Arbeitsgericht anrufen mit der Begründung, daß die Kündigung sozial ungerechtfertigt sei. Der Kleingärtner kann es wie andere Pächter auf eine Räumungsklage ankommen lassen und in dieser alle zivilrechtlichen Einwendungen geltend machen, die er ohne den besonderen kleingartenrechtlichen Kündigungsschutz erheben könnte; er kann, wenn er zur Räumung verurteilt wird, wie jeder andere Schuldner Vollstreckungsschutz in Anspruch nehmen. Der Kün-

---

[3] Art. 6 württ.-bad.VerfolgtenSchG hinsichtlich arbeitsamtlicher Zustimmungserfordernisse; vgl. auch oben S. 63.

digungsgegner scheidet also auf Grund der behördlichen Zustimmung für den einzelnen Kündigungsfall aus dem besonders geschützten Personenkreise aus; seine Rechtslage wird aber durch die Erteilung der Zustimmung keinesfalls schlechter, als sie ohne den besonderen Kündigungsschutz wäre.

Die öffentlich-rechtliche Wirkung der Kündigungszustimmung erschöpft sich nicht immer in der Beseitigung des Kündigungshindernisses. Ist die Übertretung des Kündigungsverbots mit Strafe bedroht, dann beseitigt die Zustimmung die Strafbarkeit der Tat. Sie ist Rechtfertigungsgrund, nicht Strafaufhebungsgrund; sie beseitigt die Rechtswidrigkeit, nicht nur die Strafbarkeit oder Verfolgbarkeit. Die Bestrafung des Arbeitgebers, der dem mutterschutzrechtlichen Kündigungsverbot zuwiderhandelt, ist außerdem abhängig davon, daß die Gewerbeaufsichtsbehörde die Bestrafung verlangt (§ 20 MuSch); dieses Verlangen ist Strafverfolgungsbedingung. In Nordrhein-Westfalen kann die Verwaltungsbehörde bei Übertretung des Kündigungsverbots gegenüber Inhabern eines Bergmann-Versorgungsscheins den Arbeitgeber mit einer Geldbuße belegen; deren Verhängung ist Ermessenssache. Strafdrohung und Bußgelddrohung kommen nur vor in Fällen, in welchen die nachträgliche Zustimmung ausgeschlossen ist.

2. *Die bürgerlich-rechtliche Wirkung*

Gibt die Behörde dem Antrag auf Erteilung der Zustimmung statt, dann greift deren Wirkung über das Gebiet des öffentlichen Rechts hinaus. In zweifacher Weise kann sie auf das Privatrechtsgeschäft der Kündigung einwirken: sie ermöglicht es dem kündigungswilligen Vertragspartner, die noch bevorstehende Kündigung von vornherein wirksam auszusprechen, oder sie heilt die schon ausgesprochene, wegen des Verstoßes gegen das gesetzliche Kündigungsverbot aber unwirksame Kündigung. Bei der vorausgehenden Zustimmung können zwei Stufen der bürgerlich-rechtlichen Wirksamkeit unterschieden werden: Mit dem Erlaß des Zustimmungsbescheides tritt eine Änderung der Privatrechtslage in der Weise ein, daß der Kündigende die Fähigkeit zurückerhält, die Kündigung wirksam auszusprechen; diese Wirkung wird beendet mit dem Ausspruch der Kündigung. Die nächste Stufe der Wirksamkeit trifft zusammen mit dem Ausspruch der Kündigung; gemeinsam mit der Kündigungserklärung löst der Zustimmungsbescheid die Beendigung des Vertragsverhältnisses aus[4]. Bei der nachträglichen Zustimmung ist die zeitliche Abfolge umgekehrt; die Einwirkung auf die Kündigungserklärung und das Vertragsverhältnis wird zur Rückwirkung.

---

[4] Vgl. *Bürckner* S. 23.

Von dem Vorliegen oder Nichtvorliegen der Zustimmung hängt das Erlöschen des bürgerlich-rechtlichen Vertragsverhältnisses ab. Die Zustimmung greift ändernd in die Privatrechtsverhältnisse der Beteiligten ein und gehört deshalb zur Gruppe der sogenannten privatrechtsgestaltenden Verwaltungsakte[5]. Sie hat jedoch nicht für sich allein die Kraft, Privatrechtsverhältnisse zu ändern; nur zusammen mit der Kündigungserklärung kann sie ihre privatrechtliche Wirkung entfalten. Auch die Kündigungserklärung des Vertragspartners „gestaltet" das Vertragsverhältnis, das sie zum Erlöschen bringt; die Befugnis zu kündigen ist ein Gestaltungsrecht des bürgerlichen Rechts. Die Kündigungserklärung ist aber privatrechtliche Willenserklärung, die Kündigungszustimmung ist Verwaltungsakt. Jene hat ihre Rechtsgrundlage im bürgerlichen Recht und ist nach bürgerlich-rechtlichen Grundsätzen zu beurteilen, diese hat ihre Rechtsgrundlage im öffentlichen Recht und ist nach öffentlich-rechtlichen Grundsätzen zu beurteilen. Die Kündigungserklärung wird ausgesprochen von dem einen Vertragspartner und gegenüber dem anderen Vertragspartner. Die Zustimmung wird ausgesprochen von einer Behörde; sie ist die Entscheidung über den Antrag des kündigenden Vertragspartners; sie muß, um wirksam zu werden, in der Regel nur dem Antragsteller bekannt gemacht werden. Die Kündigungserklärung muß sich — im Falle der ordentlichen Kündigung — nach vertraglichen oder gesetzlichen Fristen richten oder sie hat — bei der außerordentlichen Kündigung — einen besonderen Kündigungsgrund zur Voraussetzung; die behördliche Zustimmung ist an besondere gesetzliche Voraussetzungen gebunden, die verschieden sind von den etwaigen privatrechtlichen Kündigungsgründen des Kündigenden. Das Vertragsverhältnis wird nicht beseitigt durch die behördliche Zustimmung, sondern durch die Kündigung.

Emil *Seckel* hat in seiner Abhandlung über die Gestaltungsrechte des bürgerlichen Rechts[6] von einem Doppeltatbestand gesprochen: Die der behördlichen Zustimmung bedürftige Willenserklärung des Kündigenden sei nicht mehr Volltatbestand, sondern zum Teiltatbestand herabgesunken; der zum Privatrechtsgeschäft der Kündigung hinzukommende Staatsakt sei ergänzender Tatbestand; nur das Zusammentreffen beider bewirke die Auflösung des Rechtsverhältnisses. Die Lehre vom Doppeltatbestand ist richtig nur in dem Sinne, daß die behördliche Zustimmung nicht hinweggedacht werden kann, ohne daß auch die Wirkung der Vertragsbeendigung entfällt. Der Wille der

---

[5] *Jacobi*, Grundlehren des Arbeitsrechts 6. Aufl. 1927, S. 413 ff.; *Bürckner* S. 4.

[6] Die Gestaltungsrechte des bürgerlichen Rechts, in: Festgabe Richard *Koch*, 1903, S. 205 ff., insb. S. 239 f.

Behörde ist aber auf ein anderes Ziel gerichtet als der Wille des Kündigenden. Nur dieser will das Vertragsverhältnis beseitigen. Die zustimmende Behörde will die Beseitigung nicht des Vertragsverhältnisses, sondern nur eines Unwirksamkeitsgrundes für die Kündigung. Sie will das Kündigungsverbot für den Einzelfall aufheben. Es ist ihr nichts daran gelegen, daß der Kündigungswillige von der ihm durch die Zustimmung gegebenen Kündigungsmöglichkeit Gebrauch macht; sie wendet keinen Zwang an, um den Antragsteller anzuhalten, von der ihm erteilten Zustimmung Gebrauch zu machen.

3. *Die Rückwirkung*

Ein Verwaltungsakt gestaltet die Rechtsbeziehungen, die er ordnen soll, regelmäßig nur für die Zukunft, nicht in der Vergangenheit. Es hängt mit dem Wesen des „Gestaltens" von Rechtsbeziehungen zusammen, daß es nur in die Zukunft wirken kann, während eine Gestaltungswirkung in der Vergangenheit nur im Wege einer Fiktion möglich ist. Bei der behördlichen Zustimmung zur Kündigung eines Vertragsverhältnisses ist dies anders. Zwar gestaltet auch sie, wie die Kündigung selbst, die Rechtsbeziehungen, die von ihr betroffen werden, regelmäßig für die Zukunft. Aber in diesem Punkt offenbart sich ihre „Abhängigkeit" von dem bürgerlichen Rechtsgeschäft der Kündigung oder, besser gesagt, ihre innere Beziehung zu diesem Rechtsgeschäft, dessen Wirksamwerden von ihr abhängt: Kann die Zustimmung nachträglich erteilt werden, dann wirkt sie zurück auf den Zeitpunkt, in welchem die Kündigung wirksam geworden wäre, wenn das Kündigungsverbot nicht bestanden hätte.

Der Zeitpunkt, in welchem die Gestaltungswirkung der behördlichen Zustimmung eintritt, fällt regelmäßig nicht zusammen mit dem Zeitpunkt ihres Zustandekommens. Da von ihr die Wirksamkeit der Kündigung abhängt, kann sie die Gestaltungswirkung solange nicht entfalten, als die Kündigung noch nicht ausgesprochen ist. Wird die Kündigung erst nach der behördlichen Zustimmung ausgesprochen, dann tritt deren Gestaltungswirkung frühestens in dem Zeitpunkt ein, in welchem die Kündigungserklärung dem Kündigungsgegner zugeht. In diesem Zeitpunkt tritt die Gestaltungswirkung aber nicht nur ein, wenn es sich um eine fristlose Kündigung handelt, sondern auch dann, wenn die befristete Kündigung unter Einhaltung der vertraglichen oder gesetzlichen Frist erklärt wird; in diesem Falle ist die Kündigungserklärung von Anfang an nicht unwirksam wegen Verstoßes gegen das gesetzliche Kündigungsverbot; nur die Wirkung der Vertragsbeendigung tritt erst zu einem späteren Zeitpunkt ein. Wurde die

Kündigung vor der behördlichen Zustimmung ausgesprochen und konnte diese auch nachträglich erteilt werden, dann tritt deren Gestaltungswirkung rückwirkend ein in dem Zeitpunkt, in welchem die Kündigung erklärt wurde; diese wird so angesehen, als habe die behördliche Zustimmung von Anfang an vorgelegen. Maßgebend ist also der Zeitpunkt, in welchem die private Willenserklärung wirksam geworden wäre, wenn das gesetzliche Kündigungsverbot nicht entgegengestanden hätte. Die Kündigung selbst wirkt immer nur in die Zukunft (ex nunc); die Zustimmung kann auch in die Vergangenheit wirken (ex tunc).

Die Kündigung ist von Anfang an wirksam, wenn die behördliche Zustimmung zur Zeit der Kündigung bereits vorliegt.

Muß die behördliche Zustimmung der Kündigung vorausgehen, dann ist die vorher ausgesprochene Kündigung von Anfang an und endgültig unwirksam. Wird die Kündigung gegenüber einer erwerbstätigen Mutter später für zulässig erklärt (§ 9 Abs. 2 MuSchG), dann wird die vorher ausgesprochene Kündigung dadurch nicht geheilt; sie kann nur wiederholt werden, wenn die Beendigung des Arbeitsverhältnisses herbeigeführt werden soll. Wird die nichtige Kündigung nach der Zulässigerklärung vom Arbeitgeber bestätigt, dann ist die Bestätigung als erneute Vornahme der Kündigung zu beurteilen (§ 141 Abs. 1 BGB).

Kann die Zustimmung auch nachträglich erteilt werden, dann ist die vorher ausgesprochene Kündigung zunächst zwar unwirksam, ihre Unwirksamkeit wird aber geheilt, sobald die behördliche Zustimmung vorliegt. Zwischen dem Ausspruch der Kündigung und der Erteilung der Zustimmung besteht ein Zustand schwebender Unwirksamkeit. Die behördliche Entscheidung beseitigt den Schwebezustand. Sie verwandelt die bisher schwebend unwirksame Kündigung in eine wirksame oder macht sie, wenn die Zustimmung versagt wird, endgültig unwirksam. Das Wirksamwerden der schwebend unwirksamen Kündigung durch die nachträgliche Zustimmung setzt voraus, daß kein sonstiger Unwirksamkeitsgrund des öffentlichen oder des bürgerlichen Rechts vorliegt. War der Kündigende nach bürgerlichem Recht nicht zur Kündigung berechtigt, dann kann auch die behördliche Zustimmung die Kündigung nicht wirksam machen. Die behördliche Zustimmung bewirkt nur, daß die Kündigung nicht mehr unwirksam ist wegen Verstoßes gegen dasjenige Kündigungsverbot, von dem sie eine Ausnahme gestattet. Sie besagt nicht etwa, wenn sie einem Arbeitnehmer gegenüber ausgesprochen wird, daß die Kündigung auch dann rechtswirksam sei, wenn sie sozialwidrig ist, denn ihr geht keine Prüfung der Frage voraus, ob die Kündigung im Sinne des § 1 KSchG sozial ungerechtfertigt ist.

Die nachträgliche Zustimmung wirkt zurück auf den Zeitpunkt der Kündigung[7]. Diese ist nunmehr so anzusehen, als ob sie nicht gegen das Kündigungsverbot verstoßen hätte. Die Rückwirkung kann nicht aus § 184 BGB abgeleitet werden, weil diese Vorschrift nur für die bürgerlich-rechtliche Genehmigung, nicht für den Verwaltungsakt der behördlichen Genehmigung gilt. Wenn es einen Grundsatz gibt, daß die Wirksamkeit von Privatrechtsgeschäften, die der behördlichen Genehmigung bedürfen, durch die Erteilung der Genehmigung aufschiebend bedingt ist[8], dann hat dieser Grundsatz jedenfalls keine Geltung im Bereich des öffentlich-rechtlichen Kündigungsschutzes. Hier wird die Kündigung nicht erst wirksam, wenn der behördliche Genehmigungsbescheid den empfangsberechtigten Vertragspartnern bekanntgemacht worden ist.

Für das Schwerbeschädigtenrecht ergibt sich die Rückwirkung der Zustimmung aus § 15 2. Halbsatz und § 17 Abs. 1 Satz 2 SchwBG; beide Bestimmungen setzen die rückwirkende Kraft der Zustimmung voraus. Nach § 15 2. Halbsatz SchwBG läuft die Kündigungsfrist erst vom Tage des Eingangs des Antrags bei der Hauptfürsorgestelle ab. Wenn die Wirksamkeit der Kündigung durch die Erteilung der Genehmigung aufschiebend bedingt wäre, dann hätte es keinen Sinn, den Lauf der Kündigungsfrist schon vorher beginnen zu lassen; sie dürfte vielmehr erst von der Bekanntmachung des Genehmigungsbescheides an den Kündigungsgegner an zu laufen beginnen. § 17 Abs. 1 Satz 2 SchwBG legt der Hauptfürsorgestelle die Pflicht auf dafür zu sorgen, daß die Kündigung frühestens vier Wochen nach dem Zeitpunkt der Entscheidung wirksam wird, wenn sie der Kündigung zustimmt und

---

[7] *Molitor,* Kündigung S. 215, 241 (Rückwirkung bei Schwerbeschädigten), 244 (in der Regel Rückwirkung); *Becker* Erl. 11 zu § 14 SchwBG; a. M. *Wilrodt-Gotzen,* Kommentar zum Schwerbeschädigtengesetz 1953 Erl. 69 zu § 14 (Rückwirkung nur auf den Zeitpunkt der Zustimmung). Nach *Münzel,* Zur Rückwirkung der privatrechtlichen und öffentlich-rechtlichen Genehmigung unter Einschluß des Kartellrechts, in: NJW 1959, 1661 kann die behördliche Genehmigung, wenn sie nicht nur reine Billigung eines Rechtsgeschäfts, sondern zugleich rechtsgestaltendes Tatbestandsstück ist, keine Rückwirkung äußern, weil die Rechtswirkung erst beim Zusammentreffen aller erforderlichen Tatbestandsstücke eintreten könne. Schon die Unterscheidung zwischen Billigung und rechtsgestaltendem Tatbestandsstück ist bedenklich; ist die Genehmigung vorgeschrieben, dann ist die Vornahme des Rechtsgeschäfts ohne Genehmigung unwirksam, so daß also die Erteilung der Genehmigung die Rechtslage mitgestaltet. Hängt die Wirksamkeit eines Rechtsgeschäfts von der behördlichen Genehmigung ab, dann kommt es auf die gesetzliche Regelung, mangels ausdrücklicher Regelung auf den Zweck des Zustimmungserfordernisses an, ob die Zustimmung auch nachträglich erteilt werden kann. Kann sie nachträglich erteilt werden, dann hat sie heilende Kraft, wirkt also auf den Zeitpunkt der Vornahme des Rechtsgeschäfts zurück.

[8] So OVG Münster 8. 10. 1958, (NJW 1959, 1700).

im Zeitpunkt der Zustimmung die Kündigungsfrist ganz oder auf weniger als vier Wochen abgelaufen ist. Das Gesetz geht davon aus, daß die Kündigungsfrist im Zeitpunkt der Zustimmung bereits abgelaufen sein kann, die Kündigung also die Frist in Lauf gesetzt hat und somit wirksam gewesen ist; unterläßt es die Hauptfürsorgestelle eine Anordnung zu treffen, die die Wirksamkeit der Kündigung hinausschiebt, dann ist der Tag des Ablaufs der Kündigungsfrist der Zeitpunkt der Beendigung des Vertrags und der Lohnzahlungspflicht, wenn die Zustimmung nachträglich erteilt wird.

Das Gesetz kann die Rückwirkung ausschließen, sei es ausdrücklich, sei es durch die Art und Weise der Regelung. In Nordrhein-Westfalen kann einem Inhaber des Bergmannsversorgungsscheins erst dann gekündigt werden, wenn die Zentralstelle ihre Zustimmung zur Kündigung erteilt hat (§ 11 Abs. 1 Satz 1 nw. BergmVersSchG). Der Gebrauch der Worte „unzulässig" und „für zulässig erklären" in § 9 Abs. 1 u. 2 MuSchG wird allgemein in dem Sinne verstanden, daß die Zulässigerklärung der Kündigung vorausgehen muß, um diese wirksam werden zu lassen. Eine Kündigung, die der Zulassung bedarf, kann nur nach der Zulassung wirksam ausgesprochen werden. Für diese Auslegung spricht auch die Strafbarkeit der Zuwiderhandlung (§ 20 MuSchG). Im Kleingartenrecht kann die Rückwirkung der Genehmigung aus dem gesetzlichen Kündigungstermin (31. Oktober) geschlossen werden, der gewährleisten soll, daß der Kleingärtner seinen Garten noch abernten kann (§ 2 Satz 1 KlGVO). Hat der Verpächter unter Einhaltung der gesetzlichen Dreimonatsfrist rechtzeitig gekündigt, wird die Genehmigung aber erst nach dem 31. Oktober erteilt, dann ist sie zu dem gesetzlich vorgesehenen Termin gültig, nicht erst zum 31. Oktober des folgenden Jahres; die Verzögerung der Genehmigung über den gesetzlichen Kündigungstermin hinaus kann nicht dessen Verlegung um ein volles Jahr zur Folge haben.

Massenentlassungen werden vor Ablauf eines Monats nach Eingang der Anzeige des Arbeitgebers beim Arbeitsamt nur mit Zustimmung des Landesarbeitsamts wirksam. Die Zustimmung kann auch rückwirkend bis zum Tag der Antragstellung erteilt werden und das Landesarbeitsamt kann im Einzelfall bestimmen, daß die Entlassung nicht vor Ablauf von längstens zwei Monaten nach Eingang der Anzeige beim Arbeitsamt wirksam wird (§ 16 Abs. 1 und 2 KSchG). Die Zustimmung des Landesarbeitsamts wirkt deshalb nur zurück, wenn es im Einzelfall ausdrücklich bestimmt wird. Es kann infolgedessen der Fall eintreten, daß eine Entlassung zunächst bereits wirksam zu sein schien, weil im Entlassungszeitpunkt noch nicht feststand, daß innerhalb der Zeitspanne von vier Wochen die anzeigepflichtige Zahl der Entlassungen erreicht würde. In einem solchen Falle kann sich auf Grund des Bescheides des Landesarbeitsamts herausstellen, daß das Arbeitsverhältnis rechtlich länger bestanden hat als die Vertragspartner ursprünglich angenommen hatten, weil ihnen im Zeitpunkt der Kündigung noch nicht bekannt war, daß diese unter die Anzeigepflicht fiel[9]. Es handelt sich in einem solchen Falle nicht um ein nachträgliches Unwirksamwerden einer ursprünglich rechtlich wirksamen Kündigung, sondern nur um die nachträgliche Feststellung einer von Anfang an bestehenden schwebenden Unwirksamkeit.

Die Rückwirkung der Zustimmung hat nicht ohne weiteres auch zur Folge, daß das Vertragsverhältnis rückwirkend beendigt wird. Der Zeitpunkt der Vertragsbeendigung hängt bei der befristeten Kündigung ab von dem Ablauf der Kündigungsfrist, bei der fristlosen Kündigung von dem befugten Ausspruch der Kündigung. Für die befristete Kündigung gegenüber einem Schwerbeschädigten gilt eine schon mehrfach erwähnte Sonderregelung: Die Kündigungsfrist beträgt mindestens vier Wochen; der Lauf der Kündigungsfrist beginnt nicht mit dem der Kündigung folgenden Tage (§ 187 Abs. 1 BGB), sondern frühestens mit dem Tage des Eingangs des Zustimmungsantrags bei der Hauptfürsorgestelle (§ 15 SchwBG). Der Arbeitgeber ist dadurch genötigt, den Antrag auf Zustimmung innerhalb der Kündigungsfrist zu stellen, wenn er nicht Gefahr laufen soll, daß die Kündigung ihre Wirksamkeit verliert. Die Kündigung wird frühestens wirksam vier Wochen nach der Entscheidung der Hauptfürsorgestelle, wenn diese nach Sachlage pflichtgemäß die Zustimmung mit dieser Maßgabe versieht (§ 17 Abs. 1 Satz 2 SchwBG).

Die Möglichkeit einer fristlosen Kündigung gegenüber einem Arbeitnehmer wird nicht dadurch ausgeschlossen, daß der Arbeitgeber die behördliche Zustimmung nur vorsorglich einholt. Liegt ein wichtiger Kündigungsgrund vor, so kann der Arbeitgeber auch nach Erteilung der Zustimmung sich noch überlegen, ob er unter Einhaltung der Kündigungsfrist oder fristlos oder überhaupt nicht kündigen will. Aus dem gleichen Grunde erlischt die aus der behördlichen Zustimmung sich ergebende Aufhebung des Kündigungsverbots für den Einzelfall nicht durch Nichtgebrauch innerhalb bestimmter Zeit. Dem Arbeitgeber ist eine zeitliche Grenze nur insofern gesetzt, als er dem Arbeitnehmer gegenüber mit dem Ausspruch der Kündigung nicht solange zuwarten darf, daß dieser hieraus auf einen Verzicht auf die Geltendmachung des Entlassungsgründes schließen kann und die Geltendmachung des Kündigungsgrundes gegen Treu und Glauben verstoßen würde[10].

---

[9] Vgl. *Herschel-Steinmann* Erl. 5 zu § 16 KSchG.

[10] Vgl. *Sellmann* Erl. 11 zu § 19 SchwBG.

4. *Die Verbindlichkeit des Zustimmungsbescheids*

Bindende Wirkung hat der Zustimmungsbescheid gegenüber den Vertragspartnern (vgl. § 77 SGG), gegenüber der erlassenden Behörde selbst und gegenüber anderen Behörden und Gerichten.

Die Bindung der Vertragspartner besteht darin, daß der Kündigungsgegner in seinem Verhältnis zum Kündigenden den Zustimmungsbescheid gegen sich gelten lassen muß. Er kann diesen nur in der gesetzlichen Form und Frist und mit den gesetzlichen Rechtsbehelfen angreifen, es sei denn, daß er nichtig ist.

Die erlassende Behörde selbst ist in gewissem Umfang an ihren Bescheid gebunden; sie kann ihn nicht mehr nach ihrem Ermessen widerrufen oder zurücknehmen oder in anderer Weise abändern[11].

a) Der Widerruf des fehlerfreien Zustimmungsbescheids

Zu keiner Zeit kann widerrufen werden der fehlerfreie Zustimmungsbescheid, der nach den gesetzlichen Vorschriften nicht versagt werden durfte. Mit dem Sinn der Gesetzesvorschrift, die die Behörde zur Erteilung der Zustimmung verpflichtet, wäre es unvereinbar, wenn sie die erteilte Zustimmung frei widerrufen könnte. Ist die Behörde im Erlaß gebunden, so ist sie auch im Widerruf gebunden[12]. Die Widerruflichkeit fehlerfreier Zustimmungsbescheide ist also beschränkt auf jene Fälle, in welchen die Erteilung und Versagung der Zustimmung im Ermessen der Behörde steht.

Hat die Behörde der schon ausgesprochenen Kündigung zugestimmt und hat der kündigungswillige Vertragspartner auf Grund des Zustimmungsbescheids gekündigt, so ist die Kündigung wirksam. Als fristlose Kündigung beendet sie das Vertragsverhältnis mit dem Zugang der Kündigungserklärung, als befristete Kündigung mit dem Ablauf der Kündigungsfrist, ohne daß es einer weiteren Tätigkeit der Behörde oder der Vertragsparteien bedarf. In beiden Fällen hat die behördliche Zustimmung in die Rechtsbeziehungen der Vertragsparteien gestaltend eingegriffen. Sie schafft nicht einen Dauerzustand, dessen Aufrechterhaltung eines Tages wegen einer Änderung der Sach- oder Rechtslage dem öffentlichen Interesse zuwiderlaufen kann. Sie gilt vielmehr einem einzelnen Privatrechtsgeschäft und erschöpft ihre Wirksamkeit mit diesem. Zwar ist es nicht richtig, daß eine später eintretende Änderung der sachlichen Voraussetzungen, die für den

---

[11] Zur Verwendung der Bezeichnungen Widerruf und Zurücknahme vgl. *Haueisen*, Zur Frage der Rücknahme fehlerhafter Verwaltungsakte, in: NJW 1958, 1662; *ders.*, Betrachtungen über die Rücknahme fehlerhafter Verwaltungsakte, in: DVBl. 1959, 228 ff.

[12] *Ipsen*, Widerruf gültiger Verwaltungsakte (Hamb. Universität, Abh. u. Mitt. a. d. Sem. f. öff. R. H. 26) 1932 S. 103.

Erlaß maßgebend waren, bei Kündigungszustimmungen undenkbar ist[13]. Es ist denkbar, daß die Sicherung eines anderen angemessenen Arbeitsplatzes oder eine sonstige ausreichende wirtschaftliche Sicherung des Schwerbeschädigten (§ 18 Abs. 2 Buchst. a u. c SchwBG) nachträglich entfällt. Es kann sein, daß der für die Erteilung der Genehmigung maßgeblich gewesene Bedarf des Kleingartenlands für die Zwecke der Verteidigung oder andere überwiegende Gründe des Gemeinwohls nicht mehr besteht, weil der Plan, das Land für solche Zwecke zu verwenden, aufgegeben oder geändert oder besser geeignetes Land gefunden wurde.

Wegen ihrer Einwirkung auf die Privatrechtsverhältnisse muß nach dem Erlaß des Zustimmungsbescheids durch die Behörde das sozialpolitische Interesse der Allgemeinheit an dem Bestand des Vertragsverhältnisses zurücktreten gegenüber ihrem rechtspolitischen Interesse an der Rechtsgewißheit. Die Beteiligten müssen darauf vertrauen dürfen, daß es bei der Beendigung des Vertragsverhältnisses sein Bewenden hat und daß dieses ohne und gegen ihren Willen nicht mehr aufleben wird. Beide Vertragsparteien dürfen ihr Verhalten darauf einrichten: Der Arbeitgeber darf den Arbeitsplatz neu besetzen, der Arbeitnehmer eine andere Arbeit annehmen, der Verpächter kann das freigewordene Pachtland einem anderen Kleingärtner überlassen, der aus dem Pachtverhältnis ausgeschiedene Kleingärtner braucht keinen Pachtzins mehr zu bezahlen. Auch Dritte, die mit den Beteiligten in Rechtsverkehr treten, müssen sich auf die Beendigung des Vertragsverhältnisses einrichten können. Bei der Kündigung eines Kleingartens aus Gründen der Verteidigung oder aus überwiegenden Gründen des Gemeinwohls muß der Erwerber oder Eigentümer wissen, ob er damit beginnen kann, das Land dem Zweck, für den die Genehmigung erteilt wurde, zuzuführen, insbesondere es zu bebauen.

Den unanfechtbar gewordenen Zustimmungsbescheid darf die Behörde deshalb grundsätzlich nicht mehr widerrufen; das beendigte oder infolge der Kündigung auslaufende Vertragsverhältnis kann auf Grund des Widerrufs nicht wiederaufleben oder sich über den Ablauf der Kündigungsfrist hinaus fortsetzen. Vertrauensschutz und Rechtssicherheit fordern die Unwiderruflichkeit aber nur, wenn der Kündigende die Kündigung ausgesprochen hat. Hat er von der ihm erteilten Zustimmung noch keinen Gebrauch gemacht[14], dann ist zwar durch die Zustimmung der besondere Kündigungsschutz für den Vertragspartner aufgehoben, aber in den Rechtsverhältnissen der Beteiligten untereinander hat sich noch nichts geändert. Die Rechtsgewiß-

---

[13] So *Bürckner* S. 75.

[14] Über die Wirkung des Gebrauchmachens von einer Erlaubnis: *Ipsen* S. 83 ff.

heit und der Gedanke des Vertrauensschutzes fordern in diesem Falle die Unwiderruflichkeit der Zustimmung nicht. Die Genehmigungsbehörde darf an der einmal erteilten kleingartenrechtlichen Kündigungsgenehmigung nicht festgehalten werden, wenn sich noch vor dem Ausspruch der Kündigung herausstellt, daß das Land, das für gemeinnützige Zwecke in Anspruch genommen und aus diesem Grunde dem Kleingärtner entzogen werden sollte, für den vorgesehenen Zweck nicht mehr benötigt wird. Die Behörde kann in einem solchen Falle die Genehmigung widerrufen und den Verpächter hindern, das Land einem anderen Pächter zuzuteilen oder der kleingärtnerischen Verwendung zu entziehen. Vor dem Ausspruch der Kündigung ist durch die Erteilung der Zustimmung ein Rechtszustand geschaffen, der durch eine Änderung der Sach- oder Rechtslage noch beeinflußt werden kann. In der Regel wird allerdings der kündigungswillige Vertragspartner, wenn er die Erteilung der Zustimmung abgewartet hat, die Kündigung unverzüglich aussprechen; es ist aber auch möglich, daß er mit der Kündigung zuwarten will, bis die Zustimmung unanfechtbar geworden ist; ficht der Kündigungsgegner die Zustimmung an, dann kann zwischen Erteilung der Zustimmung und Ausspruch der Kündigung eine längere Zeit verstreichen. während der sich die Verhältnisse, die bei Erteilung der Zustimmung vorausgesetzt wurden, grundlegend ändern können.

b) Die Zurücknahme des fehlerhaften Zustimmungsbescheids

Die Behörde kann den Zustimmungsbescheid zurücknehmen, wenn er fehlerhaft ist, sei es, daß sie in tatsächlicher oder in rechtlicher Hinsicht einem Irrtum oder einer Täuschung erlegen war oder ihr Ermessen nicht richtig gehandhabt hatte. Daß der Zustimmungsbescheid ein begünstigender Verwaltungsakt ist, steht der Zurücknahme grundsätzlich nicht entgegen; denn er begünstigt zwar den kündigungswilligen Vertragspartner, belastet aber gleichzeitig den Kündigungsgegner.

Innerhalb der Rechtsmittelfrist und bis zum Eintritt der Unanfechtbarkeit kann sie die Zustimmung nur zurücknehmen aus Gründen, aus denen sie auch vor dem Eintritt der Unanfechtbarkeit zur Zurücknahme berechtigt wäre.

Sie kann den fehlerhaften Zustimmungsbescheid jedenfalls zurücknehmen solange, als er nicht unanfechtbar geworden ist[15]. Das ergibt sich daraus, daß der Kündigungsgegner den Zustimmungsbescheid noch anfechten und die Behörde, wenn Widerspruch erhoben ist, diesem abhelfen kann, ohne es auf eine Entscheidung der Widerspruchs-

---

[15] *Ipsen* S. 111.

behörde ankommen zu lassen (§ 72 VwGO)[16]. Selbst im verwaltungsgerichtlichen Verfahren kann sie den Kündigungsgegner noch jederzeit klaglos stellen, wodurch sich der Rechtsstreit in der Hauptsache erledigt. Die Behörde braucht nicht abzuwarten, ob der von ihr als fehlerhaft erkannte Bescheid angefochten wird; sie kann ihn bis zum Ablauf der Anfechtungsfrist auch von Amts wegen aufheben.

Solange der Zustimmungsbescheid nicht unanfechtbar geworden ist, entfällt die Möglichkeit einer Zurücknahme nicht allein aus dem Grunde, weil die Kündigung ausgesprochen ist, von der Aufhebung des gesetzlichen Kündigungsverbots also Gebrauch gemacht worden ist[17]. Solange für den Kündigungsgegner die Möglichkeit der Anfechtung besteht oder über diese nicht rechtskräftig entschieden ist, bleibt die Kündigung mit der Ungewißheit behaftet, verbotswidrig zu sein. Es ist deshalb auch gleichgültig, ob es sich um die vorausgehende oder um die nachträgliche Zustimmung handelt. Andernfalls wäre die nachträgliche Zustimmung, auch wenn sie fehlerhaft ist, in keinem Falle zurücknehmbar, weil sie ja voraussetzt, daß die Kündigung schon ausgesprochen wurde. Bis zum Eintritt der Unanfechtbarkeit des Zustimmungsbescheids kann der kündigende Vertragspartner sich nicht auf den Vertrauensschutz berufen.

Bis zum Eintritt der Unanfechtbarkeit ist der Zustimmungsbescheid andererseits auch nicht beliebig zurücknehmbar, sondern nur dann, wenn er mit einem Fehler behaftet ist, wegen dessen die Behörde den Widerspruch des Kündigungsgegners für begründet halten dürfte (§ 72 VwGO, § 85 Abs. 1 SGG). Das ist jedenfalls dann der Fall, wenn der Zustimmungsbescheid rechtswidrig ist. Er kann rechtswidrig sein, weil die Tatsachen nicht vorhanden waren, die die Ausnahme von dem Kündigungsverbot gerechtfertigt hätten, also z. B. die erwerbstätige Mutter den ihr zur Last gelegten Diebstahl nicht begangen hatte oder sich herausstellt, daß der dem Schwerbeschädigten zugesagte andere angemessene Arbeitsplatz wegen wirtschaftlicher Schwierigkeiten des Arbeitgebers nicht mehr hinreichend gesichert ist. Hierher gehört insbesondere auch der durch unrichtige Angaben des kündigenden Vertragspartners erschlichene Zustimmungsbescheid. Er kann rechtswidrig sein, weil die Verwaltungsbehörde infolge unrichtiger Gesetzesauslegung die gesetzlichen Voraussetzungen für die Erteilung der Zustimmung als gegeben angesehen hat. Er kann auch wegen eines Form-, Verfahrens- oder Zuständigkeitsmangels rechtswidrig

---

[16] In § 15 Abs. 2 S. 1 nw. BergmVersSchG ist vorgeschrieben, daß dem Widerspruch des Inhabers des Bergmannversorgungsscheins abzuhelfen ist, wenn er für begründet erachtet wird.

[17] *Ipsen* S. 83 ff., für den fehlerhaften Verwaltungsakt S. 88 ff.; *Ipsen* stellt es darauf ab, ob der Verwaltungsakt gegen zwingende Normen verstößt und deshalb ungültig ist (S. 89).

sein. Auch die Unzweckmäßigkeit eines an sich rechtmäßigen Zustimmungsbescheids kann die Behörde zur Zurücknahme berechtigen, weil im Verwaltungsvorverfahren nicht nur die Rechtmäßigkeit, sondern auch die Zweckmäßigkeit des Verwaltungsakts nachzuprüfen ist (§ 68 Abs. 1 Satz 1 VwGO). Eine Zurücknahme wegen Unzweckmäßigkeit kommt aber nur dort in Betracht, wo die Erteilung oder Versagung der Zustimmung in das Ermessen der Behörde gestellt war. Obwohl in einem dem Vorverfahren folgenden verwaltungsgerichtlichen Verfahren die Ermessensentscheidung nur auf Ermessensfehler geprüft werden könnte (§ 114 VwGO), kann die den Zustimmungsbescheid erlassende Behörde oder die über den Widerspruch des Kündigungsgegners entscheidende Behörde auch wegen der Unzweckmäßigkeit der Zustimmung den erteilten Bescheid aufheben oder abändern.

Ist der Zustimmungsbescheid unanfechtbar geworden, dann kommt es zunächst darauf an, ob die Unanfechtbarkeit eingetreten ist durch eine gerichtliche Entscheidung oder durch ungenutzten Ablauf der Widerspruchsfrist oder Klagefrist. Im ersteren Falle ist die Bindung der Verwaltungsbehörde stärker als im zweiten; sie ist nicht nur an die gerichtliche Entscheidung, sondern auch an die der Entscheidung zugrunde liegende Rechtsauffassung gebunden. Hiervon abgesehen, kann aber sowohl eine wesentliche Veränderung der tatsächlichen Verhältnisse als auch eine Änderung der Rechtslage, insbesondere durch eine Gesetzesänderung, die Behörde zur Überprüfung des Zustimmungsbescheids veranlassen. Dessen Abänderung ist ihr aber verwehrt, wenn der kündigungswillige Vertragspartner die Kündigung bereits ausgesprochen hat. Die Kündigung ist dann auf Grund des Zustimmungsbescheids bereits wirksam geworden. In die hierdurch entstandene Rechtslage der Beteiligten darf und kann die Behörde nicht mehr eingreifen. Das gilt sogar für den Fall der erschlichenen Zustimmung[18]. In diesem Falle kann sich aber der kündigende Vertragspartner dem Gekündigten gegenüber nicht auf die erschlichene Zustimmung berufen; er würde dadurch gegen Treu und Glauben verstoßen, so daß er im Endergebnis trotz des Vorliegens der Zustimmung am Vertrage festgehalten wird[19].

Der Gedanke, daß der Vertrauensschutz sich nicht gegen die Zurücknahme eines fehlerhaften begünstigenden Verwaltungsakts richte, sondern nur gegen den Rückforderungsanspruch der Behörde, daß in-

---

[18] Nach *Bürckner* S. 97 ist die Anfechtbarkeit wegen Irrtums der Behörde — gemeint ist die Zurücknahme — nur von Fall zu Fall zulässig, weil der einzige, in dessen Interesse die Genehmigung notwendig sei, in aller Regel durch die Unwiderruflichkeit der Genehmigung nur geschädigt würde.

[19] BGH 29. 1. 1953 (DÖV 1953, 213; NJW 1953, 787). Nach anderer Auffassung ist der Widerruf der erschlichenen Zustimmung bis zum Ablauf der Kündigungsfrist möglich: RAG 11. 9. 1940 ARS 40, 261. Vgl. *Ehmke* D V; *Forsthoff* S. 211; *Sellmann* Erl. 66 zu § 14 SchwBG.

folgedessen jeder rechtswidrige Verwaltungsakt zurückgenommen werden könne und müsse und daß der Begünstigte sich nur gegenüber dem Rückforderungsanspruch auf das Vertrauen in die Rechtmäßigkeit der Verwaltung dann berufen dürfe, wenn ihm eine Rückgewähr nicht zuzumuten sei[20], mag im Bereich der Leistungsverwaltung brauchbar sein; im Bereich des behördlichen Kündigungsschutzes ist er nicht verwertbar. Das Vertrauen des einzelnen Bürgers richtet sich hier nicht auf die Rechtmäßigkeit des Empfangs einer Geldleistung aus öffentlichen Mitteln, sondern auf die Rechtswirksamkeit und Endgültigkeit der unter behördlicher Mitwirkung gestalteten Privatrechtsverhältnisse.

Ohne jede zeitliche Beschränkung kann zurückgenommen werden der nichtige Zustimmungsbescheid. Zwar kann auch die nichtige Zustimmung angefochten werden. Aber der Ablauf der Anfechtungsfrist bewirkt nicht die Beseitigung eines Schwebezustands. Die nichtige Zustimmung kann die Kündigung nicht wirksam machen; sie hat keine Gestaltungswirkung und genießt deshalb auch keinen Vertrauensschutz. Ihre Zurücknahme hat nur erklärende, nicht rechtsvernichtende Bedeutung; sie stellt nur klar, was auch ohne die förmliche Zurücknahme rechtens wäre. Anders liegt es, wenn über den Bestand der Zustimmung in einem verwaltungsgerichtlichen Verfahren rechtskräftig entschieden worden ist; hat das Verwaltungsgericht die Zustimmung als rechtmäßig angesehen, dann können weder die Behörde noch die Vertragspartner sich auf den Standpunkt stellen, daß sie nichtig gewesen sei.

---

[20] So *Wirth*, Ein neuer Gedanke zur Rücknahme rechtswidriger begünstiegender Verwaltungsakte (mit einem Vorwort von *Dürig*), in: DÖV 1960, 173—175.

Dritter Teil

Das gerichtliche Verfahren

In der Rechtsprechung und im Schrifttum zum öffentlich-rechtlichen Kündigungsschutz gilt das Interesse vornehmlich den verfahrensrechtlichen Fragen. Die Klärung der sachlich-rechtlichen Fragen des Kündigungsschutzes war notwendig, um die an den gerichtlichen Rechtsschutz sich knüpfenden Fragen beantworten zu können. Nur aus ihrem Zusammenhang mit ihrer sachlich-rechtlichen Grundlage, nicht aus allgemeinen verfahrensrechtlichen Grundsätzen oder aus Zweckmäßigkeitserwägungen werden die verfahrensrechtlichen Eigentümlichkeiten des öffentlich-rechtlichen Kündigungsschutzes verständlich.

Die verfahrensrechtlichen Fragen gliedern sich in die drei Fragenkreise der Zulässigkeit der Anfechtungsklage gegen die behördliche Entscheidung, der Zulässigkeit und Wirksamkeit der gerichtlichen Aussetzung ihrer Vollziehung sowie der Wirkung der gerichtlichen Aufhebung. Der erste dieser Fragenkreise umfaßt die drei Verfahrensvoraussetzungen der Zulässigkeit des Verwaltungs- oder Sozialrechtswegs, des Rechtsschutzbedürfnisses und der Klagebefugnis. Diese drei Verfahrensvoraussetzungen dürfen nicht miteinander vermengt oder untereinander verwechselt werden. Obwohl diese Forderung eigentlich selbstverständlich ist, ist ihre ausdrückliche Hervorhebung doch berechtigt angesichts der Tatsache, daß gerade im Fragenbereich des behördlichen Kündigungsschutzes in Rechtsprechung und Schrifttum nicht selten die gleichen Gründe für die Unzulässigkeit des Verwaltungsrechtswegs, das Fehlen eines Rechtsschutzbedürfnisses oder der Klagebefugnis verwendet werden. Eine Begründung dieser Art ist der „Grundsatz", daß es zur Entscheidung eines Rechtsfalles nur einen Rechtsweg geben könne, gelegentlich auch „Grundsatz der Funktionsreinheit" genannt[1]. Als eine weitere Rechtfertigung der Abweisung der verwaltungsgerichtlichen Klage als unzulässig unter einem der vorgenannten verfahrensrechtlichen Gesichtspunkte begegnet in Rechtsprechung und Schrifttum die Auffassung, daß die „Doppelspurigkeit des Rechtswegs" zu einem „Leerlauf" und zur „übermäßigen Inanspruchnahme der staatlichen Rechtsschutzeinrichtungen sowie zur Gefahr widersprechender Entscheidungen der Gerichte verschiedener

---

[1] Z. B. *Lerche,* Ordentlicher Rechtsweg und Verwaltungsrechtsweg (Prozeßrechtl. Abh. H. 21) 1953, S. 40.

Rechtszweige" führe[2]. Da solche Grundsätze nicht weiter abgeleitet oder aus dem Gesetz belegt werden, scheinen sie die Geltungskraft unmittelbar einleuchtender Grundwahrheiten zu haben. Grundwahrheiten, die keiner weiteren Begründung fähig und bedürftig sind, gibt es aber im gerichtlichen Verfahrensrecht nicht; bei näherer Prüfung erweisen sie sich als rechtspolitische Erwägungen und unvereinbar mit dem geltenden Recht.

§ 7. Die Zulässigkeit des Verwaltungsrechtsweges

1. *Die gesetzliche Zuständigkeitsregelung*

Der Rechtsweg vor die allgemeinen Verwaltungsgerichte ist gegeben in allen öffentlich-rechtlichen Streitigkeiten nichtverfassungsrechtlicher Art, die nicht durch Bundesgesetz oder, wenn es sich um Streitigkeiten auf dem Gebiet des Landesrechts handelt, durch Landesgesetz einem anderen Gericht ausdrücklich zugewiesen sind (§ 40 Abs. 1 VwGO). Es gibt bundes- und landesrechtliche Vorschriften, die Streitigkeiten auf bestimmten Gebieten des öffentlich-rechtlichen Kündigungsschutzes den Sozialgerichten zuweisen. Eine bundesrechtliche Bestimmung dieser Art ist § 51 Abs. SGG; danach entscheiden die Gerichte der Sozialgerichtsbarkeit über öffentlich-rechtliche Streitigkeiten in Angelegenheiten der Aufgaben der Bundesanstalt für Arbeitsvermittlung und Arbeitslosenversicherung. Hierzu gehören die den Arbeitsämtern und Landesarbeitsämtern zugewiesenen Aufgaben des Kündigungsschutzes bei Massenentlassungen; für Anfechtungsklagen gegen die Entscheidungen des Massenentlassungsausschusses des Landesarbeitamts (§ 18 KSchG) und die entprechenden Verpflichtungsklagen sind deshalb die Sozialgerichte zuständig. Eine landesrechtliche Zuweisung von Streitigkeiten des öffentlich-rechtlichen Kündigungsschutzes an die Sozialgerichte enthält § 15 Abs. 3 nw. BergmVersSchG; wird der Widerspruch gegen die Entscheidung der Zentralstelle zurückgewiesen, so kann der Betroffene Anfechtungsklage vor dem Sozialgericht erheben. Dagegen sind die Anfechtungs- und Verpflichtungsklagen wegen der Versagung oder Erteilung der Zustimmung zur Kündigung Schwerbeschädigter nicht den Sozialgerichten zugewiesen; es ist allgemein anerkannt, daß es sich insoweit bei der Fassung, die § 26 Abs. 1 Satz 2 SchwBG durch § 223 SGG erhalten hat, um ein bloßes Redaktionsversehen handelt[1].

---

[2] Z. B. *Jellinek*, Festschrift für Richard *Thoma* S. 100; BVerwGE 1, 136; 4, 332.

[1] BVerwG 28. 4. 1956 (DVBl. 1956, 779), 28. 11. 1958 (BVerwGE 8, 47); VGH München 9. 12. 1954 (E 7, 156) und 5. 4. 1955 (DVBl. 1955, 465); *Becker* Erl. 14 zu § 16 u. Erl. 5 zu § 26 SchwBG; *Sellmann* Vorbem. 6 und Erl. 29 zu § 26 SchwBG.

Die Sozialgerichte sind besondere Verwaltungsgerichte. Ihre Zuständigkeit setzt, wie die Zuständigkeit der allgemeinen Verwaltungsgerichte, voraus, daß es sich um öffentlich-rechtliche Streitigkeiten handelt (§ 51 Abs. 1 SGG). Da die Entscheidungen der Verwaltungsbehörden auf dem Gebiet des Kündigungsschutzes Verwaltungsakte sind, kann für die Klage auf Aufhebung oder Abänderung eines solchen Verwaltungsakts sowie die Verurteilung zum Erlaß eines abgelehnten oder unterlassenen Verwaltungsakts nur die Zuständigkeit eines allgemeinen Verwaltungsgerichts gegeben sein, wenn nicht durch ausdrückliche gesetzliche Bestimmung die Zuständigkeit eines Sozialgerichts vorgesehen ist (§ 42 Abs. 1 VwGO, § 54 Abs. 1 SGG); es kommt auch die Klage auf Feststellung der Nichtigkeit des Verwaltungsakts in Betracht (§ 43 Abs. 1 VwGO, § 55 Abs. 1 Nr. 4 SGG).

Ältere Vorschriften des Inhalts, daß eine Verwaltungsbehörde endgültig entscheidet — § 4 Abs. 2 Satz 2 KlGO enthielt für die kleingartenrechtliche Kündigungsgenehmigung eine solche Vorschrift —, sind seit der Einführung der verwaltungsgerichtlichen Generalklausel hinfällig geworden; dies gilt als nicht mehr zweifelhaft[2]. Ein Gesetz, das den Verwaltungsrechtsweg oder den Rechtsweg überhaupt ausschließt, hätte zur Folge, daß gemäß Art. 19 Abs. 4 GG die ordentlichen Gerichte zuständig wären.

Es gibt auf dem Gebiet des öffentlich-rechtlichen Kündigungsschutzes keine Zuständigkeit der bürgerlichen Gerichte. Insbesondere sind Streitigkeiten in Angelegenheiten des behördlichen Kündigungsschutzes für Arbeitsverhältnisse nicht den Arbeitsgerichten zugewiesen. Für die Anfechtungsklage einer werdenden Mutter gegen die Zulässigerklärung der Kündigung gemäß § 9 MuSchG kann der Verwaltungsrechtsweg nicht verneint werden mit der Begründung, daß gemäß § 3 KSchG die Arbeitsgerichte über den Kündigungsvorgang in seiner Gesamtheit einschließlich der die Kündigung ermöglichenden Zulässigkeitserklärung zu entscheiden hätten[3]. § 3 KSchG enthält nur die Bestimmung, daß der Arbeitnehmer die Sozialwidrigkeit der Kündigung binnen drei Wochen im Wege der Feststellungsklage geltend machen muß; versäumt er diese Frist, so gilt der Mangel der Sozialwidrigkeit als geheilt. Aus dieser Vorschrift folgt aber nicht, daß

---

[2] BVerwG 28. 4. 1956 (DVBl. 1956, 759).

[3] So OVG Münster 16. 10. 1957 (BB 1958, 83; DÖV 1958, 60; DVBl. 1958, 287; MDR 1958, 272). Hierzu ablehnend *Bettermann* MDR 1958, 272; *Klein* BB 1958, 84; *Köst* Erl. 121 zu § 9 MuSchG; *Mörtel* BVBl. 1958, 287; sowie jetzt BVerwG V C 14, 58 vom 10. 2. 1960. In die gleiche Richtung wie das Urteil des OVG Münster führt aber im Endergebnis der Vorschlag *Herzer*'s (DVBl. 1957, 410), daß bei Identität der Zustimmungs- und Kündigungsvoraussetzungen — die er für das Kleingartenrecht annimmt — das Verwaltungsgericht prüfen müsse, ob die Anfechtungsklage nicht eine falsch formulierte Kündigungsklage sei, für die das Zivilgericht zuständig sei.

die Feststellungsklage beim Arbeitsgericht zu erheben ist; dies ergibt sich vielmehr aus § 2 Nr. 2 ArbGG. Die Feststellungsklage des § 3 KSchG ist eine bürgerlich-rechtliche Rechtsstreitigkeit, keine an sich vor die Verwaltungsgerichte gehörende öffentlich-rechtliche Streitigkeit im Sinne der Generalklausel der Verwaltungsgerichtsgesetze. Die gegen die behördliche Kündigungsgenehmigung gerichtete Anfechtungsklage dagegen ist keine bürgerlich-rechtliche, sondern eine öffentlich-rechtliche Streitigkeit, für welche auch nach den Vorschriften der §§ 2 bis 4 ArbGG keine Zuständigkeit der Arbeitsgerichte begründet ist.

In Kleingartensachen ist das Zivilgericht zuständig für die Räumungsklage des Verpächters und für die Feststellungswiderklage des Pächters, daß sein Pachtverhältnis trotz Kündigung fortbestehe. Die Anfechtung der behördlichen Kündigungsgenehmigung ist aber keine bürgerlich-rechtliche Rechtsstreitigkeit, für die gemäß § 13 GVG die Zuständigkeit der ordentlichen Gerichte begründet wäre.

2. *Die Lehre vom unselbständigen Verwaltungsakt*

Da die behördliche Entscheidung mit einem bürgerlich-rechtlichen Kündigungsvorgang verbunden ist und von ihr die Wirksamkeit der bürgerlich-rechtlichen Kündigungserklärung abhängt, kann ein und derselbe Kündigungsfall Anlaß von Rechtsstreitigkeiten werden, die auf zwei verschiedenen Rechtswegen auszutragen sind: Die Anfechtung der behördlichen Entscheidung auf dem Verwaltungsrechtswege, der Streit der Vertragsparteien über die Beendigung des Vertragsverhältnisses auf dem Zivilrechtswege, insbesondere vor den Arbeitsgerichten. Dieses als „Doppelspurigkeit des Rechtswegs" bezeichnete Nebeneinander mehrerer Rechtswege ist von Anfang an teils für alle Gebiete des behördlichen Kündigungsschutzes, teils nur für einzelne Anwendungsgebiete desselben als ein Mangel empfunden worden, weil es die Gefahr der Verzögerung durch die Verfolgung derselben Sache in mehreren Instanzen in verschiedenen Zweigen der Gerichtsbarkeit sowie widersprechender Entscheidungen der Zivil- und Verwaltungsgerichte mit sich bringe. Es wurde deshalb vorwiegend im Schrifttum, aber auch in der Rechtsprechung versucht, die Zulässigkeit des einen der beiden Rechtswege auf irgendeine Weise, in erster Linie durch Auslegung der Zuständigkeitsbestimmungen, auszuschalten. Allen Versuchen dieser Art ist es eigentümlich, daß sie nicht darauf gerichtet sind, die Zivilgerichtsbarkeit, sondern die Verwaltungsgerichtsbarkeit auszuschalten. Der Rechtsschutz in Kündigungsangelegenheiten gilt in einem solchen Maße als eine natürliche Zuständigkeit der Zivilgerichtsbarkeit, insbesondere der Arbeitsgerichtsbarkeit, daß die erstrebte Einspurigkeit des Verfahrens nur in der Beschränkung auf die Zivilgerichtsbarkeit erreichbar zu sein scheint.

Einer der zur Beseitigung oder Beschränkung der Zuständigkeit der Verwaltungsgerichte in Kündigungsangelegenheiten beschrittenen Wege war die einengende Auslegung des Begriffs „Verwaltungsakt“ in der verwaltungsgerichtlichen Generalklausel. In seiner eingangs erwähnten Abhandlung über „Behördlicher Kündigungsschutz und Verwaltungsgerichtsbarkeit“ führte Walter *Jellinek* zu diesem Zwecke die Unterscheidung zwischen selbständigen und unselbständigen Verwaltungsakten ein[4]. Als unselbständigen Verwaltungsakt bezeichnete er zunächst die an die gleichen Voraussetzungen wie die Kündigung gebundene behördliche Genehmigung; er hielt diesen Fall für gegeben bei der kleingartenrechtlichen Kündigungsgenehmigung[5]. Als unselbständigen Verwaltungsakt bezeichnete er aber auch die damals noch vorgeschriebene Kündigungsgenehmigung des Arbeitsamts gemäß § 1 Abs. 3 Satz 1 der Arbeitsplatzwechselverordnung, obwohl sie, wie er selbst ausführte, ein Akt freien Ermessens war[6]. In beiden Fällen habe die behördliche Kündigungsgenehmigung, so führte er aus, nicht die Kraft, eine unzulässig ausgesprochene Kündigung wirksam zu machen. Andererseits hielt er es für geboten, die Genehmigung der Kündigung eines Schwerbeschädigten als selbständigen Verwaltungsakt zu deuten, um seine Nachprüfbarkeit auf Gesetzwidrigkeit und Ermessensfehler zu ermöglichen; die Selbständigkeit dieser Verwaltungsakte müsse angenommen werden, weil das Gesetz für die Kündigung selbst keine Ausnahmen bestimme, wohl aber die Genehmigung von zahlreichen Sachverhalten abhängig mache[7]. Er sah die Unselbständigkeit der behördlichen Kündigungszustimmung aber auch begründet in ihrer Beziehung zu einem Privatrechtsgeschäft, zu dem sie sich verhalte wie das Zubehör zur Hauptsache, wie der Bestandteil zum Sachganzen. Das Hauptrechtsverhältnis gehöre dem Privatrecht an, die Verwaltungsbehörde greife nur helfend ein. Ausschließlich zuständig sei das in der Hauptsache entscheidende ordentliche Gericht oder Arbeitsgericht.

Die folgerichtige Durchführung dieses Gedankens müßte alle Arten behördlicher Kündigungszustimmung erfassen, auch diejenige in Schwerbeschädigtenangelegenheiten, die Jellinek in die verwaltungsgerichtliche Generalklausel hatte einbeziehen wollen; denn obwohl er nur für die kleingartenrechtliche Kündigungsgenehmigung die verwaltungsgerichtliche Zuständigkeit hatte ausschließen wollen, traf seine

---

[4] Festschrift für Richard *Thoma* 93 ff.

[5] a. a. O. S. 99, 105 f.

[6] a. a. O. S. 99.

[7] a. a. O. S. 105 (er meint das Schwerbeschädigtengesetz von 1923).

Begründung, daß für die behördliche Kündigungsgenehmigung keine andere gerichtliche Zuständigkeit bestehen dürfe als für die Entscheidung über das der Kündigungsgenehmigung zugrunde liegende Privatrechtsverhältnis, keine Besonderheit der kleingartenrechtlichen Kündigungsgenehmigung, sondern alle Fälle einer behördlichen Kündigungsgenehmigung. Erich *Molitor*[8] hat, unter Berufung auf Walter Jellinek, diese Folgerung gezogen und den Verwaltungsrechtsweg für alle Angelegenheiten des öffentlich-rechtlichen Kündigungsschutzes in Arbeitssachen als unzulässig bezeichnet.

Mit der Unterscheidung selbständiger und unselbständiger Verwaltungsakte hat sich die verwaltungsgerichtliche Rechtsprechung in zahlreichen Entscheidungen befaßt, doch hat sie nahezu allgemein die Zulässigkeit des Verwaltungsrechtswegs bejaht[9].

Mit dem Inkrafttreten der Verwaltungsgerichtsordnung vom 21. 1. 1960 hat sich der Streit um die rechtliche Natur des behördlichen Zustimmungs- oder Ablehnungsbescheids in Angelegenheiten des Kündi-

---

[8] Die Kündigung S. 241.

[9] Für die Anfechtungsklage des Schwerbeschädigten gegen die Zustimmung der Hauptfürsorgestelle: BVerwG 28. 11. 1958 (BVerwGE 8, 46); OVG Hamburg 6. 12. 1955 (AP Nr. 3 zu § 14 SchwBG; Betrieb 1956, 480; DÖV 1956, 246; FürsE. 3, 22); VGH Kassel 30. 10. 1951 (DVBl. 1952, 413; FürsE. 2, 284), 18. 1. 1952 (E 1, 18) und 4. 11. 1955 (E 5, 153)„ LVG Koblenz 30. 9. 1952 (E 4, 296); OVG Lüneburg 16. 3. 1955 (FürsE. 3, 92) und 21. 12. 1955 (AS 10, 380); VGH München 7. 7. 1952 (DÖV 1953, 477 L), 9. 12. 1954 (E 7, 156), 5. 4. 1955 (DVBl. 1955, 465) und 4. 7. 1955 (FürsE. 3, 243); VGH Stuttgart 30. 10. 1951 (AP 1952 Nr. 195). Für die Anfechtungsklage des Arbeitgebers gegen die Versagung der Zulässigerklärung der Kündigung nach § 9 Abs. 2 MuSchG: BVerwG 29. 10. 1958 (BVerwGE 7, 294); LVG Koblenz 18. 10. 1953 (E 1, 400). Für die Anfechtungsklage der erwerbstätigen Mutter gegen die Zulässigerklärung der Kündigung OVG Lüneburg 26. 6. 1957 (BB 1958, 118). Für die Anfechtungsklage des unkündbaren Angestellten im öffentlichen Dienst: BVerwG 29. 12. 1958 (DÖV 1959, 188; DVBl. 1959, 286; MDR 1959, 241). Für die Anfechtungsklage des Kleingartenpächters gegen die Kündigungsgenehmigung: BVerwG 13. 3. 1957 (BVerwGE 4, 317); 4. 6. 1958 (NJW 1958, 1365 L; RdL 1958, 249; ZMR 1959, 139); OVG Berlin 30. 10. 1953 (E 3, 125); OVG Hamburg 7. 3. 1951 (MDR 1951, 505), VGH (Karlsruhe) 15. 9. 1949 (DV 1949, 660); VGH Kassel 29. 6. 148 (DÖV 14, 75); OVG Lüneburg 14. 8. 153 (DÖV 1954, 510). Für die Anfechtungsklage des Verpächters gegen die Versagung der Kündigungsgenehmigung: BVerwG 13. 3. 1957 (BVerwGE 4, 332).

Die Bejahung der Zulässigkeit des Verwaltungsrechtswegs wird in der Rechtsprechung nur teilweise damit begründet, daß es sich um einen selbständigen Verwaltungsakt handle. In anderen Entscheidungen wird die Zulässigkeit des Verwaltungsrechtswegs bejaht, obwohl es sich um einen unselbständigen, akzessorischen oder abhängigen Verwaltungsakt handle; ebenso *Ule*, Recht — Staat — Wirtschaft Bd. III, 268, *Herzer* DVBl. 1957, 411 sowie *Klein* BB 1958, 84. *Mörtel* (DVBl. 1958, 287) bezeichnet die Kündigungsgenehmigung als unselbständigen, die Zulässigerklärung des Mutterschutzgesetzes als eigenständigen Verwaltungsakt (S. 289). Nach OVG Hamburg 6. 12. 1955 (AP Nr. 3 zu § 14 SchwBG; Betrieb 1956, 480; DÖV 1956, 246; FürsE 3,22) kommt es auf die Unterscheidung selbständiger und unselbständiger Verwaltungsakte für die Zulässigkeit des Verwaltungsrechtswegs nicht an.

gungsschutzes nicht von selbst erledigt. In die neue verwaltungsgerichtliche Generalklausel (§ 40 Abs. 1 Satz 1 VwGO) ist zwar, im Unterschied zu dem § 22 Abs. 1 der süddeutschen Verwaltungsgerichtsgesetze und der Militärregierungsverordnung Nr. 165 des britischen Besatzungsgebiets, die Anfechtung von Verwaltungsakten nicht mehr ausdrücklich aufgenommen. Von der Verwaltungsakt-Eigenschaft der behördlichen Entscheidung in Kündigungsangelegenheiten hängt es aber ab, ob eine öffentlich-rechtliche Streitigkeit gegeben ist. Durch ihre Kennzeichnung als unselbständiger (abhängiger, akzessorischer) Verwaltungsakt sollten ja gerade die aus solchem Anlaß entstehenden Streitigkeiten als solche bürgerlich-rechtlicher Art ausgewiesen werden. Da in der Beurteilung der Rechtsnatur der behördlichen Entscheidung im Bereich des kleingartenrechtlichen Kündigungsschutzes sogar die höchstrichterliche Rechtsprechung, sowohl des Bundesgerichtshofs[10] als auch des Bundesverwaltungsgerichts[11], den von Walter Jellinek gewiesenen Wegen folgt, ist es unumgänglich, hierzu Stellung zu nehmen.

Die aus dem bürgerlichen Sachenrecht entlehnten Begriffe der Hauptsache und des Zubehörs sind jedenfalls nicht geeignet, das Verhältnis von privatrechtlicher Kündigung und behördlicher Kündigungsgenehmigung richtig zu bestimmen. Das Zubehör ist bestimmt, dem wirtschaftlichen Zweck der Hauptsache zu dienen und teilt im Zweifel dessen rechtliches Schicksal (§ 97 Abs. 1 BGB). Die behördliche Kündigungszustimmung ist zwar notwendig bezogen auf die ihr vorausgehende oder nachfolgende Kündigungserklärung. Diese Beziehung ist aber nur mittelbar. Unmittelbar entscheidet die Behörde über den Antrag des Kündigenden. Der Antrag, nicht die Kündigung, löst die behördliche Entscheidung aus; nur der Antrag ist wesentliche Voraussetzung der Zustimmung, so daß diese ungültig ist, wenn der Antrag fehlt. Die Zustimmung hat rechtlichen Bestand schon vor der Kündigung, wenn diese erst nach dem Eingang der behördlichen Entscheidung ausgesprochen werden soll. Ihre Gültigkeit ist unabhängig davon, ob ihr eine gültige Kündigungserklärung vorausgeht oder nachfolgt, ja sogar grundsätzlich unabhängig davon, ob überhaupt zu irgendeinem Zeitpunkt eine Kündigungserklärung vorliegt. Sie ist als Verwaltungsakt auch dann vorhanden, wenn die Kündigung wegen Sozialwidrigkeit oder aus einem anderen Grunde rechtsunwirksam ist. Nur in der Wirkung auf das Privatrechtsverhältnis tritt die Zusammengehörigkeit der behördlichen und der privaten Erklärung zutage: Jede der beiden Erklärungen hat, wenn sie gültig ist, privatrechtsgestaltende Wirkung, aber keine von ihnen bewirkt für sich allein die

---

[10] BGH 4. 6. 1958 NJW 1959, 43 (m. Anm. v. *Bettermann).*

[11] BVerwGE 4, 317; 332.

Beendigung des Rechtsverhältnisses, jede von ihnen ist nur mitgestaltend. Der Vergleich mit Hauptsache und Zubehör kehrt das Verhältnis beider Erklärungen zueinander um. In Wirklichkeit entscheidet nicht das Privatrechtsgeschäft als Hauptsache über das rechtliche Schicksal des Verwaltungsakts als ihres Zubehörs, sondern dieser entscheidet über die rechtliche Wirksamkeit des Privatrechtsgeschäfts; ohne den Verwaltungsakt der Zustimmung kann die Kündigung nicht wirksam werden. Nicht die behördliche Entscheidung teilt das rechtliche Schicksal der privaten Willenserklärung, sondern deren rechtliches Schicksal ist abhängig von der behördlichen Entscheidung. Dieses Verhältnis hat andererseits nicht zur Folge, daß die Kündigungserklärung des Arbeitgebers oder des Verpächters ihre bürgerlich-rechtliche Natur einbüßt. Diese bleibt als solche auf dem Boden des bürgerlichen Rechts und ist in ihrem Zustandekommen und in ihrer Wirksamkeit nach den Grundsätzen des bürgerlichen Rechts zu beurteilen; nur hängt ihre bürgerlich-rechtliche Wirksamkeit auch von einem Verwaltungsakt ab.

Nicht minder unzutreffend als der Vergleich mit Hauptsache und Zubehör ist derjenige von Sachganzem und Bestandteil. Wesentliche Bestandteile einer Sache können nicht Gegenstand besonderer Rechte sein (§ 93 BGB). Die Gültigkeit und Rechtmäßigkeit der behördlichen Kündigungszustimmung ist nicht nach arbeitsrechtlichen oder pachtrechtlichen, sondern nach verwaltungsrechtlichen Grundsätzen zu beurteilen, während sich die Gültigkeit der privaten Kündigungserklärung, soweit nicht das öffentlich-rechtliche Kündigungsverbot eingreift, nach den Vorschriften des Privatrechts richtet. Die Zivilgerichte haben keine Zuständigkeit, die behördliche Zustimmung oder ihre Versagung aufzuheben; ihre Rechtmäßigkeit oder Rechtswidrigkeit kann nicht Gegenstand eines Zivilrechtsstreits sein. Die Beziehung der behördlichen Zustimmung auf die private Kündigungserklärung kann deshalb nicht zur Folge haben, daß Streitigkeiten über sie nur im Rahmen der privatrechtlichen Streitigkeit über die Kündigung selbst oder über das der Kündigung zugrunde liegende Rechtsverhältnis und im gleichen Rechtsweg wie dieses zu entscheiden sind. Wäre die Anfechtung behördlicher Entscheidungen wegen ihrer Beziehung auf ein Privatrechtsgeschäft ausgeschlossen, dann hätte dies die Unzuständigkeit der Verwaltungsgerichte zur Folge nicht nur für die Fälle behördlicher Kündigungszustimmung, sondern für alle Fälle behördlicher Genehmigung eines Privatrechtsgeschäfts, auch solche auf dem Gebiet des Wohnungsrechts, des Preisrechts und des Außenhandelsrechts. Die verwaltungsgerichtliche Generalklausel gibt aber keinen Anhaltspunkt für den Ausschluß der Anfechtung behördlicher Entscheidungen über die Genehmigung von Privatrechtsgeschäften. Die Generalklausel gibt auch keinen Anhaltspunkt dafür, in dieser Hinsicht zwischen den behördlichen Entscheidungen auf dem Gebiet des behördlichen Kündigungsschutzes einen Unterschied zu machen, je nachdem, ob sie sich auf Arbeitsverhältnisse oder auf Pachtverhältnisse beziehen. Für die Unterscheidung selbständiger und unselbständiger Verwaltungsakte als Grundlage für die Beurteilung der Zulässigkeit des Verwaltungsrechtswegs gilt der Grundsatz: Ubi lex non distinguit, etiam nos distinguere non debemus.

Der Begriff des „unselbständigen Verwaltungsakts" war eine Zweckschöpfung, dazu bestimmt, den Anwendungsbereich der verwaltungsgerichtlichen Generalklausel einzuengen und für gewisse Fälle behördlicher Kündigungszustimmung den Rechtsweg vor die Verwaltungsgerichte auszuschließen; der unselbständige Verwaltungsakt sollte kein Verwaltungsakt im Sinne der damals gültigen Verwaltungsgerichtsgesetze sein[12].

3. *Die Lehre vom Verwaltungsakt im formellen Sinne*

Die gleiche Funktion wie der Unterscheidung selbständiger und unselbständiger Verwaltungsakte ist in diesem Zusammenhang der Unterscheidung von Verwaltungsakten im formellen und im materiellen Sinne zugedacht. Auch diese Unterscheidung wird im behördlichen Kündigungsschutz nur dann angewendet, wenn es sich um Pachtverhältnisse, nicht auch, wenn es sich um Arbeitsverhältnisse handelt. Nach Karl August *Bettermann*[13] ist die kleingartenrechtliche Kündigungsgenehmigung nur der Form nach ein Verwaltungsakt, der Sache nach aber ein Akt der Rechtsprechung; sie ist ein „Richterspruch im Gewande eines Verwaltungsakts"[14]. Die Verwaltungsbehörde übe, wenn

---

[12] Der Begriff des „abhängigen" Verwaltungsakts wird auch in dem Sinne gebraucht, daß er einen anderen Verwaltungsakt derart zur Voraussetzung habe, daß dessen Ungültigkeit oder Rechtswidrigkeit notwendig auch ihn in Mitleidenschaft ziehe, z. B. die Zuweisung des Mieters im Verhältnis zur Wohnraumerfassung oder das Verbot Uniform zu tragen im Verhältnis zum Widerruf des Beamtenverhältnisses. Vgl. hierzu *Ule* Recht-Staat-Wirtschaft Bd. III S. 268; *Kammer*, Zur Rückwirkung des Aufhebungsurteils, in: DVBl. 1952, 689 f. Über die Vieldeutigkeit des Begriffs des unselbständigen Verwaltungsakts: *Forsthoff* S 192.

[13] Wesen, Technik und Grenzen des Miet- und Pachtschutzes S. 14; Verwaltungsakt und Richterspruch (Gedächtnisschrift für Walter *Jellinek* 1955) S. 362 ff.; Kompetenzfragen um den Kündigungsschutz im Kleingartenrecht (NJW 1957, 1497 ff.) S. 1499; NJW 1958, 437. Zustimmend *Menger* VA 49, 1958 S. 75 f. und *Ule* JZ 1958, 629. A. M. *Lange* ArchCivPr 152 S. 263. Nach BVerwG 29. 10. 1958 (AP Nr. 14, 2 zu § 9 MuSchG) ist § 9 Abs. 2 MuSchG auch dann nicht unvereinbar mit dem Gewaltenteilungsgrundsatz des Artikels 20 Abs. 2 GG, wenn es sich um einen Akt der Rechtsprechung handelt, weil die Gewaltenteilung nicht zu einer ausnahmslosen und schematischen Abgrenzung der Gewalten führt.

[14] *Bettermann* NJW 1957, 1499.

sie die Kündigung eines Kleingartens genehmigt oder versagt, richterliche Gewalt aus. Sie entscheide eine Streitigkeit auf dem Gebiet des Privatrechts, allerdings nicht erst im Streitfalle, sondern vorsorglich bei jeder Kündigung. Deshalb stehe das kleingartenrechtliche Kündigungsgenehmigungsverfahren im Widerspruch zu Art. 92 GG; nach dieser Vorschrift sei die rechtsprechende Gewalt den Richtern anvertraut. Die Vorschrift verwaltungsbehördlicher Genehmigung der Kündigung eines Kleingartens durch den Verpächter sei deshalb wegen Verfassungswidrigkeit nichtig. Das in § 1 Abs. 1 und 2 KlGVO enthaltene Kündigungsverbot und seine Ausnahmen dagegen seien gültig; ob die Kündigung durch den Verpächter gemäß § 1 Abs. 2 statthaft ist, entscheide im Streitfalle das Zivilgericht. Die Richtigkeit dieser Auffassung ergebe sich aus der Entstehungsgeschichte der kleingartenrechtlichen Kündigungsgenehmigung: Nach § 4 Abs. 1 KlGO seien Streitigkeiten aus der Anwendung der Vorschriften der §§ 1 bis 3 — dazu gehörte auch der Streit zwischen Verpächter und Pächter über das Vorliegen eines wichtigen Kündigungsgrundes (§ 3) — unter Ausschluß des Rechtswegs durch die Verwaltungsbehörden zu entscheiden gewesen. Die Verordnung über Kündigungsschutz und andere kleingartenrechtliche Vorschriften vom 15. Dezember 1944 habe zwar den wichtigen Kündigungsgrund ersetzt durch eine Einzelaufzählung, den Ausschluß des Rechtswegs und damit die Zuständigkeit der Verwaltungsbehörde zur Entscheidung von Streitigkeiten hierüber aber nicht beseitigt; mit der Entscheidung über die Genehmigung erfülle die Verwaltungsbehörde die gleiche Aufgabe wie bisher und übe sie in der Form eines Verwaltungsakts aus[15].

Es ist richtig, daß nach §§ 3, 4 Abs. 1 KlGO der Streit zwischen Verpächter und Pächter über das Vorliegen eines wichtigen Kündigungsgrundes unter Ausschluß des Rechtswegs durch die Verwaltungsbehörde zu entscheiden war. § 1 Abs. 2 der Verordnung vom 15. Dezember 1944 hat den „wichtigen Grund für die Kündigung" ersetzt durch Einzelaufzählung der Ausnahmen vom Kündigungsverbot und die Vorschrift über den Ausschluß des Rechtswegs nicht ausdrücklich aufgehoben; nur das Kündigungsverbot und seine Ausnahmen wurden ausdrücklich aufgehoben (§ 1 Abs. 1 Satz 3 KlGVO). Einer ausdrücklichen Aufhebung der Rechtswegklausel bedurfte es nicht, weil an die Stelle der §§ 1 bis 3 KlGO eine sachlich-rechtliche Neuregelung getreten und die behördliche Zuständigkeit zur Entscheidung von Streitigkeiten durch das Erfordernis behördlicher Genehmigung der

---

[15] Ebenso Werner *Meyer* MDR 1951, 506, der aber aus dieser Entwicklung ohne nähere Begründung die freie Entscheidungsbefugnis der ordentlichen Gerichte über das Vorliegen der in § 1 Abs. 2 KlGVO geregelten Tatbestände folgert, weil er als selbstverständlich annimmt, daß sie privatrechtliche Kündigungsgründe seien.

Kündigung ersetzt worden war; für die verwaltungsbehördliche Entscheidung einer Streitigkeit über das Vorliegen eines wichtigen Kündigungsgrundes war deshalb kein Raum mehr[16]. Daß die Rechtswegklausel des § 4 Abs. 1 KlGO ersetzt werden sollte durch den Genehmigungsvorbehalt in § 1 Abs. 3 KlGVO, geht hervor aus einem Vergleich der Vorschriften über den Rechtsbehelf gegen die Entscheidung der Verwaltungsbehörde. Nach § 4 Abs. 3 KlGO war gegen die Entscheidung der unteren Verwaltungsbehörde binnen zwei Wochen die Beschwerde an die höhere Verwaltungsbehörde zulässig, die endgültig entschied. Nach § 6 KlGVO ist gegen die Entscheidung der unteren Verwaltungsbehörde nach den §§ 1 bis 5 innerhalb einer Frist von zwei Wochen seit Bekanntgabe oder Zustellung Beschwerde an die höhere Verwaltungsbehörde zulässig, die endgültig entscheidet[17]. Gegen die Entscheidung der höheren Verwaltungsbehörde gibt es keine weitere förmliche Beschwerde. Der Verwaltungsrechtsweg brauchte nicht ausgeschlossen zu werden, soweit nach dem in den einzelnen Ländern geltenden Recht für die Zuständigkeit der Verwaltungsgerichte nicht die Generalklausel, sondern der Grundsatz der Einzelaufzählung der Zuständigkeiten galt. Durch § 6 KlGVO war aber auch die Klage zum Verwaltungsgericht ausgeschlossen, soweit in einem Lande die Generalklausel galt oder durch Landesgesetz die Zuständigkeit der Verwaltungsgerichte begründet werden sollte. Der ordentliche Rechtsweg brauchte für die aus den §§1 bis 5 KlGVO sich ergebenden Streitigkeiten nicht ausgeschlossen zu werden, weil sie keine Streitigkeiten auf dem Gebiet des bürgerlichen Rechts waren, die gemäß § 13 GVG die Zuständigkeit der ordentlichen Gerichte begründet hätten. Entstand zwischen Verpächter und Pächter aus ihrem Pachtverhältnis ein bürgerlich-rechtlicher Rechtsstreit, z. B. über das Bestehen oder Fortbestehen des Pachtverhältnisses, so blieben die ordentlichen Gerichte nach wie vor zuständig, hierüber mit verbindlicher Wirkung unter den Beteiligten zu entscheiden. Die Meinung, der Rechtsweg habe nicht länger ausgeschlossen werden sollen, nachdem durch die Beseitigung oder weitgehende Beschränkung des richterlichen Ermessens durch die Aufstellung einiger weniger scharf umrissener absoluter Kündigungsgründe die „Gefahr" gebannt gewesen sei, die der Nationalsozialismus in der Tätigkeit der ordentlichen Gerichte

[16] Zur Frage der Fortgeltung des § 4 KlGO: BVerwG 13. 3. 1957 (BVerwGE 4, 320); BGH 4. 6. 1958 (NJW 1958, 43); *Bettermann* NJW 1957, 1499; 1958, 43.

[17] Die Kündigungsschutzverordnung vom 15. 12. 1944 enthält insoweit eine selbständige Regelung. Die Rechtswegklausel des § 4 Abs. 1 KlGO ist deshalb nach dem Grundsatze „Lex posterior derogat legi priori" aufgehoben. Der BGH meint in seinem Urteil vom 4. 6. 1958 (NJW 1958, 43), diese Vorschrift sei nicht aufgehoben, sondern nur auf die Kündigungsvorschriften des § 1 Abs. 2 Buchst. a—e KlGVO nicht anwendbar. An die Stelle der Beschwerde ist seit dem 1. 4. 1960 der Widerspruch getreten (§ 77 VwAO).

habe erblicken können[18], berücksichtigt einerseits nicht, daß der ordentliche Rechtsweg für Streitigkeiten aus dem Kleingartenpachtverhältnis schon nach der Kleingartenordnung nicht in vollem Umfange ausgeschlossen war[19], und verkennt gleichzeitig, daß auch nach dem Erlaß der kleingartenrechtlichen Kündigungsschutzverordnung eine Anrufung der ordentlichen Gerichte gegen die Entscheidung der Verwaltungsbehörden nach dem damaligen Gerichtsverfassungsrecht nicht in Betracht kam, ganz abgesehen davon, daß sich für die vermutete politische Begründung keinerlei Anhaltspunkte finden lassen.

Die behördliche Genehmigung zur Kündigung eines Kleingartens ist nicht nur der Form, sondern auch der Sache nach kein Richterspruch. Die Verwaltungsbehörde steht den Vertragspartnern nicht als unparteiischer Richter gegenüber, sondern als Sachwalter des öffentlichen Interesses, dessen Inhalt und Umfang in den gesetzlichen Ausnahmetatbeständen vom Kündigungsverbot verbindlich und erschöpfend festgelegt sind. Sie nimmt die Belange des Kleingärtners gegenüber dem Verpächter wahr, weil er dem geschützten Personenkreis angehört und soweit das öffentliche Interesse sich mit den Belangen dieses Personenkreises deckt. Sie entscheidet keinen Streit unter den Vertragspartnern, auch nicht vorsorglich, im Hinblick auf einen möglichen künftigen Streit. Ihr Tätigwerden setzt weder einen Streit der Beteiligten voraus noch die Annahme, daß es zu einem Streit kommen werde, sondern einen Antrag des Verpächters. Dessen Antrag und die behördliche Genehmigung sind erforderlich auch dann, wenn unter den Beteiligten über das Vorliegen des Ausnahmetatbestandes, etwa über den Zahlungsverzug des Pächters, kein Streit besteht oder zu erwarten ist. Entsteht Streit über das Vorliegen des Ausnahmetatbestandes und somit über die Rechtmäßigkeit der behördlichen Genehmigung oder Versagung der Kündigung, so steht der Anfechtungsklage des betroffenen Vertragspartners nicht die Einrede der entschiedenen Sache entgegen. Wenn aber unter den Beteiligten Streit besteht über die Berechtigung der Kündigung oder über den Fortbestand des Pachtverhältnisses trotz Kündigung, dann ist es nicht die Verwaltungsbehörde, die darüber entscheidet. Wer von den Beteiligten hierin im Recht ist, bleibt auch dann offen, wenn die Behörde die Genehmigung zur Kündigung erteilt oder versagt.

Die Annahme, die kleingartenrechtliche Kündigungsgenehmigung sei eine Streitentscheidung durch eine Verwaltungsbehörde und deshalb verfassungswidrig, setzt als selbstverständlich voraus, daß die in § 1 Abs. 2 Buchstaben a—e KlGVO aufgeführten Fälle, in welchen die Kündigung durch den Verpächter statthaft ist, privatrechtliche

[18] BVerwG 13. 3. 1957 (BVerwGE 4, 319).

[19] *Sokolowski-Mirels S. 139 ff.*

Kündigungsgründe seien. Es handelt sich aber um Ausnahmen von einem öffentlich-rechtlichen Kündigungsverbot und um Voraussetzungen für die Erteilung der behördlichen Genehmigung. Als Ausnahmen vom Kündigungsverbot zugunsten des Verpächters wirken sie nicht schon kraft Gesetzes; erst die behördliche Genehmigung beseitigt das Kündigungsverbot für den Einzelfall. Die Verwaltungsbehörde stellt nicht fest, daß ein gesetzlich anerkannter Kündigungsgrund besteht, sondern sie gibt der Kündigungserklärung des Verpächters die rechtliche Wirksamkeit, soweit dieser die Verbotswidrigkeit der Kündigung entgegensteht. Diese Gestaltungswirkung der Kündigungsgenehmigung wird besonders deutlich durch die Befugnis der Behörde, den Zeitpunkt der Beendigung des Pachtverhältnisses festzusetzen (§ 5 KlGVO). Die Behörde klärt nicht die privatrechtliche Lage, sondern greift hoheitlich in die privatrechtlichen Beziehungen der Beteiligten ein und ordnet sie in dem gesetzlich bestimmten Umfang. Sie trifft keine Entscheidung auf dem Gebiet des Privatrechts und treibt keine bürgerliche Rechtspflege. Ebensowenig ist die Versagung der Genehmigung die Entscheidung eines Rechtsstreits über privatrechtliche Beziehungen. Die behördliche Entscheidung auf dem Gebiet des Kleingartenrechts ist, wie jede sonstige Erteilung oder Versagung einer behördlichen Genehmigung, nicht Streitentscheidung durch einen Dritten, sondern die hoheitliche Regelung eines Einzelfalls auf dem Gebiet des öffentlichen Rechts. Hätte die Behörde einen Streit zwischen Verpächter und Pächter über die Zulässigkeit der Kündigung zu entscheiden, so wäre ihre Zuständigkeit nicht unvereinbar mit Art. 92 GG, weil ihre Entscheidung nicht endgültig, sondern der Kontrolle durch die Verwaltungsgerichte unterworfen wäre[20]. Ihre Entscheidung ist aber nicht einmal „streitentscheidender“[21], sondern ausschließlich „privatrechtsgestaltender“ Verwaltungsakt. Sie ist nicht Rechtsprechung im materiellen Sinne, sondern Verwaltung. Sie ist nicht nur der Form, sondern auch der Sache nach ein Verwaltungsakt[22].

---

[20] *Jesch*, Die Bindung des Zivilrichters an Verwaltungsakte, 1956 S. 133 Anm. 13.

[21] *Schüle*, Der streitentscheidende Verwaltungsakt (Staats- und Verwaltungswissenschaftliche Beiträge, herausgegeben von der Hochschule für Verwaltungswissenschaften Speyer, 1957) S. 294.

[22] Wäre die kleingartenrechtliche Kündigungsgenehmigung Rechtsprechung im materiellen Sinne, so wäre es jede Art behördlicher Kündigungszustimmung und es müßte das Erfordernis behördlicher Kündigungszustimmung auch in allen übrigen Fällen für verfassungswidrig erklärt werden. Daß die mutterschutzrechtliche Zulässigerklärung nicht Ausübung rechtsprechender Gewalt im Sinne des Artikel 92 GG ist und daß es sich bei dem versagenden Bescheid nicht nur um einen formellen, sondern auch um einen materiellen Verwaltungsakt handelt: Vgl. *Wertenbruch* AP Anm. zu Nr. 14 zu § 9 MuSchG.

§ 8. Das Rechtsschutzbedürfnis

Neben der Versagung des Verwaltungsrechtswegs für die Anfechtung der behördlichen Kündigungszustimmung wird die Verneinung des Rechtsschutzbedürfnisses als ein geeigneter Weg angesehen, die Einspurigkeit des gerichtlichen Verfahrens und die Ausschließlichkeit der zivilgerichtlichen Entscheidung über Zulässigkeit und Wirkung der Kündigung zu sichern. Dabei geht es nicht darum, ein Bedürfnis des Betroffenen nach gerichtlichem Rechtsschutz überhaupt zu verneinen; verneint werden soll nur das Bedürfnis nach einem besonderen verwaltungsgerichtlichen Rechtsschutz neben dem Rechtsschutz durch die Zivilgerichte, und zwar mit der Begründung, daß der von den Zivilgerichten gewährte Rechtsschutz hinter dem von den Verwaltungsgerichten gewährten Rechtsschutz nicht zurückbleibe und deshalb ausreichend sei. Ist das Rechtsschutzbedürfnis zu verneinen, dann fehlt eine Prozeßvoraussetzung und die Klage ist als unzulässig abzuweisen.

Walter *Jellinek* hatte für die Versagung des verwaltungsgerichtlichen Rechtsschutzes prozeßwirtschaftliche Gründe angeführt: Die Möglichkeit, mehrere Rechtswege zu beschreiten, führe zu einer unwirtschaftlichen Inanspruchnahme mehrerer Gerichte und sie beschwöre die Gefahr widersprechender Entscheidungen herauf. Er hatte damit allerdings nur die rechtspolitische Richtigkeit seiner Ansicht, daß in solchen Fällen der Verwaltungsrechtsweg unzulässig sei, darzulegen versucht. In der verwaltungsgerichtlichen Rechtsprechung, die ihm in der Frage der Zulässigkeit des Verwaltungsrechtswegs nicht folgte, kehren die gleichen Gründe wieder, um die Verneinung des Rechtsschutzbedürfnisses zu rechtfertigen. Im Bereich des behördlichen Kündigungsschutzes für Arbeitsverhältnisse, insbesondere der Schwerbeschädigten und erwerbstätigen Mütter, wird das Rechtsschutzbedürfnis für beide Vertragspartner bejaht. Im Kleingartenrecht dagegen wird unterschieden zwischen Verpächter und Pächter: Dem Verpächter wird ein Rechtsschutzbedürfnis zugebilligt, das Rechtsschutzbedürfnis des Kleingärtners dagegen wird verneint; ihm gegenüber sei die verwaltungsbehördliche Entscheidung ein leerer Formalakt, eine „bloße Rechtsbedingung der zivilrechtlichen Kündigung“, die „in einer jeder Selbständigkeit entbehrenden Weise dem gleichen Ziele wie die Kündigung selbst“ diene[1].

1. *Die Lehre vom Rechtsschutzbedürfnis*

Die Feststellungsklage ist zulässig nur dann, wenn der Kläger ein berechtigtes Interesse an der baldigen Feststellung hat. Das gilt sowohl für die ursprüngliche Feststellungsklage, die auf die Feststel-

---

[1] BVerwGE 1, 137; vgl. auch BVerwGE 4, 332 und BVerwG V C 192. 57 vom 4. 6. 1958.

lung des Bestehens oder Nichtbestehens eines Rechtsverhältnisses oder der Nichtigkeit eines Verwaltungsakts gerichtet ist (§ 43 Abs. 1 VwGO, § 55 Abs. 1 SSG; vgl. auch § 256 ZPO), als auch für die nachträgliche Feststellungsklage, die als Anfechtungsklage erhoben, aber nach Erledigung des Verwaltungsakts auf die nachträgliche Feststellung seiner Rechtswidrigkeit umgestellt worden ist (§ 113 Abs. 1 Satz 4 VwGO, § 131 Abs. 1 Satz 3 SGG).

Wenn das Gesetz die Zulässigkeit der Feststellungsklage von dem Vorhandensein eines Feststellungsinteresses abhängig macht, für die Anfechtungsklage und die Verpflichtungsklage aber kein Anfechtungs- oder Verpflichtungsinteresse verlangt, liegt der Schluß nahe, daß bei diesen Klagearten das Vorhandensein eines besonderen Interesses an der Erhebung der Klage nicht erforderlich und im Einzelfalle auch nicht zu prüfen ist. Die Lehre vom Rechtsschutzbedürfnis besagt aber, daß die Gewährung des Rechtsschutzes in jedem Falle von einer Bedürfnisprüfung abhängig ist. Es ist die zwar nicht unbestrittene[2], aber im Zivil- und Verwaltungsprozeßrecht durchaus herrschende Lehre, daß für jede Klage ein Bedürfnis des Klägers für den begehrten Rechtsschutz erforderlich ist, daß das Gericht das Vorhandensein dieses Bedürfnisses von Amts wegen zu prüfen habe und daß keine Sachentscheidung ergehen dürfe, sondern die Klage als unzulässig abzuweisen sei, wenn das Gericht meint, daß der Kläger der begehrten Entscheidung nicht bedürfe. Nach dieser Lehre ist also das Rechtsschutzbedürfnis eine allgemeine Prozeßvoraussetzung. Noch weiter ging Adolf *Schönke*[3], der die Lehre vom Rechtsschutzbedürfnis erstmals zusammenhängend entwickelt hat. Er war der Meinung, es handle sich nicht nur um eine allgemeine Prozeßvoraussetzung, sondern um eine von Amts wegen zu beachtende Prozeßhandlungsvoraussetzung, so daß nicht nur die Klageerhebung, sondern jede einzelne ihr folgende oder vorausgehende Prozeßhandlung unzulässig sei, wenn das Gericht zu der Auffassung komme, daß die Handlung der Prozeßpartei für diese entbehrlich sei.

Diese für das Zivilprozeßrecht entwickelte Lehre hat innerhalb der Zivilgerichtsbarkeit keine nennenswerte praktische Bedeutung erlangt. Wird vor einem Zivilgericht eine Leistungsklage oder eine Gestal-

---

2 Gegen die Lehre vom Rechtsschutzbedürfnis: *Siegert*, Allgemein anerkannte und regionale Grundsätze im Zivilprozeßrecht, in: ArchCivPr. 155 (1956), 28—49, besonders S. 40 f.; *Allorio*, Rechtsschutzbedürfnis? in: ZZP 54, 321 ff.; *Pohle*, Besprech. von *Schönke*, Das Rechtsschutzbedürfnis, in: ZZP 64 (1950), 94—96; ders., Zur Lehre vom Rechtsschutzbedürfnis, in: Festschrift für Friedrich *Lent*, 1957 S. 195 ff.; ders., Der Bürger vor der Vielzahl der Gerichte, in: Staat und Bürger, Festschrift für W. *Apelt*, 1958 S. 171 ff.

3 DRZ 1946, 193 f. (Anm. zu LG Essen 15. 8. 1946); *ders.*, Das Rechtsschutzbedürfnis, ein zivilprozessualer Grundbegriff, ArchCivPr. 150 (1949), 216—234; *ders.*, Das Rechtsschutzbedürfnis, 1950.

tungsklage erhoben, dann wird in Wirklichkeit nicht geprüft, ob der Kläger ein Rechtsschutzbedürfnis für die begehrte Entscheidung habe. Es ist eine eigentümliche, nur aus den Zeitumständen zu erklärende Erscheinung, daß die Lehre vom Rechtsschutzbedürfnis in der Verwaltungsgerichtsbarkeit eine um so größere Bedeutung gewonnen hat. Zwar ist es auch in der Verwaltungsgerichtsbarkeit nicht üblich, jede einzelne Anfechtungs- und Verpflichtungsklage auf das Vorliegen eines Rechtsschutzbedürfnisses zu prüfen. Es sind nur gewisse typische Fälle, in welchen die Lehre vom Rechtsschutzbedürfnis dazu verwendet wurde, den Verwaltungsrechtsschutz zu versagen. Als in den ersten Nachkriegsjahren die verwaltungsgerichtliche Generalklausel allgemein eingeführt wurde, bestand auf weiten Gebieten des lebenswichtigen Bedarfs noch ein System der Wirtschaftslenkung, das in zahlreiche Rechtsvorgänge des täglichen Lebens eine Verwaltungsbehörde als Bewirtschaftungs- und Verteilungsstelle einschaltete und den Abschluß des Rechtsgeschäfts von einer behördlichen Zuteilung oder Genehmigung abhängig machte. Solche Verhältnisse bestanden auf dem Gebiete der Ernährung, der Brennstoffversorgung, der Verteilung der Baustoffe und sonstigen Rohstoffe, des Wohnungswesens, des Arbeitseinsatzes und der Preisgestaltung. Für die Mehrzahl der Rechtsgeschäfte des täglichen Lebens griffen bürgerliches und öffentliches Recht ineinander. Bis zur Einführung der verwaltungsgerichtlichen Generalklausel waren Maßnahmen der Wirtschaftslenkung im allgemeinen nicht der verwaltungsgerichtlichen Nachprüfung unterworfen. Mit der Einführung der Generalklausel eröffnete sich aber bei Streitigkeiten in der Regel die Möglichkeit eines doppelten Rechtswegs: des Zivilrechtswegs für die Rechtsbeziehungen der Vertragspartner untereinander, des Verwaltungsrechtswegs gegen oder für die Einschaltung der Behörde. Die Möglichkeit eines mehrfachen Rechtswegs mit jeweils mehreren Rechtszügen drohte zur Überlastung der Gerichte, zur Prozeßverschleppung sowie zur Lähmung des Wirtschaftslebens und des Systems der staatlichen Wirtschaftslenkung zu führen. Es nimmt deshalb nicht wunder, daß die meisten der damals veröffentlichten Entscheidungen der Verwaltungsgerichte zur Frage des Rechtsschutzbedürfnisses behördliche Maßnahmen betrafen, die das bei der Inanspruchnahme von Kraftfahrzeugen sowie von Räumen aller Art, insbesondere auch Wohn- und Geschäftsräumen, weitherzig gehandhabte Reichsleistungsgesetz als Rechtsgrundlage anführten. Die Übernahme der für das Zivilprozeßrecht entwickelten Lehre vom Rechtsschutzbedürfnis erschien als der geeignete Ausweg, um wirtschafts- und rechtspolitisch unerwünschte Folgen der Ausweitung des Rechtsstaatsgedankens durch die verwaltungsgerichtliche Generalklausel zu vermeiden. Sie war eine zeitbedingte Abwehrmaßnahme. Mit dem Abbau des Systems der staatlichen Wirtschaftslenkung und dem Übergang zur freien Marktwirtschaft hat diese Lehre auch für den Verwaltungsprozeß ihre einstige Bedeutung verloren. Wissenschaft und Rechtsprechung halten aber theoretisch an der Lehre vom Rechtsschutzbedürfnis als einer allgemeinen, in jeder Lage des Verfahrens von Amts wegen zu prüfenden Prozeßvoraussetzung fest; sie wird als so selbstverständlich angesehen, daß sie keiner Begründung mehr bedarf[4]. Nur für einige wenige Fälle, und zwar gerade auf dem Gebiet des öffentlich-rechtlichen Kündigungsschutzes, wird die Lehre auch in der Praxis noch angewendet. Es ist die Erinnerung daran verloren gegangen, daß sie nach Einführung der verwaltungsgerichtlichen Generalklausel dazu verwendet worden war, deren Auswirkungen einzuengen, ohne die Generalklausel selbst und die gesetzliche Abgrenzung zwischen Zivilgerichtsbarkeit und Verwaltungsgerichtsbarkeit förmlich anzutasten.

Die Lehre vom Rechtsschutzbedürfnis als allgemeiner Prozeßvoraussetzung ist unrichtig. Ihr steht vor allem entgegen, daß sie keine Grundlage im Gesetz hat. Auch die neuere Gesetzgebung auf dem Gebiet des Verfahrensrechts hat sie nicht übernommen, sondern an dem Grundsatz festgehalten, der in § 53 SGG ausdrücklich ausgesprochen ist: „Der Rechtsschutz wird auf Klage gewährt.“ Nur in besonderen Ausnahmefällen verlangt das Gesetz ein Interesse des Klägers an dem begehrten Rechtsschutz; nur in diesen Ausnahmefällen ist das Rechtsschutzinteresse vom Kläger darzulegen und notfalls zu beweisen; nur in diesen Ausnahmefällen darf das Gericht das Rechtsschutzinteresse prüfen und, wenn die Prüfung zuungunsten des Klägers ausfällt, diesem den Rechtsschutz versagen. Solche Ausnahmefälle sind im Bereich der allgemeinen und besonderen Verwaltungsgerichtsbarkeit die ursprüngliche und die nachträgliche Feststellungsklage. Ein weiterer Ausnahmefall ist die Prüfung im Armenrechtsverfahren, ob die Rechtsverfolgung hinreichende Aussicht auf Erfolg bietet und nicht mutwillig erscheint (§ 166 Abs. 1 VwGO, § 167 SGG in Verb. m. § 114 Abs. 1 ZPO). Im Regelfall überläßt das Gesetz die Entscheidung über die Inanspruchnahme gerichtlichen Rechtsschutzes dem einzelnen Rechtsuchenden. Es belastet ihn dafür mit einem Kostenrisiko: Unterliegt er, so hat er die Kosten des Rechtsstreits zu tragen, auch die seinem Gegner erwachsenden Kosten. Die Höhe der Kosten richtet sich nach dem Interesse, das der Kläger an der begehrten Entscheidung hat. Der wirtschaftliche Wert dieses Interesses wird, auch in nichtvermögens-

---

[4] *Baring,* Die Prozeßvoraussetzungen im Verwaltungsrechtsstreit, in: ArchöR 76, 435—464 (458 ff.). Zum gegenwärtigen Stand der Lehre vgl. *Ule,* Verwaltungsgerichtsbarkeit (v. *Brauchitsch-Ule,* Verwaltungsgesetze des Bundes und der Länder Bd. I, 2. Halbbd., 1960) S. 108 f.

rechtlichen Streitigkeiten, durch die Festsetzung des Streitwerts bestimmt.

Wegen dieses Kostenrisikos geht das Gesetz im allgemeinen davon aus, daß jedermann im wohlverstandenen eigenen Interesse nicht mutwillig und nur bei hinreichender Erfolgsaussicht Klage erhebt. Es ist Sache jedes einzelnen, selbst oder mit Hilfe eines rechtskundigen Beraters Erfolgsaussicht und Kostenrisiko gegeneinander abzuwägen. Nur wenn er durch Einreichung eines Armenrechtsgesuchs das Kostenrisiko vermeiden oder vermindern will oder wenn er eine Feststellung begehrt, an der erfahrungsgemäß nur ausnahmsweise ein schutzwürdiges Interesse bestehen kann, muß er dieses darlegen und notfalls beweisen. Bei der verwaltungsgerichtlichen Anfechtungs- und Verpflichtungsklage dagegen ist die Verneinung, ja schon die gerichtliche Prüfung des Rechtsschutzbedürfnisses gesetzwidrig. Sie ist sogar verfassungswidrig, soweit sie mit der Rechtsschutzgarantie des Art. 19 Abs. 4 des Grundgesetzes im Widerspruche steht.

Prozeßwirtschaftliche Gesichtspunkte rechtfertigen die Prüfung des Rechtsschutzbedürfnisses nicht. Ob die Gerichte „übermäßig" in Anspruch genommen werden, kann überdies, von dem Fall des Querulanten abgesehen, nicht für den Einzelprozeß, sondern nur für die Gesamtheit der anhängigen Prozesse beurteilt werden. Die Anfechtungsklage des gekündigten Vertragspartners mit Einschluß derjenigen des Kleingärtners unterscheiden sich von den sonstigen verwaltungsgerichtlichen Anfechtungsklagen nicht dadurch, daß sie die Gerichte mehr oder gar übermäßig in Anspruch nehmen. Sie verursachen weder als solche eine erhebliche Mehrarbeit im Vergleich zu sonstigen Anfechtungsklagen, noch fallen die Anfechtungsklagen gegen Kündigungsgenehmigungen, insbesondere solche der Kleingärtner, gegenüber der Gesamtzahl der Anfechtungsklagen erheblich ins Gewicht. Selbst wenn eine solche Anfechtungsklage mehr Arbeit verursachen würde als andere Anfechtungsklagen, wäre das Gericht nicht berechtigt, aus diesem Grunde ihre sachliche Prüfung abzulehnen. Die Möglichkeit, daß aus dem gleichen äußeren Anlaß auch ein Zivilprozeß entsteht, ist keine Eigentümlichkeit der Anfechtungsklagen gegen Kündigungsgenehmigungen, sei es allgemein oder nur bei Kleingärtnern; eine solche Möglichkeit ist vielmehr im Gesetz vorgesehen (§ 94 VwGO, § 114 SGG, § 148 ZPO); sie kann zur Aussetzung der Verhandlung bis zur Erledigung des anderen Rechtsstreits führen, berechtigt aber nicht dazu, die verwaltungsgerichtliche Klage allein schon wegen dieser Möglichkeit als unzulässig abzuweisen.

Der Gefahr, widersprechende Entscheidungen zu vermeiden, kann nicht durch Verneinung des Rechtsschutzbedürfnisses begegnet werden. Diesem Zwecke dienen die Rechtsinstitute der Rechtshängigkeit und der Rechtskraft[5]. Deren rechtliche Tragweite ist gesetzlich so abgegrenzt, daß dem praktischen Bedürfnis in ausreichendem Maße Genüge getan ist.

Das Wunschziel der Einspurigkeit des gerichtlichen Verfahrens ist nicht erreichbar, wenn das Bedürfnis nach verwaltungsgerichtlichem Rechtsschutz nicht in gleicher Weise für alle Vertragsbeteiligten versagt wird, sondern das Rechtsschutzbedürfnis des kündigenden Vertragspartners durchweg und auch dasjenige des Kündigungsgegners bejaht wird, wenn es sich um Schwerbeschädigte und erwerbstätige Mütter handelt, dagegen verneint wird, wenn der Kleingärtner eine Kündigungsgenehmigung anficht. Die Einspurigkeit des Rechtswegs ist dann nur gegeben, soweit der Kleingärtner seine Rechte gerichtlich verfolgen will, während es für seinen Vertragspartner und für alle übrigen Fälle des behördlichen Kündigungsschutzes bei der Doppelspurigkeit des Verfahrens bleibt.

Die Lehre vom Rechtsschutzbedürfnis hat ihre geistige Heimat nicht im Rechtsstaat, sondern im autoritären Staat, dessen Rechtsschutzsystem in zunehmendem Maße der Unterscheidung der Rechtsuchenden nach Rechtsschutzwürdigkeit und Rechtsschutzbedürftigkeit zustrebte, den politischen Gegner des gerichtlichen Rechtsschutzes gegen Eingriffe in Freiheit und Eigentum beraubte und ganze Teile der rechtsunterworfenen Bevölkerung vom gerichtlichen Rechtsschutz ausschloß. Die Gewährung des Rechtsschutzes allgemein von einer Bedürfnisprüfung im Einzelfall abhängig zu machen, ist mit dem Wesen des Rechtsstaats unvereinbar.

Wegen der in Rechtsprechung und Schrifttum zum Verwaltungsprozeßrecht bisher einhellig vertretenen Meinung, daß das Rechtsschutzbedürfnis eine allgemeine Prozeßvoraussetzung sei, und wegen der für das Gebiet des öffentlich-rechtlichen Kündigungsschutzes unverminderten praktischen Bedeutung dieser Lehre soll im folgenden das Rechtsschutzbedürfnis der als Kläger in Betracht kommenden Beteiligten geprüft werden. Seine praktische Bedeutung auf dem Gebiet des Kündigungsschutzes ergibt sich nicht nur aus den Fällen, in denen es verneint zu werden pflegt, sondern auch aus den übrigen Fällen, in denen es zwar bejaht, seine Prüfung und ausdrückliche Feststellung aber für zulässig und erforderlich gehalten wird.

2. *Das Rechtsschutzbedürfnis des kündigenden Vertragspartners*

Lehnt die Behörde den Antrag des kündigenden Vertragspartners (Arbeitgebers, Verpächters) auf Erteilung der Zustimmung ab und ist auch dessen Widerspruch erfolglos, dann bleibt ihm nur der Weg zum

---

[5] *Bettermann*, Rechtshängigkeit und Rechtsschutzform (Prozeßrechtl. Abh. H. 16, 1949) S. 31; *ders.* NJW 1957, 1500.

Verwaltungsgericht, wenn er das Vertragsverhältnis trotzdem lösen will[6]. Wollte sich der Arbeitgeber über die fehlende Zustimmung hinwegsetzen, so könnte er sich gegenüber der vom Arbeitnehmer angestrengten arbeitsgerichtlichen Kündigungsschutz- und Lohnzahlungsklage nicht mit Aussicht auf Erfolg darauf berufen, daß er befugterweise gekündigt habe; war die behördliche Zustimmung erforderlich, dann ist die Kündigung allein schon wegen des Fehlens der Zustimmung unwirksam und die Klage des Arbeitnehmers begründet. Für die ohne vorausgehende Zulässigkeitserklärung gegenüber einer erwerbstätigen Mutter ausgesprochene Kündigung würde sich der Arbeitgeber überdies der Gefahr der Bestrafung aussetzen (§ 20 MuSchG). Die Räumungsklage des Verpächters gegen den Kleingärtner müßte trotz Einhaltung der gesetzlichen Kündigungsfrist oder Vorliegens eines zwingenden Grundes zur vorzeitigen Kündigung abgewiesen werden, wenn die Kündigung von der Verwaltungsbehörde nicht genehmigt ist. Der kündigende Vertragspartner kann den behördlichen Ablehnungsbescheid anfechten und begehren, daß die Behörde für verpflichtet erklärt werde, ihm die Zustimmung zu erteilen[7]; er kann, wenn die Behörde auf seinen Antrag untätig geblieben ist, auf Erteilung eines Bescheids klagen (§ 42 Abs. 1 VwGO, § 54 Abs. 1 SGG). Es gelten insoweit im Bereich des behördlichen Kündigungsschutzes keine anderen Regeln, als sie für den verwaltungsgerichtlichen Rechtsschutz überhaupt bestehen.

3. *Das Rechtsschutzbedürfnis des gekündigten Vertragspartners*

Der behördlichen Kündigungsschutz genießende Arbeitnehmer scheint sich in einer günstigeren Lage zu befinden als der Arbeitgeber: Er kann auf Feststellung klagen, daß sein Arbeitsverhältnis durch die Kündigung nicht aufgelöst sei, und er kann seinen Lohn einklagen. Feststellungs- und Lohnklage kann er damit begründen, daß die Kündigung rechtsunwirksam sei, sei es, weil sie sozial ungerechtfertigt oder sittenwidrig oder aus einem sonstigen bürgerlich-rechtlichen Grunde nichtig sei oder weil sie die erforderliche behördliche Zustimmung nicht gefunden habe.

Kann der Arbeitnehmer sich auf die fehlende behördliche Zustimmung berufen, dann hat seine Klage vor dem Arbeitsgericht, wenn sie im übrigen zulässig ist, sichere Aussicht auf Erfolg[8].

---

[6] BVerwGE 7, 294: für den Arbeitgeber der erwerbstätigen Mutter ist die Zulässigerklärung der Kündigung die einzige Möglichkeit, die Kündigungssperre zu beseitigen.

[7] BVerwGE. 4, 317.

[8] Günstiger Ausgang des Verwaltungsrechtsstreits des Schwerbeschädigten kann den Prozeß vor dem Arbeitsgericht entbehrlich machen: VGH Kassel 30. 10. 1951 (DVBl. 1952, 413; FürsE. 2, 284); LVG Koblenz 30. 9. 1952

Liegt die behördliche Zustimmung vor, dann bleibt es dem Arbeitnehmer unbenommen, sich auf etwaige bürgerlich-rechtliche Unwirksamkeitsgründe, insbesondere auf die Sozialwidrigkeit der Kündigung, zu berufen. Genommen ist ihm aber der Unwirksamkeitsgrund der fehlenden Zustimmung und damit der behördliche Kündigungsschutz, den er als Angehöriger eines der besonders geschützten Personenkreise den anderen Arbeitnehmern voraus hat. Der behördliche Kündigungsschutz läßt zwar für die Angehörigen der geschützten Personenkreise den allgemeinen arbeitsrechtlichen Kündigungsschutz bestehen; er ist ein zusätzlicher Kündigungsschutz. Nach Erteilung der Zustimmung befinden sich aber der Schwerbeschädigte und die erwerbstätige Mutter dem Arbeitgeber gegenüber im Verfahren vor dem Arbeitsgericht in keiner günstigeren Lage als jeder andere Arbeitnehmer. Könnten sie sich auf das Fehlen der Zustimmung berufen, dann wäre es für den Ausgang des arbeitsgerichtlichen Kündigungsschutzverfahrens unerheblich, ob der Arbeitgeber die die Kündigung begründenden Tatsachen, also die in der Person oder in dem Verhalten des Arbeitnehmers liegenden Gründe oder die dringenden betrieblichen Erfordernisse, beweisen kann; der Klage könnte ohne Beweiserhebung stattgegeben werden. Diese sichere, nur auf dem Nichtvorliegen der behördlichen Zustimmung beruhende Erfolgsaussicht entgeht ihnen, wenn die Behörde der Kündigung zustimmt.

Die Erteilung der behördlichen Zustimmung kann rechtswidrig sein aus förmlichen Gründen, etwa wegen eines Verfahrensfehlers, z. B. der Nichtanhörung des Schwerbeschädigten durch die Hauptfürsorgestelle. Sie kann rechtswidrig sein aus sachlich-rechtlichen Gründen, wenn eine gesetzliche Voraussetzung für die Erteilung der Zustimmung nicht gegeben war, sei es, weil die Verwaltungsbehörde die maßgebliche Rechtsvorschrift nicht oder unrichtig angewendet hat oder weil sie das Vorliegen der Tatsachen angenommen hat, die die Zustimmung gerechtfertigt hätten, obwohl sie nicht vorhanden waren. Die Erteilung der Zustimmung kann auf einem Ermessensfehler beruhen, wenn die Verwaltungsbehörde ermächtigt war, nach ihrem Ermessen zu handeln, aber die gesetzlichen Grenzen des Ermessens überschritten oder von dem Ermessen einen sachwidrigen Gebrauch gemacht hat (§ 114 VwGO, § 54 Abs. 2 Satz 2 SGG)[9]. Haften der behördlichen

---

(E 4, 296); VGH München 9. 12. 1954 (E 7, 156) und 5. 4. 1955 (DVBl. 1955, 465); VGH Stuttgart 30. 10. 1951 (AP 1952 II Nr. 195). Praktisch wird der Ausgang des Verwaltungsgerichtsprozesses den Arbeitsgerichtsprozeß nicht ersparen, soweit die Klage vor dem Arbeitsgericht binnen bestimmter Frist erhoben werden muß (§ 3 KSchG). Die verwaltungsgerichtliche Entscheidung kann aber zur Folge haben, daß die Parteien des Arbeitsgerichtsprozesses den Rechtsstreit für erledigt erklären.

[9] *Werner* DVBl. 1952, 414.

Zustimmung solche Mängel an, so kann der Arbeitnehmer im arbeitsgerichtlichen Verfahren sich dennoch nicht darauf berufen; denn das Arbeitsgericht prüft nur das Vorliegen oder Nichtvorliegen der Zustimmung, nicht die Rechtmäßigkeit oder Rechtswidrigkeit der behördlichen Entscheidung; auch die rechtswidrig erteilte Zustimmung ist gültig[10].

Nur der nichtige Verwaltungsakt kann vom Arbeitsgericht als nichtvorliegend behandelt werden. Aber nur besonders schwerwiegende Fehler machen den Verwaltungsakt nichtig. In Betracht kommen vor allem Form- und Verfahrensfehler[11]. Da es aber im behördlichen Kündigungsschutzverfahren in der Regel keine und nur ausnahmsweise einige wenige Form- und Verfahrensvorschriften gibt, kommt der Nichtigkeit wegen schwerer Form- oder Verfahrensfehler nur geringe Bedeutung zu. Alle übrigen, die Aufhebbarkeit der Zustimmung begründenden Mängel können nur im verwaltungsgerichtlichen Verfahren geltend gemacht und nur von den Verwaltungsgerichten geprüft und durch Aufhebung des rechtswidrigen Verwaltungsakts beseitigt werden.

Ein Rechtsschutzbedürfnis des gekündigten Arbeitnehmers für die verwaltungsgerichtliche Klage auf Aufhebung der Zustimmung besteht deshalb jedenfalls insoweit, als es sich nicht um Fälle der Nichtigkeit handelt. Es besteht aber auch bei Nichtigkeit des Verwaltungsakts.

Im verwaltungsgerichtlichen Verfahren kann auf Feststellung der Nichtigkeit des Verwaltungsakts geklagt werden (§ 43 Abs. 1 VwGO, § 55 Abs. 1 Nr. 4 SGG). Unabhängig hiervon ist das Rechtsschutzbedürfnis für eine auf Aufhebung des Verwaltungsakts gerichtete Anfechtungsklage zu bejahen. Die Grenzen zwischen Nichtigkeit und bloßer Aufhebbarkeit der Zustimmung sind im allgemeinen schwer zu erkennen und unsicher, so daß selbst dann, wenn die Nichtigkeit der Zustimmung in Betracht kommt, mit der Möglichkeit gerechnet werden muß, daß die gerichtliche Prüfung ihre bloße Aufhebbarkeit ergibt. Dem betroffenen Arbeitnehmer kann nicht zugemutet werden, auf eigene Gefahr zwischen Nichtigkeit und bloßer Aufhebbarkeit zu unterscheiden. Die verwaltungsgerichtliche Aufhebung eines nichtigen Verwaltungsakts hat für ihn überdies den Vorteil, daß das Arbeitsgericht an die verwaltungsgerichtliche Entscheidung gebunden ist.

---

[10] BVerwG 29. 12. 1958 (DÖV 1959, 188; DVBl. 1959, 286; JR 1959, 274; MDR 1959, 241): Der Arbeitnehmer würde hinsichtlich der in erster Linie nach öffentlichen-rechtlichen Gesichtspunkten zu beurteilenden Kündigungszustimmung ohne Rechtsschutz bleiben. Für das Rechtsschutzbedürfnis der erwerbstätigen Mutter vgl. BVerwG V C 14.58 vom 10. 2. 1960.

[11] Nichtanhörung des Schwerbeschädigten und Nichtzustellung der Entscheidung an ihn: OVG Lüneburg 21. 12. 1955 (AS 10, 380).

Der gekündigte Kleingärtner hat die Möglichkeit, vor dem Zivilgericht auf Feststellung zu klagen, daß sein Pachtverhältnis trotz der Kündigung fortbestehe; die Tatsache der Kündigung wird in der Regel sein Interesse an der alsbaldigen Feststellung rechtfertigen. Die Entscheidung in der Hauptsache muß zu seinen Gunsten ausfallen, wenn die behördliche Genehmigung zur Kündigung fehlt. Er kann es auch darauf ankommen lassen, daß der Verpächter Räumungsklage erhebt. Liegt die behördliche Genehmigung nicht vor, dann muß die Klage abgewiesen werden. In beiden Fällen kann das Vorliegen oder Nichtvorliegen der Genehmigung von ausschlaggebender Bedeutung sein für den Ausgang des Rechtsstreits. Das Zivilgericht kann aber auch im Streit zwischen dem Kleingärtner und seinem Verpächter nur das Vorliegen oder Nichtvorliegen der Genehmigung prüfen. Es kann nicht prüfen, ob die Genehmigung zu Recht erteilt wurde. Nur die Nichtigkeit der behördlichen Genehmigung steht für das Zivilgericht ihrem Nichtvorliegen gleich. Für das Rechtsschutzbedürfnis des Kleingärtners gilt infolgedessen das gleiche, was für das Rechtsschutzbedürfnis des unter behördlichem Kündigungsschutz stehenden Arbeitnehmers angeführt werden kann. Er braucht den verwaltungsgerichtlichen Schutz, um sich gegen eine rechtswidrige Genehmigung zur Wehr setzen zu können[12].

Soweit das Rechtsschutzbedürfnis des Kleingärtners bisher verneint wurde[13], beruhte dies auf der Annahme, daß die kleingartenrechtlichen Voraussetzungen für die Statthaftigkeit der Kündigung ausschließlich privatrechtlicher Art oder gleichzeitig Voraussetzungen der behördlichen Genehmigung seien. Daraus wurde gefolgert, daß die Verwaltungsbehörde das Vorliegen der privatrechtlichen Kündigungsgründe zu prüfen habe und daß die gleiche Prüfung auch von den Zivilgerichten ohne Bindung an die Auffassung der Verwaltungsbehörde vorzunehmen sei. Die Fälle, in denen das Gesetz die Kündigung des Verpächters als statthaft bezeichnet, sind lediglich Ausnahmen von einem öffentlich-rechtlichen Kündigungsverbot und somit dem öffentlichen Recht zuzurechnende Voraussetzungen der behördlichen Genehmigung. Die Entscheidung der Verwaltungsbehörde über das Vorliegen des Ausnahmetatbestands bindet das Zivilgericht. Dieses darf nur prüfen, ob die behördliche Genehmigung vorliegt oder

---

[12] Er braucht ihn vor allem dann, wenn die Billigkeit der Kündigung Voraussetzung der Genehmigung ist, vgl. *Dopatka* Schlesw.-Holst. Anzeiger 1958, 104. Nach OVG Hamburg 30. 6. 1955 (DVBl. 1955, 714) steht es im Einzelfall nicht fest, ob sich dem Kündigungsgenehmigungsverfahren noch ein Zivilprozeß anschließen wird; der Pächter braucht es nicht auf einen Räumungsprozeß ankommen zu lassen.

[13] BVerwGE 1, 134; 4, 317 und 8, 46. Dagegen *Werk*, Anm. zum Urteil BVerwG 13. 7. 1957 (BVerwGE 4, 317) in DVBl. 1957, 582.

nicht, weil das kleingärtnerische Kündigungsverbot zwingendes öffentliches Recht ist; es darf nicht prüfen, ob die Verwaltungsbehörde zutreffend das Vorliegen oder Nichtvorliegen eines Ausnahmetatbestandes angenommen und den Sachverhalt in tatsächlicher und rechtlicher Hinsicht richtig beurteilt hat. Nur vom Verwaltungsgericht kann die Entscheidung der Verwaltungsbehörde nachgeprüft werden. Mängel der Tatsachenfeststellung, die, verglichen mit dem gerichtlichen Beweisverfahren, in geringeren Beweiserhebungsmöglichkeiten des Verwaltungsverfahrens ihren Grund haben, können im verwaltungsgerichtlichen Verfahren behoben werden.

Für das Rechtsschutzbedürfnis des Kleingärtners spricht auch der Zweck des kleingartenrechtlichen Kündigungsschutzes. Wer das Rechtsschutzbedürfnis des Verpächters bejaht, dasjenige des Pächters verneint, mißt beide Vertragspartner mit ungleichem Maß[14]. Dem Pächter, dessen rechtliche Stellung gegenüber dem Verpächter das Gesetz verstärken will, wird ein geringerer Rechtsschutz zugebilligt als dem Verpächter. Dieser kann sowohl den Zivilrechtsweg als auch den Verwaltungsrechtsweg beschreiten, während dem Pächter selbst dann, wenn er die Genehmigung der Kündigung für rechtswidrig hält, sich darauf beschränken muß, seine Einwendungen — ohne Aussicht auf Erfolg — im zivilgerichtlichen Verfahren vorzubringen. Durch die Verneinung des Rechtsschutzbedürfnisses wird der Kleingärtner sogar schlechter gestellt als durch die Versagung des Verwaltungsrechtswegs, weil dann die Möglichkeit der Verweisung an das zuständige Zivilgericht nicht besteht (§ 41 Abs. 3 und 4 VwGO, § 52 Abs. 3 SGG). Nach dem Zweck der gesetzlichen Regelung sollte der Pächter gerade nicht darauf angewiesen sein, seine Einwendungen gegen die Zulässigkeit der Kündigung im Räumungsprozeß vor dem Zivilgericht geltend zu machen. Der Zivilrechtsweg wurde vielmehr gesetzlich ausgeschlossen, soweit es sich um die Prüfung der Genehmigungsvoraussetzungen des § 1 Abs. 2 KlGVO und der Anordnung vom 23. Januar 1945 handelt. An der Unzuständigkeit der Zivilgerichte für diese Fragen hat sich seither nichts geändert. Die Einführung der verwaltungsgerichtlichen Generalklausel hat dazu geführt, daß die verwaltungsbehördliche Widerspruchsentscheidung über Erteilung oder Versagung der Genehmigung nicht mehr endgültig ist, sondern der verwaltungsgerichtlichen Anfechtung unterliegt.

Wenn zwischen den gerichtlichen Verfahren beider Rechtszweige — trotz Verschiedenheit des Streitgegenstandes und der Verfahrensbeteiligten — materielle Identität bestünde, dann wäre es auch schwer verständlich, weshalb nur für das zivilgerichtliche Verfahren ein Rechtsschutzbedürfnis zu bejahen wäre. Um dies zu rechtfertigen, wird

---

[14] Ebenso VGH München 9. 12. 1954 (E. 7, 156).

deshalb ein Rangverhältnis der Rechtswege angenommen und der Zivilgerichtsbarkeit der Vorrang vor der Verwaltungsgerichtsbarkeit eingeräumt, weil ein solches Rangverhältnis zwischen der zivilrechtlichen Kündigung als dem Hauptrechtsgeschäft und der behördlichen Kündigungsgenehmigung als der bloßen Rechtsbedingung der zivilrechtlichen Kündigung bestehe, so daß das Schwergewicht in dem auf die zivilrechtliche Kündigung bezüglichen Zivilprozeß liege[15]. Selbst wenn aber das Verhältnis von Kündigung und Kündigungsgenehmigung dem Verhältnis von Hauptsache und Zubehör entspräche und wenn überdies in diesem Verhältnis — entgegen der sonst allgemein vertretenen Auffassung — das Privatrechtsgeschäft der Kündigung einen höheren Rang hätte als der hoheitliche Akt der Genehmigung, so hätte dies kein Rangverhältnis der Gerichtszweige zur Folge. Auszugehen ist vielmehr von dem im Grundgesetz anerkannten Grundsatz der Gleichrangigkeit der verschiedenen Zweige der Gerichtsbarkeit (Art. 92 GG)[16]. Ihr Verhältnis zueinander wird durch die Vorschriften über die Zulässigkeit des jeweiligen Rechtswegs bestimmt.

Die Verneinung des Rechtsschutzbedürfnisses für die Anfechtungsklage des Kleingärtners ist der Sache nach eine Entscheidung über die Unzulässigkeit des Verwaltungsrechtswegs. Sie ist es, weil sie die Zuständigkeit der Verwaltungsgerichte für eine nach gleichbleibenden Merkmalen zu bestimmende Gruppe von Rechtsstreitigkeiten allgemein ausschließt[17]. Eine andere Frage ist es, ob das Rechtsschutzbedürfnis im Einzelfall verneint werden darf, wenn ein Arbeitsgericht oder ein anderes Zivilgericht über den Fortbestand oder die Beendigung des Vertragsverhältnisses bereits rechtskräftig entschieden hat, und in welchem Umfang hierbei die Möglichkeit einer Wiederaufnahme des zivilgerichtlichen Verfahrens zu berücksichtigen ist[18].

---

[15] BVerwGE 1, 137. *Mörtel* (DVBl. 1958, 289) nimmt für die Zulässigerklärung einen Vorrang der verwaltungsgerichtlichen Zuständigkeit an, für die kleingartenrechtliche Kündigungsgenehmigung einen Vorrang der zivilgerichtlichen Zuständigkeit.

[16] Zur Gleichwertigkeit des Verwaltungsrechtswegs vgl. *Siebert*, Zulässigkeit des Rechtsweges und richterliche Prüfungszuständigkeit, Sonderdruck aus: *Soergel-Siebert*, Bürgerliches Gesetzbuch Bd. 1, 9. Aufl. 1959, Erl. 1, 21.

[17] BVerwGE 1, 137 wendet § 22 Abs. 3 MRVO 165 entsprechend an, „um die durch die mangelnde Regelung der erörterten Zuständigkeitsfrage bewirkte Gesetzeslücke auszufüllen".

[18] In dem Falle OVG Berlin 2.4.1954 (E 3, 139) war der Räumungsprozeß bereits rechtskräftig zu ungunsten des Kleingärtners entschieden. Nach VGH München 24.11.1955 (FürsE. 3, 250) fällt das Rechtsschutzinteresse des Schwerbeschädigten weg, wenn er sich mit der Lösung seines Arbeitsverhältnisses einverstanden erklärt hat; das ist nicht richtig, denn bei Einverständnis des Schwerbeschädigten entfällt nicht das Rechtsschutzbedürfnis, sondern es erledigt sich der Verwaltungsakt der Kündigungsgenehmigung; nicht eine Prozeßvoraussetzung fällt weg, sondern eine Voraussetzung einer günstigen Sachentscheidung.

§ 9. Die Klagebefugnis

Wer eine verwaltungsgerichtliche Klage erheben will, muß die Klagebefugnis besitzen: er muß die verfahrensrechtliche Befugnis haben, einen Verwaltungsakt anzufechten oder die Verurteilung der Behörde zum Erlaß eines Verwaltungsakts zu fordern. Die Klagebefugnis ist Voraussetzung einer Sachentscheidung, also Prozeßvoraussetzung; ohne sie wird die Klage nicht als unbegründet, sondern als unzulässig abgewiesen[1].

Zur Erhebung der Klage ist befugt, wer geltend macht, durch den Verwaltungsakt oder seine Ablehnung oder Unterlassung „in seinen Rechten verletzt" (§ 42 Abs. 2 VwGO), oder „beschwert" (§ 54 Abs. 1 Satz 2 SGG) zu sein.

Voraussetzung der Anfechtungsklage ist das schlüssige Vorbringen des Klägers, daß ein Verwaltungsakt vorliegt, daß dieser in ein Recht eingreift und daß es sein eigenes Recht ist, das von dem Eingriff der Behörde betroffen wird. Nicht anfechtungsbefugt ist, wer das Vorliegen auch nur einer dieser drei Voraussetzungen nicht darzutun vermag[2]. Nach anderer Auffassung kommt es nicht auf die schlüssige Behauptung einer Rechtsverletzung an, sondern nur darauf, ob eine Rechtsverletzung von der Art, wie der Kläger sie behauptet, rechtlich denkbar ist. Jedenfalls gehört die Frage, ob der Kläger wirklich, wie er behauptet, in seinen Rechten verletzt ist, zur Sachprüfung. Erweist sich seine Behauptung, in seinen Rechten verletzt zu sein, im Einzelfall als unrichtig, so wird seine Klage als unbegründet abgewiesen. Ein Recht in diesem Sinne ist freilich schon jedes rechtlich anerkannte und geschützte Interesse[3].

Zur Erhebung der Verpflichtungsklage ist befugt, wessen Klagevortrag ergibt, daß er einen Rechtsanspruch auf die Vornahme der begehrten Amtshandlung habe. Die Zulässigkeit der Klage setzt aber nicht den Nachweis des Rechts voraus. Es genügt, daß ein Vornahmeanspruch der vom Kläger behaupteten Art gesetzlich möglich ist, daß der Kläger also durch die Ablehnung oder Unterlassung des Verwaltungsakts in seinem Recht verletzt sein kann[4]. Die Verpflichtungsklage ist unzulässig, wenn die Rechtsordnung einen Anspruch, wie der Kläger ihn zu haben behauptet, nicht gewährt. Aber auch in den Fällen, in welchen die Rechtsordnung keinen Rechtsanspruch auf Vornahme einer Amtshandlung gewährt, sondern diese in das Ermessen der Be-

---

[1] *Ule*, Verwaltungsgerichtsbarkeit Erl. II und III zu § 42 VwGO, S. 96 ff.; *Lüke*, Die Abgrenzung der Klagebefugnis im Verwaltungsprozeß, in: ArchöR 84 (1959) S. 185—226.

[2] *Lüke* a. a. O. S. 222.

[3] *Bachof*, Reflexwirkungen und subjektive Rechte im öffentlichen Recht (Gedächtnisschrift für Walter *Jellinek*, 1955, S. 287—307) S. 301.

[4] *Lüke* a. a. O.

hörde stellt, hat der Betroffene einen Anspruch auf eine Entscheidung, die frei ist von Ermessensfehlern, ein Anspruch, der als formelles subjektiv-öffentliches Recht auf fehlerfreie Ausübung des Ermessens bezeichnet wird[5]. Soweit es sich um das Verbot der Willkür handelt, gründet sich dieser Anspruch auf den Gleichheitsgrundsatz (Art. 3 Abs. 1 GG).

1. *Die Klagebefugnis des kündigenden Vertragspartners*

Für den kündigenden Vertragspartner kommt die Erhebung der Anfechtungs- und der Verpflichtungsklage in Betracht.

Die Anfechtungsklage kann er erheben, wenn sein Antrag auf Erteilung der Zustimmung abgelehnt wurde. Er kann anfechten, wenn die Zustimmung erteilt, aber mit einschränkenden, ihn belastenden Nebenbestimmungen (Bedingung, Befristung, Auflage, Widerrufsvorbehalt) versehen wurde. Anfechtbar ist auch die Aufhebung der bereits erteilten Zustimmung, sei es, daß die Behörde die Erteilung der Zustimmung nachträglich als fehlerhaft erkannt und deshalb zurückgenommen hat, sei es, daß sie eine Ermessensentscheidung wegen einer Änderung der Sachlage oder der Beurteilungsgesichtspunkte widerruft. Anfechtbar ist die Festsetzung einer Entschädigung zu Lasten des Verpächters, der einem Kleingärtner kündigt (§ 3 Abs. 5 KlGVO). Jede dieser Entscheidungen kann die Rechtsstellung des kündigenden Vertragspartners berühren. Das gilt in erster Linie von der Ablehnung der Zustimmung, weil er ohne Zustimmung nicht wirksam kündigen kann. Auch von einer belastenden Nebenbestimmung wird er betroffen, weil auch sie seine Freiheit zu kündigen beengt. Für die Frage der Klagebefugnis kommt es nicht darauf an, ob die Ablehnung der Zustimmung rechtmäßig oder rechtswidrig gewesen ist, ob die ihr beigefügte Nebenbestimmung oder die nachträgliche Aufhebung der bereits erteilten Zustimmung zulässig gewesen sind; die Prüfung der Rechtswidrigkeit der behördlichen Entscheidung gehört zur Sachprüfung, nicht zur Prüfung der Zulässigkeit der Klage. Die Zulässigkeit der Anfechtungsklage ist auch nicht abhängig davon, ob der kündigende Vertragspartner auf die Erteilung der Zustimmung einen Rechtsanspruch hatte oder ob die Entscheidung in das Ermessen der Behörde gestellt war. Die Ermessensentscheidung kann rechtswidrig sein, wenn die Behörde die Grenzen des Ermessens überschritten oder von ihrem Ermessen einen sachwidrigen Gebrauch gemacht hat. Auch sie berührt deshalb, wie die gebundene Entscheidung, die Rechtsstellung des kündigenden Vertragspartners, dessen Antrag abgelehnt wurde. Nicht an-

---

[5] *Bühler*, Die subjektiven öffentlichen Rechte und ihr Schutz in der deutschen Verwaltungsrechtsprechung, 1914 S. 162; *Bachof*, Die verwaltungsgerichtliche Klage auf Vornahme einer Amtshandlung, 1951, S. 69.

fechten kann der Arbeitgeber einen Zubilligungsbescheid, den die Mutterschutzbehörde gemäß § 9 Abs. 2 Satz 1 MuSchG mit der Zulässigerklärung der Kündigung verbindet, denn er belastet nicht ihn, sondern den zuständigen Sozialversicherungsträger.

Der kündigende Vertragspartner kann sich damit begnügen, den Ablehnungsbescheid anzufechten und dessen Aufhebung zu begehren. Bei Ermessensentscheidungen kann es in seinem Interesse liegen, sich auf die Anfechtungsklage zu beschränken, weil Ermessensfehler regelmäßig zur Aufhebung des Ablehnungsbescheids, nicht aber zur Verurteilung der Behörde, die Zustimmung zu erteilen, führen werden. Das Verwaltungsgericht kann in solchen Fällen die Verpflichtung aussprechen, den Kläger unter Beachtung der Rechtsauffassung des Gerichts (erneut) zu bescheiden (§ 113 Abs. 4 Satz 2 VwGO; für den Fall der rechtswidrigen Unterlassung des Verwaltungsakts: § 131 Abs. 3 SGG).

In den übrigen Fällen wird er in der Regel bei Ablehnung der Zustimmung mit der Anfechtungsklage die Verpflichtungsklage verbinden, die darauf gerichtet ist, die Behörde für verpflichtet zu erklären, ihm die beantragte Zustimmung zu erteilen. Die Verpflichtungsklage des kündigenden Vertragspartners ist zulässig, wenn sein Klagevortrag ergibt, daß es sich um einen der Fälle handelt, in welchen die Behörde bei Erfüllung der gesetzlichen Voraussetzungen die Zustimmung erteilen muß; denn in diesen Fällen hat der Antragsteller einen Rechtsanspruch auf Erteilung der Zustimmung. Das trifft zu auf den Arbeitgeber des Schwerbeschädigten in den Fällen des § 18 Abs. 1 SchwBG und auf den Verpächter von Kleingärten in den Fällen des § 1 Abs. 2 Buchst. a—e KlGVO. War die Entscheidung über den Antrag in das Ermessen der Behörde gestellt, dann kommt deren Verurteilung zur Erteilung der Zustimmung in der Regel nur dann in Betracht, wenn nach den Umständen für die Behörde keine Wahl zwischen mehreren Möglichkeiten bestand[6]; nur dann wird die Klage spruchreif sein, um die Verpflichtung der Verwaltungsbehörde auszusprechen, die beantragte Amtshandlung vorzunehmen (§ 113 Abs. 4 Satz 1 VwGO; § 131 Abs. 2 SGG). Die Spruchreife ist bei der auf eine Ermessensentscheidung der Behörde gerichteten Verpflichtungsklage auch dann möglich, wenn aus der Begründung des angefochtenen Verwaltungsakts oder aus der Stellungnahme der Behörde im Rechtsstreit hervorgeht, daß diese die Erteilung der Zustimmung nur aus tatsächlichen oder rechtlichen Gründen versagt hat und sie aus Ermessensgründen nicht versagen würde.

Aus dem Klagevortrag müssen sich in einem solchen Falle Anhaltspunkte dafür ergeben, daß ausnahmsweise die Behörde die Zustimmung erteilen mußte, obwohl ihr das Gesetz an sich die Wahl zwi-

---

[6] OVG Münster 26. 3. 1958 (DVBl. 1959, 659).

schen mehreren Möglichkeiten offen ließ. Dieser Fall wird besonders dann eintreten können, wenn die Behörde unter bestimmten Voraussetzungen die Zustimmung erteilen „soll“ (§ 18 Abs. 2 SchwBG). Aber selbst wenn es sich um die Erteilung einer Ausnahmebewilligung handelt, wie in § 9 Abs. 2 MuSchG, ist eine Klage auf Zulässigerklärung der Kündigung nicht ohne weiteres unzulässig. Die Ausnahmebewilligung gewährt zwar kein subjektives öffentliches Recht, sondern nur einen Besitzstand[7]; trotzdem kommt ein formelles subjektives Recht auf fehlerfreie Ausübung des behördlichen Ermessens in Betracht. Die Verurteilung einer Behörde zur Erteilung einer Ausnahmebewilligung ist nicht in jedem Falle und von vornherein ausgeschlossen[8].

Hat die Behörde eine Entscheidung über den Antrag abgelehnt mit der Begründung, daß ihre Zustimmung nicht erforderlich sei, so kann der kündigende Vertragspartner die Verpflichtungsklage erheben mit dem Ziel, überhaupt eine Entscheidung der Behörde, sei sie zustimmend oder ablehnend, herbeizuführen. Dies ist besonders dann zweckmäßig, wenn die Erforderlichkeit der Zustimmung streitig ist und der kündigende Vertragspartner Gefahr läuft im zivilgerichtlichen Verfahren, insbesondere im arbeitsgerichtlichen Kündigungsschutzverfahren, den Prozeß zu verlieren, wenn das Zivilgericht (Arbeitsgericht) gegenteiliger Meinung als die Verwaltungsbehörde ist.

2. *Die Klagebefugnis des gekündigten Vertragspartners*

Die Anfechtungsklage des Kündigungsgegners wird sich in erster Linie gegen die Erteilung der Zustimmung richten. Aber auch Nebenbestimmungen oder Zusatzbestimmungen kommen als Gegenstand der Anfechtung in Betracht, sei es hilfsweise, sei es, daß die Anfechtung auf diese Nebenpunkte beschränkt und die Zustimmung als solche hingenommen wird. Der Schwerbeschädigte kann sich dagegen wenden, daß eine kürzere als die in § 17 Abs. 1 Satz 2 SchwBG bestimmte Vierwochenfrist oder überhaupt keine Frist für die Wirksamkeit der Kündigung bestimmt wurde. Den Kleingärtner kann eine Nebenbestimmung belasten, durch welche der Kündigungstermin auf einen früheren Zeitpunkt als den 31. Oktober festgesetzt oder die dreimonatige Kündigungsfrist abgekürzt wurde.

Die Erteilung der Zustimmung berührt die Rechtsstellung des Kündigungsgegners. Sie bewirkt, daß der Vertragspartner wirksam kündigen und das Vertragsverhältnis, das für den Arbeitnehmer in der Regel die wirtschaftliche Grundlage seines Daseins ist, einseitig beenden kann. Wegen dieser privatrechtsgestaltenden Wirkung der Zu-

---

[7] BGH 29. 11. 1951 (ArchöR 78, 102) sowie E. R. *Huber* ArchöR 78, 113.

[8] So — in anderem Zusammenhang — BVerwG 5. 5. 1959 (BB 1959, 611 L; Betrieb 1959, 735; MDR 1959, 783).

stimmung ist der Kündigungsgegner „in seinen Rechten verletzt" oder „beschwert". Er ist es unabhängig davon, ob es sich um einen Fall der gebundenen oder der freien Zustimmung handelt; denn die Ermessensentscheidung wirkt in genau der gleichen Weise auf seine vertragliche Rechtsstellung ein wie die gebundene Zustimmung. Es kommt auch nicht darauf an, ob der Kündigungsgegner einen Rechtsanspruch auf Versagung der Zustimmung hat oder nicht[9]; für ihn kommt nur die Anfechtungsklage gegen die Erteilung der Zustimmung, nicht aber die Verpflichtungsklage auf Versagung der Zustimmung in Betracht.

Gegen die Anfechtungsbefugnis des Kündigungsgegners spricht ein Bedenken: wenn der behördliche Kündigungsschutz der Wahrung der öffentlichen Belange dient, dann ist es zweifelhaft, ob der Kündigungsgegner zur Wahrung eigener Belange sich auf den behördlichen Kündigungsschutz berufen darf. Die Klagebefugnis als Voraussetzung einer Sachentscheidung dient dem Ausschluß der Popularklage; niemand ist, außer in gesetzlich besonders bestimmten Fällen, befugt, die Belange der Allgemeinheit durch Erhebung der verwaltungsgerichtlichen Klage geltend zu machen. Für die arbeitsamtliche Kündigungsgenehmigung der — inzwischen aufgehobenen — Arbeitsplatzwechsel-Verordnung war die Auffassung vertreten worden, daß sie nicht vor den Verwaltungsgerichten angefochten werden könne, weil sie arbeitsmarktpolitischen Zwecken diene; hierin wurde ein wesentlicher Unterschied zum behördlichen Kündigungsschutz, insbesondere zum Kündigungsschutz der Schwerbeschädigten gesehen[10]. Es ist richtig, daß das Erfordernis arbeitsamtlicher Genehmigung zum Arbeitsplatzwechsel der Lenkung des Arbeitseinsatzes diente. Aus diesem Grunde bedurfte nicht nur der Arbeitgeber der behördlichen Genehmigung zur Lösung des Arbeitsverhältnisses, sondern auch der Arbeitnehmer. Da aber die Lösung des Arbeitsverhältnisses ohne die vorgeschriebene Genehmigung unwirksam war, griff deren Versagung in die Rechtsstellung beider Vertragspartner ein, wenn das Arbeitsverhältnis im beiderseitigen Einvernehmen beendet werden sollte, in die Rechtsstellung des Kündigenden, wenn es einseitig beendet werden sollte. In gleicher Weise griff die Erteilung der Genehmigung in die Rechtsstellung des Arbeitnehmers ein, wenn er Kündigungsgegner war. Die Entscheidung des Arbeitsamts konnte rechtswidrig, insbesondere ermessensfehlerhaft, sein. Der Arbeitnehmer, der die arbeitsamtliche Genehmigung anfocht, nahm nicht Belange des Arbeitsmarktes wahr, sondern verfocht seine eigenen Belange. Daß die Genehmigungspflicht nicht in seinem Interesse be-

---

[9] Ein Rechtsanspruch wird für Schwerbeschädigte verneint von BVerwG 28. 4. 1956 (DVBl. 1956, 759); OVG Lüneburg 25. 4. 1950 (AS 1, 235); *Zigan* Erl. 67 zu § 14 SchwBG.

[10] *Forsthoff* BB 1950, 537; *Jellinek*, Festschrift *Thoma* S. 104; *Bettermann* MDR 1958, 273.

stand, stand seiner Anfechtungsbefugnis nicht entgegen, weil von der Erteilung oder Versagung der Genehmigung die Beendigung seines Arbeitsverhältnisses und damit seiner eigenen Rechtsstellung abhing[11].

Im Bereich des öffentlich-rechtlichen Kündigungsschutzes in seinem heutigen Umfang liegt es nicht anders. Die Kündigungsbeschränkung dient den Belangen der Allgemeinheit, die die Fürsorge für den geschützten Personenkreis zu ihrer Aufgabe gemacht hat. Sie dient damit gleichzeitig dem Interesse der unter den besonderen Kündigungsschutz gestellten Gruppe und — jedenfalls als Regel — des einzelnen Angehörigen dieser Gruppe. Der öffentlich-rechtliche Kündigungsschutz ist allerdings, auch soweit er sich zugunsten des Kündigungsgegners auswirkt, kein Schutz zu seinen Gunsten in dem Sinne, daß seinem Interesse an der Aufrechterhaltung des Vertragsverhältnisses der Vorrang gegeben wird vor dem Interesse des Kündigenden an der Beendigung des Vertrags. Das Gesetz oder, soweit der Behörde ein Entscheidungsspielraum eingeräumt wird, die Behörde wägen nicht die Interessen der Vertragspartner gegeneinander ab; maßgeblich ist, ob die Belange der Allgemeinheit die Aufrechterhaltung des Vertrages fordern. In der verfahrensrechtlichen oder sachlich-rechtlichen Gestaltung des Kündigungsschutzes oder in den der Behörde vom Gesetz erteilten Entscheidungsrichtlinien kommt allerdings regelmäßig zum Ausdruck, daß das Interesse der Gruppe oder das Einzelinteresse des Gekündigten in einem gewissen Umfang zum Maßstab des öffentlichen Interesses wird. Die Anhörung des Schwerbeschädigten (§ 17 Abs. 2 Satz 1 SchwBG) und die Sicherung eines anderen angemessenen Arbeitsplatzes oder eine sonstige ausreichende wirtschaftliche Sicherung für ihn als Voraussetzungen der Zustimmung (§ 18 Abs. 2 Buchst. a u. c SchwBG) sind Beispiele hierfür. Die Zulässigkeit der Anfechtungsklage des Kündigungsgegners ist aber nicht abhängig davon, daß eine solche Beziehung des Zustimmungserfordernisses zum Interesse des Kündigungsgegners an der Aufrechterhaltung seines Vertrages festgestellt wird. Allein schon die Tatsache, daß die Erteilung der Zustimmung sich auf die privatrechtliche Lage des Kündigungsgegners auswirkt, genügt, um seine Behauptung zu rechtfertigen, daß er durch die Erteilung der Zustimmung in seinen Rechten verletzt oder beschwert sei.

Die Klagebefugnis hat auch der von einer Massenentlassung betroffene Arbeitnehmer gegen die Entscheidung, die das Landesarbeitsamt gemäß § 16 KSchG trifft[12]. Der einzelne Arbeitnehmer ist zwar an dem Verfahren vor dem Landesarbeitsamt nicht beteiligt; das Interesse der zu entlassenden Arbeitnehmer nimmt der Betriebsrat wahr, der vor

---

[11] OVG Hamburg 11. 5. 1950 (BB 1950, 537).

[12] Ebenso *Rohwer-Kahlmann*, Kündigungsschutz gegen Massenentlassungen, in: BB 1952, S. 350; *Herschel-Steinmann* Erl. 8 zu § 18 KSchG.

der Entscheidung zu hören ist. Das Landesarbeitsamt befaßt sich auch nicht mit dem Einzelfall jedes Arbeitnehmers; das Einzelarbeitsverhältnis wird nur zahlenmäßig, als Bestandteil des Massenentlassungsvorgangs, erfaßt. Das Landesarbeitsamt berücksichtigt neben dem öffentlichen Interesse, der Lage des Arbeitsmarkts und dem Interesse des Arbeitgebers auch das Interesse der zu entlassenden Arbeitnehmer, nicht aber das besondere Interesse des einzelnen Arbeitnehmers an der Aufrechterhaltung gerade seines Arbeitsverhältnisses. Die Entscheidung des Landesarbeitsamts wird ihm auch nicht durch dieses besonders bekanntgemacht. Trotzdem kann er Anfechtungsklage bei dem Sozialgericht erheben, denn er ist beschwert im Sinne des § 54 Abs. 1 Satz 2 SGG, wenn auf Grund der Entscheidung des Landesarbeitsamts die Entlassung ausgesprochen wird. Obwohl die Massenentlassung für das Landesarbeitsamt ein Gesamtvorgang ist, löst sie sich bei der Durchführung in eine Reihe von Einzelkündigungen auf. Von der Entscheidung des Landesarbeitsamts hängt zwar nicht die Beendigung des Arbeitsverhältnisses ab, aber doch der Zeitpunkt seiner Beendigung. Die Entlassungssperre ist eine Sperre auf Zeit; ihre Abkürzung benachteiligt jeden einzelnen der von der Massenentlassung betroffenen Arbeitnehmer. Diese können ihre Rechte allerdings nur gemeinsam wahren; sie sind notwendige Streitgenossen, weil „streitiges Rechtsverhältnis" im sozialgerichtlichen Anfechtungsverfahren der Zustimmungsbescheid des Landesarbeitsamts in der Gestalt ist, die er durch den Widerspruchsbescheid gefunden hat, und die Rechtswidrigkeit der Entscheidung des Landesarbeitsamts nur allen Beteiligten gegenüber einheitlich festgestellt werden kann (§ 74 SGG in Verb. m. § 62 ZPO sowie § 95 SGG).

Daß der Arbeitgeber gegen die ablehnende Entscheidung des Landesarbeitsamts Anfechtungsklage erheben kann, ist unbestritten; den Arbeitnehmern, die von der Abkürzung der Entlassungssperre betroffen werden, darf dieses Recht nicht vorenthalten bleiben. Die Entscheidung des Landesarbeitsamts ist allerdings eine Ermessensentscheidung; das sozialgerichtliche Verfahren kann weder zu einer Nachprüfung der Ermessensgründe noch zu einer Prüfung der besonderen Verhältnisse des einzelnen Arbeitnehmers führen. Es wird im allgemeinen nur in Betracht kommen, wenn Verfahrensverstöße vorliegen, von denen alle Arbeitnehmer betroffen werden, z. B. eine gesetzwidrige Zusammensetzung des zuständigen Ausschusses des Landesarbeitsamts oder die Nichtanhörung des Betriebsrats. Solche Mängel könnte der einzelne Arbeitnehmer im Kündigungsschutzverfahren vor dem Arbeitsgericht nicht geltend machen; das Arbeitsgericht muß vielmehr, wenn nicht gerade ein Fall der Nichtigkeit vorliegt, die Entscheidung des Landesarbeitsamts auch dann, wenn sie rechtswidrig ist, seiner Entscheidung zugrunde legen. Die von der Massenentlassung betroffenen Arbeitnehmer sind beizuladen, weil sie an dem Gegenstand des Rechtsstreits, der Rechtswidrigkeit des behördlichen Zustimmungsbescheids, derart beteiligt sind, daß die Entscheidung auch ihnen gegenüber nur einheitlich ergehen kann (§ 75 Abs. 2 SGG). Nicht beteiligt und nicht klagebefugt ist dagegen der Betriebsrat, selbst dann nicht, wenn ihm gegenüber die Anhörungspflicht verletzt wird; er oder vielmehr seine Mitglieder können nur auf Grund einer Prozeßvollmacht die Vertretung der betroffenen Arbeitnehmer übernehmen.

Für den Kündigungsgegner kommt die Anfechtung in Betracht auch in jenen Fällen, in welchen das Gesetz zu seinen Gunsten einen Ausgleich für die Einbuße vorsieht, die er infolge der behördlichen Zustimmung zur Kündigung erleidet. Lehnt die Mutterschutzbehörde einen Antrag der Arbeitnehmerin ab, ihr gleichzeitig mit der Zulässigerklärung der Kündigung Wochen- und Stillgeld und die sonstigen Wochenhilfeleistungen der gesetzlichen Krankenversicherung zuzubilligen, so kann der Bescheid angefochten werden. Die Entscheidung der Behörde hierüber bedarf freilich keines Antrags der Arbeitnehmerin; die Behörde befindet von Amts wegen hierüber und ein etwaiger Antrag ist nicht mehr als eine Anregung. Die Zubilligung der Leistungen liegt im Ermessen der Behörde; die Arbeitnehmerin hat keinen Rechtsanspruch darauf. Die Sozialversicherungsgesetze gewähren ihr keinen Rechtsanspruch, weil ja vorausgesetzt wird, daß sie nach der Beendigung ihres gegenwärtigen Arbeitsverhältnisses in keinem versicherungspflichtigen Beschäftigungsverhältnis steht; § 9 Abs. 2 MuSchG gebraucht ausdrücklich das Wort „kann“ und drückt damit aus, daß es sich um eine Ermessensentscheidung handelt. Räumt das Gesetz der Arbeitnehmerin auch keinen Rechtsanspruch ein, so hat sie auf Grund der gesetzlichen Regelung doch eine rechtliche Stellung, in der sie als Regel davon ausgehen darf, daß ihr bei Zulässigerklärung der Kündigung wenigstens die Wochenhilfeleistungen der Sozialversicherung zugebilligt werden. Sie hat keinen Rechtsanspruch auf Zubilligung der Leistungen, aber auf eine von Ermessensfehlern freie Entscheidung. Sie kann die Nichtzubilligung mit der Begründung anfechten, daß das behördliche Ermessen fehlerhaft ausgeübt worden und sie aus diesem Grunde in ihren Rechten verletzt sei. Sie kann auch Verpflichtungsklage erheben mit dem Ziele, die Mutterschutzbehörde zur Zubilligung der Leistungen zu verurteilen, wenn dieser — nach dem Sachvortrag der Klägerin — bei fehlerfreier Ausübung des Ermessens keine andere Wahl bleibt oder wenn ersichtlich ist, daß die Behörde die Wochenhilfeleistungen lediglich aus tatsächlichen oder Rechtsgründen versagt hat, eine Ermessensentscheidung aber zugunsten der Arbeitnehmerin treffen würde. Das Ziel der Verpflichtungsklage kann auch ein Ausspruch über die Verpflichtung sein, die Klägerin unter Beachtung der Rechtsauffassung des Gerichts zu bescheiden.

3. *Die Klagebefugnis Dritter*

Keine Klagebefugnis hat der Drittinteressent, auch wenn seine wirtschaftlichen Interessen durch die behördliche Entscheidung berührt werden[13]. Derjenige Schwerbeschädigte, der den bisherigen Arbeitsplatz des gekündigten Schwerbeschädigten einnehmen soll, oder derjenige, dem der Kleingarten des gekündigten bisherigen Pächters zugeteilt werden soll, kann die Versagung der Kündigungszustimmung nicht vor dem Verwaltungsgericht anfechten, weil die behördliche Entscheidung in seine Rechtsstellung nicht unmittelbar eingreift, sondern nur mittelbar seine wirtschaftlichen Interessen berührt.

Klageberechtigt ist dagegen die Krankenkasse, wenn die Arbeitsbehörde mit der Zulässigerklärung der Kündigung der erwerbstätigen Mutter die Wochenhilfeleistungen der gesetzlichen Krankenversicherung zubilligt, obwohl die tatsächlichen oder rechtlichen Voraussetzungen hierfür nicht gegeben sind[14]. Sie kann auch geltend machen, daß die Behörde von ihrem Ermessen zugunsten der Arbeitnehmerin einen fehlerhaften Gebrauch gemacht habe. Da ihr durch den Zubilligungsbescheid eine rechtliche Verpflichtung auferlegt wird, wird sie in ihren Rechten beeinträchtigt, wenn die Wochenhilfeleistungen der Arbeitnehmerin bei richtiger Würdigung der Sach- und Rechtslage und bei fehlerfreier Ausübung des Ermessens nicht hätten gewährt werden dürfen. Die Klagebefugnis der Krankenkasse folgt allerdings nicht aus der bindenden Kraft des Zubilligungsbescheids. Grundsätzlich bindet ein Verwaltungsakt alle Behörden und Gerichte, ohne daß diese die Möglichkeit haben, ihn nachzuprüfen oder gar anzufechten; diese Tatbestandswirkung des Verwaltungsakts ist eine Folge der Zuständigkeitregelung. Die Krankenkasse hat keine eigene, mit derjenigen der Arbeitsschutzbehörde konkurrierende Zuständigkeit, der werdenden oder stillenden Mutter, deren Arbeitsverhältnis gelöst ist, die mutterschutzrechtlichen Wochenhilfeleistungen zuzubilligen; sie hat auch keine Zuständigkeit, den Zubilligungsbescheid auf seine Rechtmäßigkeit nachzuprüfen und dem rechtswidrigen Zubilligungsbescheid die Anerkennung zu versagen. Im Verfahren vor dem Sozialgericht kann sie allenfalls die Nichtigkeit des Zubilligungsbescheids, nicht aber seine Rechtswidrigkeit einwenden. Sie ist aber ein der staatlichen Arbeits-

---

[13] *Lichtenberger*, Der Rechtsweg im devisenrechtlichen Genehmigungsverfahren der Bank Deutscher Länder, in: Deutsche Notarzeitung 1956, 580 ff. (S. 585).

[14] Ebenso *Mörtel* DVBl. 1958, 290; a. M. *Bulla* Erl. 103 zu § 9 MuSchG; *Köst*, Erl. 127 zu § 9 MuSchG.

schutzbehörde gegenüber selbständiger Rechtsträger, dem durch den Zubilligungsbescheid Leistungen auferlegt werden, die zu Lasten der Gesamtheit der übrigen Versicherten gehen. Durch eine ihr gesetzwidrig auferlegte Verpflichtung wird sie in ihren Rechten beeinträchtigt. Aus diesem Grunde kann sie den Bescheid anfechten. Die Anfechtungsklage ist zu erheben vor dem allgemeinen Verwaltungsgericht, nicht vor dem Sozialgericht, denn der Zubilligungsbescheid ist kein Verwaltungsakt einer Sozialversicherungsbehörde oder eines Sozialversicherungsträgers. Anfechtungsgegner ist nicht der Arbeitgeber, der die Zulässigerklärung der Kündigung beantragt hatte, auch nicht die gekündigte Arbeitnehmerin, sondern das Land, dessen Behörde den angefochtenen Verwaltungsakt oder den Widerspruchsbescheid erlassen hat (§ 78 VwGO). Aus der Anfechtbarkeit des Zubilligungsbescheids folgt, daß er, um der verpflichteten Krankenkasse gegenüber unanfechtbar zu werden, eine Rechtsmittelbelehrung enthalten und der Krankenkasse bekanntgegeben werden muß. Ist der Arbeitsschutzbehörde die zuständige Krankenkasse nicht bekannt, dann muß sie hierüber Ermittlungen anstellen, etwa indem sie eine Auskunft des Arbeitgebers einholt. Eine Verzögerung der Leistungen braucht durch die Anfechtbarkeit nicht einzutreten, weil die sofortige Vollziehbarkeit des Zubilligungsbescheids im öffentlichen Interesse oder im überwiegenden Interesse der Arbeitnehmerin besonders angeordnet werden kann; sie braucht bei drohendem Nachteil für Leben oder Gesundheit der Arbeitnehmerin nicht einmal besonders begründet zu werden (§ 80 Abs. 2 Nr. 4, Abs. 3 VwGO).

Keine Klagebefugnis hat der dem Träger der gesetzlichen Krankenversicherung zum Ersatz der ihm erwachsenen Kosten verpflichtete Bund (§ 14 MuSchG). Er wird durch den Zubilligungsbescheid nicht unmittelbar verpflichtet. Seine Erstattungspflicht tritt kraft Gesetzes ein, wenn die Krankenkasse auf Grund des Zubilligungsbescheides Leistungen gewährt.

Keine Klagebefugnis hat der Kleingärtner, wenn die Verwaltungsbehörde die vom (Haupt-)Verpächter dem Zwischenpächter gegenüber ausgesprochene Kündigung genehmigt (§ 1 Abs. 2 Buchst. c KlGVO); die Genehmigung der Kündigung des Zwischenpachtvertrages führt rechtlich nicht die Beendigung des Unterpachtverhältnisses herbei. Bei Beendigung des Vertrages mit dem Zwischenpächter tritt lediglich der Verpächter unmittelbar in die Verträge mit den einzelnen Kleingärtnern ein. Erst wenn der bisherige Hauptverpächter nach Eintritt in den Unterpachtvertrag dem Kleingärtner selbst kündigt, kann dieser die Genehmigung anfechten. Er ist in diesem Falle nicht mehr Dritter, sondern der von der Kündigung unmittelbar Betroffene. Desgleichen hat der Hauptverpächter keine Klagebefugnis, wenn die Verwaltungsbehörde den Antrag des Zwischenpächters auf Genehmigung der Kündigung ablehnt; er erwirbt die Klagebefugnis erst, wenn er an Stelle des Zwischenpächters in den Vertrag mit dem Kleingärtner eintritt.

Keine Klagebefugnis hat die Bundesrepublik, wenn die Kündigungsgenehmigung versagt wird, weil nicht festgestellt werden könne, daß das Grundstück für Zwecke der Verteidigung dringend benötigt werde (§ 1 Abs. 2 Buchst. b KlGVO); keine Klagebefugnis gegen die Versagung der Kündigungsgenehmigung hat auch jeder sonstige Unternehmer, der das Grundstück aus anderen überwiegenden Gründen des Gemeinwohls, etwa im Interesse des sozialen Wohnungsbaus, dringend benötigt (§ 1 Abs. 2 Buchst. e KlGVO). Der Bund oder ein sonstiger (öffentlicher) Unternehmer ist in einem solchen Falle nicht unmittelbar Betroffener, sondern nur Drittinteressent. Sie sind aber dann klagebefugt, wenn sie mit dem Pächter eine angemessene Entschädigung und die Gewährung einer geeigneten Ersatzfläche verabredet haben, die höhere Verwaltungsbehörde jedoch die Genehmigung hierzu versagt oder eine nach ihrer Auffassung unangemessen hohe Entschädigung festsetzt oder die Beschaffung des erforderlichen Ersatzgeländes in rechts- oder sachwidriger Weise regelt (§ 3 Abs. 1 KlGVO).

§ 10. Die Wirkung der Anfechtung

1. *Die aufschiebende Wirkung*

„Widerspruch und Anfechtungsklage haben aufschiebende Wirkung. Dies gilt auch bei rechtsgestaltenden Verwaltungsakten." (§ 80 Abs. 1 VwGO)

Die bisher strittige Frage, ob die aufschiebende Wirkung auch für rechtsgestaltende Verwaltungsakte gilt, ist durch das Gesetz im bejahenden Sinne entschieden. Da die behördliche Zustimmung zur Kündigung ein rechtsgestaltender Verwaltungsakt ist, könnte die Frage, ob auch sie der aufschiebenden Wirkung der Anfechtung unterliegt, als überholt erscheinen. Diese Frage bleibt jedoch trotz der gesetzlichen Regelung weiterhin bestehen.

§ 80 Abs. 1 Satz 2 VwGO entscheidet die Frage der aufschiebenden Wirkung rechtsgestaltender Verwaltungsakte nur für den Anwendungsbereich dieses Gesetzes. Das Sozialgerichtsgesetz, das auf einige Fälle des öffentlich-rechtlichen Kündigungsschutzes anzuwenden ist (z. B. Massenentlassungen), enthält keine gleichartige, alle Verwaltungsakte erfassende Bestimmung. Nach § 86 Abs. 2 SGG hat der Widerspruch aufschiebende Wirkung bei Verwaltungsakten, welche die Kapitalabfindung von Versicherungsansprüchen oder die Rückforderung von Beiträgen oder sonstiger Leistungen betreffen oder in der Sozialversicherung eine laufende Leistung entziehen. Nach § 97 Abs. 1

SGG hat die Klage aufschiebende Wirkung bei Kapitalabfindung von Versicherungsansprüchen, bei der Rückforderung von Leistungen, bei Klagen auf Feststellung der Nichtigkeit eines Verwaltungsakts und bei Anfechtungsklagen in Zulassungssachen. Nach § 154 Abs. 1, § 165 SGG haben Berufung und Revision in den Fällen des § 97 Abs. 1 und bei der Rückforderung von Leistungen aufschiebende Wirkung. Durch die Einzelaufzählung der Fälle, in welchen die Anfechtung aufschiebende Wirkung hat, gibt das Gesetz in der üblichen Weise kund, daß in allen sonstigen Fällen mit der Anfechtung keine aufschiebende Wirkung verbunden sein soll. Die Fälle des öffentlich-rechtlichen Kündigungsschutzes, in welchen die Sozialgerichte zur Entscheidung berufen sind, sind aber von denjenigen, in welchen die allgemeinen Verwaltungsgerichte zu entscheiden haben, nicht so wesentlich verschieden, daß es gerechtfertigt wäre, bei jenen der Anfechtung die aufschiebende Wirkung zu versagen, bei diesen sie zu gewähren. Es bleibt deshalb zu klären, ob es bei dem Ausschluß der aufschiebenden Wirkung im Sozialgerichtsgesetz sein Bewenden haben kann, wenn die Anfechtung der behördlichen Entscheidung über Erteilung oder Versagung der Zustimmung zur Kündigung im Bereich der allgemeinen Verwaltungsgerichtsbarkeit aufschiebende Wirkung hat. Es ist ferner zu klären, ob der Ausschluß der aufschiebenden Wirkung, den § 26 Abs. 3 SchwBG für die Beschwerde in Schwerbeschädigtenangelegenheiten vorsah, durch die Verwaltungsgerichtsordnung in Wegfall gekommen ist[1]. Eine weitere rechtliche Schwierigkeit bringt der Umstand mit sich, daß die behördliche Zustimmung zur Kündigung ein privatrechtsgestaltender Verwaltungsakt ist, so daß die Frage entsteht, inwieweit die aufschiebende Wirkung der Anfechtung sich auf den bürgerlich-rechtlichen Bereich auswirkt, insbesondere die vertragsbeendigende Wirkung der privatrechtlichen Kündigungserklärung erfaßt. Es bedarf deshalb der Überlegung, worin die aufschiebende Wirkung der Anfechtung besteht.

Die aufschiebende Wirkung bezieht sich jedenfalls nicht auf das *Zustandekommen des* Verwaltungsakts. Dieses wird durch die Anfechtung nicht, auch nicht vorläufig, verhindert[2]. Die Anfechtung setzt vielmehr das rechtswirksame Zustandekommen und damit das Vorhandensein des Verwaltungsakts voraus. Der nicht zustande gekommene Verwaltungsakt braucht nicht angefochten zu werden. Er ist

---

[1] Für den Anwendungsbereich der MRVO 165 wurde die Auffassung vertreten, daß die besatzungsrechtliche Vorschrift über die aufschiebende Wirkung der Beschwerde in § 51 Abs. 2 nicht habe durch Bundesgesetz abgeändert werden können: *Becker* Erl. 13 zu § 26 SchwBG; *Sellmann* Erl. 24 zu § 26 SchwBG.

[2] OLG Braunschweig 9. 6. 1953 (DVBl. 1953, 611 m. zust. Anm. v. *Kammer; ders.* DVBl. 1950, 589; 1951, 699).

nicht wegen Formmangels nichtig oder anfechtbar, sondern nicht vorhanden; keine noch so lange Versäumung der Anfechtungsfrist kann ihm zur Wirksamkeit verhelfen. Es mag im Einzelfall schwierig sein, zwischen dem Nichtzustandekommen eines Verwaltungsakts, der also bloßer Entwurf geblieben ist, und der Nichtigkeit wegen Formmangels zu unterscheiden. Der nichtige Verwaltungsakt kann, weil er vorhanden, aber rechtswidrig ist, angefochten und aufgehoben werden. Hinsichtlich der aufschiebenden Wirkung unterscheidet er sich aber nicht von dem nicht zustande gekommenen Verwaltungsakt; da er wie dieser keine rechtliche Wirkung hat, sondern nur allenfalls den Schein einer solchen, bedarf es der aufschiebenden Wirkung der Anfechtung nicht.

Die aufschiebende Wirkung bezieht sich auch nicht auf den Eintritt der *äußeren (formellen) Rechtskraft* des Verwaltungsakts. Das Vorhandensein und die Wirkung des Verwaltungsakts sind nur vorläufig, solange er von der Aufhebung bedroht ist. Endgültigkeit erlangt er erst mit dem ungenutzten Ablauf der Anfechtungsfrist. Er wird dadurch unanfechtbar; mit der Unanfechtbarkeit ist die äußere Rechtskraft verbunden. Wird er vor Ablauf der Anfechtungsfrist angefochten, dann erreicht das Verfahren mit dem Widerspruchsbescheid und mit jeder gerichtlichen Entscheidung, die die Instanz abschließt, aber noch mit Rechtsmitteln anfechtbar ist, ein vorläufiges Ende. Die äußere Rechtskraft tritt dann erst ein mit dem ungenutzten Ablauf der Klagefrist, der Rechtsmittelfrist oder mit der letztinstanzlichen Entscheidung. An sich bringt auch der Ablauf der Klage- oder der Rechtsmittelfrist noch keine unbedingte Endgültigkeit, solange die Wiedereinsetzung in den vorigen Stand möglich ist (§ 60 VwGO, § 67 SGG). Selbst der Ablauf der Frist für den Antrag auf Wiedereinsetzung in den vorigen Stand und die letztinstanzliche Entscheidung bringen keine unbedingte Endgültigkeit, solange noch die Möglichkeit einer Wiederaufnahme des Verfahrens besteht (§ 153 VwGO, §§ 179, 180 SGG). Mit Endgültigkeit der Entscheidung ist aber nicht der Ablauf der Wiedereinsetzungsfrist oder der Wiederaufnahmefrist gemeint, sondern nur die Unanfechtbarkeit mit den ordentlichen Rechtsbehelfen und Rechtsmitteln (Widerspruch, Anfechtungsklage, Berufung und Revision). Aus Gründen der Zweckmäßigkeit knüpft das Gesetz den Eintritt der äußeren Rechtskraft an einen anderen Zeitpunkt als den, der die volle Endgültigkeit gewährleistet. Die äußere Rechtskraft ist durch Wiedereinsetzung und Wiederaufnahme auflösend bedingt; gleichzeitig ist der Schwebezustand befristet. Die Anfechtung verhindert, daß der Verwaltungsakt mit Fristablauf in diesem Sinne „endgültig" wird. Sie schiebt den Zustand der Ungewißheit darüber hinaus, ob der Verwaltungsakt bestehen bleibt oder aufgehoben wird. Die Anfechtung sowohl der Erteilung als auch der Versagung der behördlichen Zustimmung zur Kündigung hat diese rechtskrafthemmende Wirkung. Die rechtskrafthemmende Wirkung ist mit jeder Anfechtung notwendig verbunden. Die Anfechtung verlöre ihren Sinn, wenn sie nicht zur Aufhebung des Verwaltungsakts führen könnte[3]. Es bedarf deshalb weder der Anordnung der sofortigen Vollziehung durch die Behörde, um den Eintritt der äußeren Rechtskraft zu fördern, noch kann durch die gerichtliche Aussetzung der Vollziehung der Eintritt der äußeren Rechtskraft verzögert werden.

Die aufschiebende Wirkung der Anfechtung bezieht sich nicht auf die *innere (materielle) Rechtskraft* des Verwaltungsakts. Es ist strittig, inwieweit Verwaltungsakte der inneren Rechtskraft fähig sind. Mit innerer Rechtskraft des Verwaltungsakts ist gemeint eine der inneren Rechtskraft des Urteils (§ 121 VwGO, § 141 SGG) vergleichbare Bindung der erlassenden Behörde und der sonstigen Beteiligten, bei der Kündigungszustimmung also insbesondere der beiden Vertragspartner. Die innere Rechtskraft setzt aber die äußere Rechtskraft voraus; bezieht sich die aufschiebende Wirkung der Anfechtung nicht auf diese, so kann sie auch auf jene keinen Bezug haben.

Die aufschiebende Wirkung der Anfechtung bezieht sich auf die *Vollziehung* des Verwaltungsakts durch die Behörde. Das läßt sich schon aus den gesetzlichen Vorschriften entnehmen, die die Anordnung der sofortigen Vollziehung durch die Behörde und die Ausssetzung der Vollziehung durch das Gericht regeln (§ 80 Abs. 2—7 VwGO, § 86 Abs. 3, § 97 Abs. 2 u. 3 SGG). Verwaltungsakte sind insbesondere dann der Vollziehung durch die Behörde fähig, wenn sie ein Gebot oder Verbot enthalten; sie sind der Vollziehung bedürftig, wenn der Betroffene dem Gebot oder Verbot nicht nachkommt. Die Vollziehung wird in der Regel vorgenommen mit den behördlichen Zwangsmitteln des unmittelbaren Zwangs, der Ersatzvornahme oder des Zwangsgelds. In einem weiteren Sinne erfaßt die Vollziehung alle Ausführungsmaßnahmen der Behörde, die ein Verwaltungsakt im Gefolge haben kann. Auch rechtsgestaltenden Verwaltungsakten können behördliche Ausführungsmaßnahmen folgen; mit dem Widerruf des Beamtenverhältnisses kann verbunden sein die Anweisung an die Kasse, die Gehaltszahlung einzustellen, die Aufforderung an den Beamten, zuviel erhaltene Beträge zurückzuzahlen, den Dienstausweis abzugeben sowie das Verbot, Dienstkleidung und Dienstwaffen zu tragen und die Dienst-

[3] Durch den Ausschluß der aufschiebenden Wirkung wird nicht die an sich noch nicht eingetretene formelle Rechtskraft fingiert. Vgl. hierzu *Sellmann* Erl. 26, zu § 26 SchwBG.

räume zu betreten[4]. Auch mit der Erteilung oder Versagung der Zustimmung zur Kündigung können weitere Verwaltungstätigkeiten verbunden sein, z. B. die Regelung der Sozialversicherungsleistungen für die aus ihrem Arbeitsverhältnis ausscheidende Wöchnerin (§ 9 Abs. 2 MuSchG), das Verlangen der Bestrafung des das gesetzliche Kündigungsverbot mißachtenden Arbeitgebers (§ 20 MuSchG)[5], die Entschädigung des aus dem Pachtvertrag ausscheidenden Kleingärtners (§ 5 KlGVO). Die aufschiebende Wirkung der Anfechtung verpflichtet die Behörde, alle Maßnahmen zu unterlassen, die der Vollziehung des Verwaltungsakts dienen, sofern diese Maßnahmen den Bestand und die Rechtmäßigkeit des ergangenen Verwaltungsakts voraussetzen. Es bedarf der behördlichen Anordnung der Vollziehung, wenn im öffentlichen Interesse oder im Interesse eines Beteiligten die gerichtliche Entscheidung über die Rechtmäßigkeit des Verwaltungsakts nicht abgewartet werden kann.

Die Kernwirkung des rechtsgestaltenden Verwaltungsakts ist jedoch seine *Gestaltungswirkung*. Bis zum Erlaß der Verwaltungsgerichtsordnung war strittig, ob die Gestaltungswirkung von der aufschiebenden Wirkung der Anfechtung betroffen wird; diese Streitfrage sollte durch § 80 Abs. 1 Satz 2 VwGO im bejahenden Sinne entschieden werden. Die amtliche Begründung des Regierungsentwurfs zu dieser Vorschrift führt aus, von der aufschiebenden Wirkung werde jeder Verwaltungsakt erfaßt, gleichgültig, ob er eines besonderen Vollzugs bedürfe oder nicht, wenn er nur begrifflich einer aufschiebenden Wirkung fähig sei; als ratio legis wird angegeben, daß der Verwaltungsrechtsschutz erheblich an Wirksamkeit verlieren würde, wenn die Behörde es in der Hand hätte, bis zur verwaltungsgerichtlichen Entscheidung ihren Willen durchzusetzen und damit für einen meist nicht unerheblichen Zeitraum vollendete Tatsachen zu schaffen.

Mit dem Zeitpunkt, in dem der Verwaltungsakt zustande kommt, ist in der Regel, aber nicht notwendig, auch der Beginn seiner Wirksamkeit verbunden; er löst diejenigen Rechtswirkungen aus, die mit seinem Erlaß verbunden sind. Ist er aufschiebend befristet, so tritt diese Wirkung erst mit Ablauf der Frist ein; der Erlaß des Verwaltungsakts bewirkt zunächst nur den Lauf dieser Frist. Auch der rechtsgestaltende Verwaltungsakt kann befristet sein derart, daß die Gestaltungswirkung nicht schon mit seinem Erlaß, sondern erst in einem späteren Zeitpunkt eintritt; das ist z. B. der Fall, wenn die Entlassung eines Beamten auf Widerruf nicht mit sofortiger Wirkung ausgesprochen wird,

---

[4] *Kammer* DVBl. 1950, 589; *ders.* DVBl. 1953, 611; *Kreßel* (Die aufschiebende Wirkung von Rechtsmitteln bei Entlassung aus dem Beamtenverhältnis, in: BayVBl. 1958, 12—16) S. 13 f.

[5] Vgl. auch § 13 Abs. 1 nw. BergmVersSchG.

sondern mit Wirkung von einem später liegenden Zeitpunkt an. Auch im Bereich des öffentlich-rechtlichen Kündigungsschutzes ist es nicht begrifflich ausgeschlossen, daß die Behörde die Wirksamkeit ihrer Zustimmung zur Kündigung nicht im Zeitpunkt ihres Erlasses, sondern zu einem späteren oder früheren Zeitpunkt eintreten läßt. Nach § 16 Abs. 1 Halbs. 2 KSchG kann die Zustimmung zur Massenentlassung auch rückwirkend bis zum Tage der Antragstellung erteilt werden. Es kann auch nicht als ausgeschlossen angesehen werden, daß die Behörde einer der Kündigung vorausgehenden Zustimmung, die in ihr Ermessen gestellt ist, einen späteren Wirkungsbeginn beilegt. Es bleibt aber zu beachten, daß die Zustimmung zur Kündigung *privatrechtsgestaltende Wirkung* hat und die privatrechtlichen Verhältnisse nicht weitergehend ändern darf, als dies mit der Aufgabe des öffentlich-rechtlichen Kündigungsschutzes vereinbar ist. Die Behörde kann grundsätzlich nur über das Wirksamwerden ihrer Entscheidung bestimmen, nicht auch über das Wirksamwerden der bürgerlich-rechtlichen Kündigungserklärung oder über den Zeitpunkt der Vertragsbeendigung. Der Zeitpunkt der Vertragsbeendigung ist festgelegt durch die vertraglichen oder privatrechtlichen Vorschriften über die Kündigungsfrist oder durch die privatrechtlichen Vorschriften über die Kündigung aus wichtigem Grunde. Nur ausnahmsweise ist der Behörde ein Einfluß auf den Ablauf der privatrechtlichen Kündigungsfrist eingeräumt (§ 16 Abs. 2 KSchG, § 17 Abs. 1 Satz 2 SchwBG). Läßt sich somit der Zeitpunkt, in welchem die Gestaltungswirkung der Kündigungszustimmung eintritt, zwar begrifflich trennen von dem Zustandekommen des Verwaltungsakts, bedarf andererseits die Behörde einer besonderen gesetzlichen Ermächtigung, um den Zeitpunkt des Wirksamwerdens der privatrechtlichen Kündigungserklärung zu beeinflussen, dann kann dies auf die aufschiebende Wirkung der Anfechtung nicht ohne Einfluß sein. Ist im gerichtlichen Verfahren nur über die Rechtmäßigkeit des Verwaltungsakts zu entscheiden, dann kann dies, wenn die gerichtliche Prüfung seine Rechtmäßigkeit ergibt, nicht zur Folge haben, daß der nachträglichen Zustimmung die Rückwirkung auf den Zeitpunkt der Kündigung, der vorausgehenden Zustimmung die Wirkung auf die ihr folgende Kündigungserklärung genommen wird. Die aufschiebende Wirkung der Anfechtung kann nicht den Sinn haben, daß die Kündigungserklärung erst von der Rechtskraft des Verwaltungsakts und des gerichtlichen Urteils an wirksam werden und die Vertragsbeendigung erst mit der Rechtskraft oder zu einem nach der Rechtskraft liegenden Zeitpunkt eintreten kann[6].

---

[6] A. M. *Bullinger* DÖV 1956, 766.

War die Kündigung bereits ausgesprochen und durch die Zustimmung rückwirkend wirksam geworden, dann erlosch oder erlischt das Vertragsverhältnis in dem Zeitpunkt, der sich aus der Kündigungserklärung ergibt: Bei der fristlosen Kündigung mit dem Zugang der Kündigungserklärung, bei der befristeten Kündigung mit dem Ablauf der Frist. War die Behörde ermächtigt, die Wirksamkeit der Kündigung hinauszuschieben, dann erlischt das Vertragsverhältnis in dem von der Behörde bestimmten Zeitpunkt. Ist das Vertragsverhältnis beendet, dann kann seine Beendigung nicht dadurch rückgängig gemacht werden, daß der Kündigungsgegner die behördliche Zustimmung anficht. Ist das Vertragsverhältnis durch die wirksam gewordene Kündigungserklärung noch nicht beendigt, weil im Zeitpunkt der Anfechtung die Kündigungsfrist noch nicht abgelaufen ist, so wird der Ablauf der — bürgerlich-rechtlichen — Kündigungsfrist durch die Anfechtung der behördlichen Zustimmung nicht gehemmt; mit dem Ablauf der Kündigungsfrist tritt das Ende des Vertrages ein, ob der Kündigungsgegner die behördliche Zustimmung anficht oder nicht. War die Kündigung noch nicht ausgesprochen, so hindert die Anfechtung der behördlichen Zustimmung den kündigungswilligen Vertragspartner nicht, die Kündigung auszusprechen. Das bloße Vorhandensein der behördlichen Zustimmung hat zur Folge, daß der Kündigungswillige von dem gesetzlichen Verbot ausgenommen ist, also — nach öffentlichem Recht — kündigen darf und wirksam kündigen kann. Die der behördlichen Zustimmung nachfolgende Kündigung hat die gleiche Wirkung wie die ihr zulässigerweise vorausgehende Kündigung unabhängig davon, ob die Zustimmung angefochten wird oder nicht: sie führt zur Beendigung des Vertragsverhältnisses. Der Kündigungsgegner hat es nicht in der Hand, durch Anfechtung der behördlichen Zustimmung die Beendigung des Vertragsverhältnisses auf unbestimmte Zeit hinauszuschieben[7].

---

[7] Für die Zeit vor dem Inkrafttreten der Verwaltungsgerichtsordnung ebenso OLG Braunschweig DVBl. 1953, 611 (mit Anm. von *Kammer*); *Kammer*, DVBl. 1950, 389; *Bettermann* MDR 1955, 734 f., *Kreßel* BayVBl. 1958, 12 ff.; *Wilrodt-Gotzen* Erl. 34 zu § 26 SchwBG. Einen umfassenden Wirkungsaufschub auch bei gestaltenden Verwaltungsakten nahmen an: OVG Lüneburg DVBl. 1951, 351 (m. Anm. v. *Reinicke*), VGH Kassel DVBl. 1951, 618 (m. Anm. v. *Kammer*); BGH 28. 3. 1955 BGHZ 17, 84; *Endemann*, Mutterschutz (Arbeitsrechts-Blattei D I) E VI 3; *Groebe* (Vollzugsunfähige Verwaltungsakte? DÖV 1951, 233—236) S. 234; *Haueisen* (Der vorläufige Rechtsschutz im Verwaltungsprozeß, in: NJW 1953, 1165—1168) S. 1166; *Kayser* (Aussetzung der Vollziehung von Verwaltungsakten, in: DÖV 1954, 434 — 437) S. 436; *Böhm* (Die aufschiebende Wirkung der Rechtsmittel und die Anordnung der Vollziehung von Verwaltungsakten nach § 51 Abs. 1 MRVO Nr. 165 und § 51 Abs. 1 VGG, in: Der öffentliche Dienst 1957, S. 21—23) S. 22. Die widerstreitenden Meinungen wurden teils durch eine auf den Wortlaut der einschlägigen Bestimmungen der Verwaltungsgerichtsordnungen sich stützende Auslegung, teils durch Vergleich der Wirkungen des Ver-

Nicht einmal dann, wenn die Behörde gesetzlich ermächtigt ist, den Zeitpunkt des Wirksamwerdens der Kündigung zu bestimmen (§ 16 Abs. 1 u. 2 KSchG, § 17 Abs. 1 Satz 2 SchwBG), bewirkt die Anfechtung einen Aufschub über diesen Zeitpunkt hinaus. Es kann sein, daß die Anfechtung zu einer Abänderung dieses Zeitpunkts durch die über den Widerspruch entscheidende Stelle oder zur gerichtlichen Aufhebung des behördlichen Kündigungstermins führt; die bloße Anfechtung hat diese Wirkung nicht. Noch weniger kommt eine aufschiebende Wirkung der Anfechtung gegenüber einem gesetzlichen Kündigungstermin in Betracht; der Kleingärtner, dem grundsätzlich nur zum 1. Oktober jedes Jahres gekündigt werden kann, erreicht durch die Anfechtung nicht, daß sein Pachtverhältnis sich automatisch bis zum 1. Oktober des folgenden Jahres oder auf unbestimmte Zeit verlängert.

Hätte die Anfechtung die Kraft, die schon eingetretene Rechtswirkung der Zustimmung rückwirkend wieder zu beseitigen, dann hätte der Kündigungsgegner die Möglichkeit, sowohl der behördlichen Kündigungszustimmung als auch der Kündigungserklärung des Vertragspartners auf unbestimmte Zeit die Wirkung zu nehmen, obwohl der Kündigungserklärung die Vertragsbeendigung zu einem bestimmten

---

waltungsakts mit den Wirkungen des zivilgerichtlichen Urteils und teils auch nur mit Zweckmäßigkeitserwägungen begründet. Im Vordergrund stand die Frage der aufschiebenden Wirkung der Anfechtung beim Widerruf des Beamtenverhältnisses. Das Fehlen von Bestimmungen über den Erlaß einstweiliger Anordnungen in den Verwaltungsgerichtsordnungen erwies sich hier als eine besonders empfindliche Gesetzeslücke. Soweit nicht eine entsprechende Anwendung der zivilprozeßrechtlichen Vorschriften über die einstweilige Verfügung im verwaltungsgerichtlichen Verfahren als zulässig angesehen wurde, erschien die Annahme einer aufschiebenden Wirkung der Anfechtung der Entlassung eines Widerrufsbeamten als der geeignete Ausweg. Dieser Ausweg hatte die nachteilige Folge, daß der Widerrufsbeamte geradezu ermutigt werden mußte, auch bei Aussichtslosigkeit der Rechtsverfolgung seine Entlassung anzufechten und den Rechtsweg zu erschöpfen, um auf diese Weise so lange als möglich die Fortzahlung seiner Bezüge zu erreichen. Einen besonderen Weg beschritt das LVG — jetzt OVG — Koblenz (18. 10. 1953 (E 1, 400) für Verwaltungsakte, die teils begünstigend, teils belastend sind: die Anfechtung durch den Belasteten habe aufschiebende Wirkung nur im Verhältnis zwischen diesem und der Behörde, nicht dagegen im Verhältnis zwischen Begünstigtem und Behörde. In dem entschiedenen Falle handelte es sich um die Anfechtung eines Baudispenses durch den Grundstücksnachbarn; das LVG ist der Ansicht, dieser habe, um eine Hinausschiebung der Bauarbeiten zu erreichen, eine einstweilige Anordnung gemäß § 64 rhl.-pf. VGG beantragen müssen. Auch die behördliche Kündigungszustimmung ist teils begünstigender, teils belastender Verwaltungsakt. Es kann aber nicht, wenn sie vom Kündigungsgegner angefochten wird, die aufschiebende Wirkung im Verhältnis zwischen ihm und der Behörde bejaht, zwischen dem kündigenden Vertragspartner und der Behörde verneint werden. Sie kann ihre Wirkung beiden Vertragspartnern gegenüber nur zur gleichen Zeit äußern. Die Gestaltungswirkung der Kündigungszustimmung wird durch die Anfechtung des Kündigungsgegners auch nicht im Verhältnis zwischen diesem und der Behörde aufgeschoben. Er kann die Schaffung vollendeter Tatsachen durch den kündigenden Vertragspartner nur verhindern, indem er den Erlaß einer einstweiligen Verfügung beim Zivilgericht beantragt.

oder bestimmbaren Zeitpunkt wesentlich ist. Er hätte diese Möglichkeit auch dann, wenn die behördliche Zustimmung sich als rechtmäßig, die Anfechtung also als unbegründet erweist, denn die aufschiebende Wirkung der Anfechtung ist ja unabhängig von deren endgültigem Erfolg.

Wenn die aufschiebende Wirkung der Anfechtung im Bereich des öffentlich-rechtlichen Kündigungsschutzes auf die Gestaltungswirkung der Kündigungszustimmung erstreckt werden soll, dann bleibt nur übrig, sie mit der rechtskrafthemmenden Wirkung der Anfechtung zu identifizieren. Die auf die bürgerlich-rechtliche Kündigungserklärung bezogene Gestaltungswirkung selbst kann nur entweder eingetreten oder nicht eingetreten sein. Nur die Ungewißheit darüber, ob sie eingetreten ist oder eintreten soll, wird durch die Anfechtung hinausgeschoben und durch die rechtskräftige Entscheidung beseitigt. Die Identifizierung der aufschiebenden Wirkung der Anfechtung mit der Hemmung des Eintritts der äußeren Rechtskraft ist indessen entbehrlich, weil der Eintritt der Rechtskraft durch die behördliche Anordnung der sofortigen Vollziehung nicht beschleunigt und durch die gerichtliche Aussetzung der Vollziehung nicht hinausgezögert werden kann. Um der Anfechtung die rechtskrafthemmende Wirkung zu geben, bedarf sie der Ausstattung mit der aufschiebenden Wirkung nicht. Soweit es sich um die Gestaltungswirkung der Kündigungszustimmung handelt, wird deshalb angenommen werden dürfen, daß sie zu denjenigen Eigenschaften eines Verwaltungsakts gehört, die — im Sinne der Amtlichen Begründung zum Entwurf der Verwaltungsgerichtsordnung — begrifflich einer aufschiebenden Wirkung nicht fähig sind.

Daraus ergeben sich wichtige praktische Folgerungen. Der Arbeitgeber braucht den Arbeitnehmer nicht über das Vertragsende hinaus zu beschäftigen und braucht ihm über diesen Zeitpunkt hinaus keinen Lohn zu zahlen. Der gekündigte Arbeitnehmer kann von diesem Zeitpunkt an, ohne den Vertrag zu verletzen, ein neues Arbeitsverhältnis eingehen. Der Verpächter eines Kleingartens braucht den Kleingärtner nicht mehr über den gesetzlichen oder behördlichen Kündigungstermin hinaus im Besitz des Grundstücks zu belassen und der Kleingärtner ist über diesen Zeitpunkt hinaus nicht mehr vertraglich verpflichtet, den Pachtzins zu entrichten. Da aber die Anfechtung den Eintritt der äußeren Rechtskraft hemmt, bleibt es für die Vertragsparteien ungewiß, ob die behördliche Zustimmung Bestand haben wird. Eine weitere Folge ist die Ungewißheit, ob die Kündigung wirksam gewesen und ob die Vertragsbeendigung eingetreten ist. Solange die behördliche Zustimmung nicht unanfechtbar geworden ist, handelt also jeder Vertragspartner auf eigene Gefahr, wenn er sich auf die Beendigung oder auf die Fortdauer des Vertrags verläßt. Wird die behördliche Zustimmung in einem späteren Zeitpunkt unanfechtbar, dann braucht der Arbeitgeber nicht bis zu diesem Zeitpunkt den Lohn nachzuzahlen, wenn er den Arbeiter nicht weiterbeschäftigt hat; er hat vielmehr — nachträglich gesehen — richtig gehandelt, daß er die Lohnzahlung schon mit dem Zeitpunkt der Vertragsbeendigung eingestellt hat. Wird aber die behördliche Zustimmung aufgehoben, so muß er für die Zwischenzeit den Lohn nachzahlen, soweit der Arbeiter ihm seine Weiterarbeit angeboten hatte und der Arbeitgeber in Annahmeverzug gekommen ist, und er muß den Arbeitnehmer in Zukunft weiterbeschäftigen[8]. Will er die Gefahr nicht eingehen, den Lohn nachzahlen zu müssen, so kann es für ihn zweckmäßiger sein, den Arbeitnehmer bis zum Eintritt der Unanfechtbarkeit weiterzubeschäftigen.

Wenn die aufschiebende Wirkung der Anfechtung keinen Einfluß hat auf die Gestaltungswirkung der Kündigungszustimmung, ist auch

---

[8] Ebenso *Monjau*, Gesetz über die Beschäftigung Schwerbeschädigter, Erl. 8 zu § 26 SchwBG.
Nach *Sellmann* (Erl. 12 c zu § 17 SchwBG) ist trotz Aufhebung des Zustimmungsbescheids im Beschwerdeverfahren oder im verwaltungsgerichtlichen Verfahren die Entlassung des Schwerbeschädigten endgültig und durch die Aufhebungsentscheidung nicht mehr rückgängig zu machen; das auf Grund des Zustimmungsbescheids rechtsgültig beendete Arbeitsverhältnis lebt nicht wieder auf, der Arbeitgeber braucht den Schwerbeschädigten weder erneut einzustellen noch irgendwelche Nachzahlungen zu leisten; die Aufhebungsentscheidung fällt ins Leere. Er führt dieses befremdende Ergebnis auf den Ausschluß der aufschiebenden Wirkung der Beschwerde in § 26 Abs. 3 SchwBG sowie darauf zurück, daß ein etwaiger Folgenbeseitigungsanspruch sich nur gegen die Hauptfürsorgestelle, nicht aber gegen den Arbeitgeber richten könne. Dem ist entgegenzuhalten, daß erst mit dem Eintritt der Unanfechtbarkeit des behördlichen Zustimmungsbescheids gewiß wird, ob die Entlassung des Schwerbeschädigten rechtswirksam gewesen ist. Wird der Zustimmungsbescheid auf Anfechtung hin aufgehoben, dann stellt sich heraus, daß die Entlassung unwirksam und infolgedessen auch nicht endgültig gewesen ist, das Arbeitsverhältnis also noch fortbesteht. Einer erneuten Einstellung des Schwerbeschädigten bedarf es nicht, sein Lohnanspruch ergibt sich aus dem Fortbestand seines Arbeitsverhältnisses. Etwas anderes gilt nur, wenn der Schwerbeschädigte sich mit seiner Entlassung abgefunden und durch ausdrückliche Erklärung oder schlüssiges Verhalten sein nachträgliches Einverständnis erklärt hat. Dann ist das Arbeitsverhältnis aber nicht durch die Kündigung, sondern durch beiderseitige Aufhebung beendet und ein etwaiger vom Schwerbeschädigten gegen die Hauptfürsorgestelle wegen der Kündigungszustimmung anhängig gemachter Verwaltungsrechtstreit in der Hauptsache erledigt worden. Ein Folgenbeseitigungsanspruch gegen die Hauptfürsorgestelle kommt bei der Kündigungszustimmung nicht in Betracht. Der Folgenbeseitigungsanspruch kann nur auf den Erlaß von Verwaltungsakten gerichtet sein, deren Erlaß die Verwaltungsbehörde in der Hand hat (z. B. die Zuweisung einer anderen Wohnung an den eingewiesenen Mieter nach Aufhebung der Erfassungsverfügung). Die Hauptfürsorgestelle kann aber nicht durch Verwaltungsakt die mit der Kündigungszustimmung verbundene Wirkung auf das Privatrechtsverhältnis beseitigen; sie braucht es auch nicht, denn diese entfällt mit der Aufhebung der Kündigungszustimmung von selbst. Die Beseitigung der weiteren privatrechtlichen Folgen (Wiederbeschäftigung am alten Arbeitsplatz, Lohnnachzahlung) ist Sache des Arbeitgebers, nicht der Hauptfürsorgestelle.

der gesetzliche Ausschluß der aufschiebenden Wirkung in dieser Hinsicht ohne Bedeutung. Die Vorschrift des § 26 Abs. 3 SchwBG, daß in Schwerbeschädigtenangelegenheiten die aufschiebende Wirkung der Beschwerde ausgeschlossen sei, ist freilich durch § 80 VwGO ersetzt worden (§ 77 Abs. 1 VwGO). Hierdurch hat sich für den Zeitpunkt, in welchem die Kündigung wirksam wird, nichts geändert; denn dieser hätte auch nach bisherigem Recht durch die bloße Anfechtung nicht aufgeschoben werden können.

Aus dem gleichen Grunde ist es ohne Bedeutung, daß das Sozialgerichtsgesetz für die seinem Anwendungsbereich unterliegenden Fälle des öffentlich-rechtlichen Kündigungsschutzes der Anfechtung keine aufschiebende Wirkung beilegt. Die Wirkung der im Sozialgerichtsgesetz geregelten Anfechtung ist insoweit die gleiche wie in den vor die allgemeinen Verwaltungsgerichte gehörenden Fällen des öffentlich-rechtlichen Kündigungsschutzes.

2. *Anordnung und Aussetzung der Vollziehung*

Die Behörde, die der Kündigung zugestimmt oder über den Widerspruch entschieden hat, kann die sofortige Vollziehung im öffentlichen Interesse oder im Interesse eines Beteiligten anordnen mit der Folge, daß die aufschiebende Wirkung entfällt (§ 80 Abs. 2 Satz 4 VwGO). Nach der Einlegung des Widerspruchs kann die Widerspruchsbehörde die Vollziehung aussetzen (§ 80 Abs. Satz 1 VwGO). Auf Antrag kann das Verwaltungsgericht, und zwar schon vor der Erhebung der Anfechtungsklage, die aufschiebende Wirkung ganz oder teilweise wiederherstellen; ist der Verwaltungsakt im Zeitpunkt der Entscheidung schon vollzogen, so kann das Gericht die Aufhebung der Vollziehung anordnen (§ 80 Abs. 5 Satz 1—3 VwGO).

Anordnung und Aussetzung der Vollziehung kommen bei der Kündigungszustimmung in Betracht, soweit sie, wenn auch nur in einem weiteren Sinne, vollzogen werden kann. Sie hat die Folge, daß die zustimmende Behörde weitere Maßnahmen treffen oder nicht mehr treffen darf, die Auswirkungen der Zustimmung sind. Sie bleiben aber ohne Einfluß auf die Wirksamkeit der Kündigung. Muß die Zustimmung der Kündigung vorausgehen, so kann der kündigungswillige Vertragspartner auch ohne Anordnung der sofortigen Vollziehung und trotz behördlicher oder gerichtlicher Aussetzung der Vollziehung die Kündigung aussprechen. Ist die Kündigung mit behördlicher Zustimmung wirksam ausgesprochen, so kann diese Wirksamkeit weder durch die Anfechtung des Kündigungsgegners noch durch die Aussetzung der Vollziehung rückwirkend beseitigt werden. Das gleiche gilt erst recht, wenn die Zustimmung nachträglich erteilt wurde und erteilt werden konnte. Nur der rechtliche Bestand der Kündigung bleibt ungewiß, solange die behördliche Zustimmung angefochten ist. Diese Ungewißheit kann, solange die behördliche Zustimmung nicht rechtskräftig geworden ist, durch die Anordnung der Vollziehung nicht vermindert und durch die Aussetzung der Vollziehung nicht vermehrt werden.

Die über den Widerspruch entscheidende Behörde kann nicht die Vollziehung aussetzen (§ 80 Abs. 4 Satz VwGO), um die Gestaltungswirkung der Kündigungszustimmung hinauszuschieben. Sie kann aber, wenn die zur Erteilung der Zustimmung zuständige Behörde die Zustimmung mit der Maßgabe erteilen kann oder soll, daß die Kündigung erst zu einem späteren Zeitpunkt wirksam werde (z. B. § 17 Abs. 1 Satz 2 SchwBG), der Verfügung der zustimmenden Behörde eine solche Maßgabe beifügen oder deren Maßgabe so abändern, daß die Kündigung erst wirksam wird, nachdem die Widerspruchsbehörde entschieden hat[9]. Die über den Widerspruch entscheidende Stelle kann außerdem in allen Fällen versuchen, im Rahmen der ihr obliegenden öffentlichen Aufgabe eine gütliche Einigung der Beteiligten zu vermitteln, auf Grund deren die Wirksamkeit der Kündigung auf einen späteren Zeitpunkt verschoben wird.

Daß Anordnung und Aussetzung der Vollziehung keinen Einfluß haben auf die Wirksamkeit der Kündigung und die Beendigung des Vertragsverhältnisses, ist bei Versagungsbescheiden noch deutlicher als bei Zustimmungsbescheiden. Der kündigungswillige Vertragspartner, der den Versagungsbescheid anficht, kann nicht für die Dauer des Widerspruchsverfahrens oder des verwaltungsgerichtlichen Verfahrens eine vorläufige Wirksamkeit seiner Kündigung erreichen. Bedarf die Kündigung der vorherigen behördlichen Zustimmung, dann ist sie ohne diese von vornherein und endgültig unwirksam. Genügt die nachträgliche Zustimmung, dann besteht zwar bis zur Unanfechtbarkeit des Versagungsbescheids ein Schwebezustand, jedoch nicht ein Zu-

---

[9] *Sellmann* (Erl. 12 b zu § 17 SchwBG) nimmt an, der Schwerbeschädigte könne seine Entlassung während des Beschwerdeverfahrens nur dadurch verhindern, daß er eine Verfügung des Beschwerdeausschusses erwirke, durch die dem Zustimmungsbescheid aufschiebende Wirkung beigelegt werde; die Rechtslage sei dann die gleiche, als wenn die Hauptfürsorgestelle ihre Zustimmung versagt hätte. *Ehmke* (F V) meint, der Beschwerdeausschuß könne statt dessen das Wirksamwerden der Kündigung gemäß § 17 Abs. 1 S. 2 SchwBG hinausschieben. Sie kann dies jedoch nur dann, wenn sie auf die Beschwerde des Arbeitgebers hin die Zustimmung erteilt. Bis zu diesem Zeitpunkt wäre die Kündigung ohnedies schwebend unwirksam gewesen. Hat die Hauptfürsorgestelle die Zustimmung erteilt und hat der Schwerbeschädigte hiergegen Beschwerde eingelegt, dann kommt die Erteilung der Zustimmung durch den Beschwerdeausschuß nicht in Betracht. Entweder bestätigt er die Entscheidung der Hauptfürsorgestelle, dann hat es bei deren Anordnung sein Bewenden; oder er hebt sie auf, dann ist die Kündigung unwirksam. Solange das Widerspruchsverfahren läuft, trägt der Arbeitgeber die Gefahr der Lohnnachzahlung und etwaiger sonstiger Ersatzpflichten, wenn er den Schwerbeschädigten nicht weiterbeschäftigt hat.

stand schwebender Wirksamkeit, sondern ein Zustand schwebender Unwirksamkeit. Die Aussetzung der Vollziehung kann die Unwirksamkeit nicht in Wirksamkeit verwandeln. Sie käme sonst einer vorläufigen Erteilung der Zustimmung durch das Verwaltungsgericht gleich. Das Verwaltungsgericht ist aber nicht zuständig, an Stelle der Verwaltungsbehörde auch nur vorläufig die Zustimmung zu erteilen. Eine vorläufige Zustimmung wäre mit dem Wesen des privatrechtsgestaltenden Verwaltungsakts unvereinbar. Die Wirksamkeit der Kündigung und die Beendigung des Vertragsverhältnisses können nicht von nur vorübergehender Dauer sein, denn ein beendetes Vertragsverhältnis lebt nicht wieder auf, sondern kann nur von neuem abgeschlossen werden.

3. *Die einstweilige Anordnung*

Es kann im öffentlichen Interesse, vor allem aber im Interesse der beteiligten Vertragspartner liegen, daß bis zur endgültigen Klärung, ob die behördliche Zustimmung Bestand haben wird oder nicht, eine einstweilige Regelung getroffen wird.

Das Sozialgericht kann, von dem hier nicht in Betracht kommenden Vollstreckungsverfahren abgesehen (§ 199 Abs. 2 SGG), keine einstweilige Anordnung treffen. Das allgemeine Verwaltungsgericht kann aber auf Antrag, auch schon vor Erhebung der Klage, eine einstweilige Anordnung in bezug auf den Streitgegenstand treffen, wenn die Gefahr besteht, daß durch eine Veränderung des bestehenden Zustands die Verwirklichung eines Rechts des Antragstellers vereitelt oder wesentlich erschwert werden könnte; die einstweilige Anordnung ist auch zulässig zur Regelung eines vorläufigen Zustands in bezug auf ein streitiges Rechtsverhältnis, wenn diese Regelung, vor allem bei dauernden Rechtsverhältnissen, notwendig erscheint, um wesentliche Nachteile abzuwenden oder drohende Gewalt zu verhindern oder aus anderen Gründen (§ 123 Abs. 1 VwGO). Durch einstweilige Anordnung kann aber nicht die Erteilung oder Versagung der behördlichen Zustimmung zur Kündigung vorläufig aufgehoben werden, weil diese behördlichen Entscheidungen wegen ihrer die bürgerlich-rechtlichen Beziehungen der Vertragspartner gestaltenden Wirkung nicht nur von vorübergehender Dauer sein können, andererseits aber ihre endgültige Aufhebung das Ergebnis einer erfolgreichen Anfechtung vorwegnehmen würde. Strebt der kündigungswillige Vertragspartner die Erteilung der Zustimmung an, dann kann die vorläufige Regelung nicht darin bestehen, daß die Erteilung der Zustimmung verfügt wird; auch hier läge eine mit dem Wesen der einstweiligen Anordnung im Widerspruch stehende Vorwegnahme der mit der Verpflichtungsklage begehrten Entscheidung vor.

Die verwaltungsgerichtliche einstweilige Anordnung kann sich nur auf den Streitgegenstand eines anhängigen oder künftigen Verwaltungsprozesses beziehen. Sie könnte sich also nur befassen mit der öffentlich-rechtlichen Beziehung der Vertragspartner zur Behörde, nicht dagegen mit den bürgerlich-rechtlichen Beziehungen der Vertragspartner untereinander. Der Kündigungsgegner kann beim Verwaltungsgericht keine vorläufige Regelung seines Beschäftigungsverhältnisses oder seines Pachtverhältnisses, insbesondere nicht die Fortzahlung von Arbeitslohn oder die vorläufige Weiterbenutzung des Kleingartenlands erreichen. Die bürgerlich-rechtlichen Beziehungen der Vertragspartner untereinander können auch dann nicht durch eine verwaltungsgerichtliche einstweilige Anordnung vorläufig geregelt werden, wenn der andere Vertragspartner vorher von Amts wegen oder auf Antrag des Klägers oder auf eigenen Antrag beigeladen wurde (§ 65 VwGO). Eine einstweilige Regelung der bürgerlich-rechtlichen Beziehungen der Vertragspartner kann nur das ordentliche Gericht vornehmen, das für die Entscheidung von Streitigkeiten zwischen den Vertragspartnern über die Wirksamkeit der Kündigung oder den Fortbestand ihres Vertragsverhältnisses zuständig ist. Die Rechtsgrundlage der einstweiligen Regelung der bürgerlich-rechtlichen Beziehungen ist enthalten nicht in § 123 VwGO, sondern in den §§ 935, 940 ZPO.

§ 11. Die Wirkung des Urteils

1. *Das Aufhebungsurteil*

Ficht der Kündigungsgegner an und hat die Anfechtung Erfolg, dann wird die Zustimmung aufgehoben. Die Aufhebung wirkt zurück auf den Zeitpunkt, in welchem die Zustimmung erteilt wurde[1]. Die Rechtslage ist die gleiche, als ob die Zustimmung nie erteilt worden wäre. Die bereits ausgesprochene Kündigung ist unwirksam, eine künftige Kündigung wäre unwirksam.

Die Aufhebung der zustimmenden Entscheidung ist jedoch noch keine Versagung. Die über den Widerspruch entscheidende Stelle kann mit der Aufhebung der Zustimmung die Sache selbst entscheiden und die Ablehnung aussprechen. Das Verwaltungsgericht kann dies nicht. War die Kündigung vor der behördlichen Zustimmung schwebend unwirksam, dann steht nach der Aufhebung der Zustimmung fest, daß der Schwebezustand noch vorhanden ist. Die Aufhebung der Zustimmung bewirkt nicht die endgültige Unwirksamkeit der Kündigung. Diese Wirkung hat nur der den Antrag auf Zustimmung ablehnende Bescheid der Behörde. Die verwaltungsgerichtliche Aufhebung der Zu-

[1] BVerwGE 8, 50; *Kammer* DVBl. 1952, 689.

stimmung hat aber zur Folge, daß das Verwaltungsverfahren wieder bei der Verwaltungsbehörde anhängig ist so, als ob sie noch nicht entschieden hätte.

Es ist möglich, daß die behördliche Zustimmung nur wegen eines Verfahrensmangels aufgehoben wird, z. B. weil der Schwerbeschädigte nicht gehört oder die Stellungnahme des Vertrauensmanns der Schwerbeschädigten nicht eingeholt wurde. In diesem Falle bewirkt die Aufhebung der Zustimmung, daß die Behörde erneut, nunmehr unter Vermeidung des Verfahrensmangels, über den Antrag des Kündigungswilligen entscheiden muß. Es bedarf keines Verpflichtungsurteils, um die Pflicht der Behörde zur erneuten Entscheidung zu begründen; ihre Entscheidungspflicht ist bereits eine Folge des Umstandes, daß nach Aufhebung des Zustimmungsbescheids über den Antrag in der Sache entschieden werden muß. Die Behörde ist verpflichtet, den Fall im Sinne der im Urteil des Verwaltungsgerichts niedergelegten Rechtsauffassung neu zu regeln[2]. Ändert sich die Rechtslage nach Rechtskraft des verwaltungsgerichtlichen Urteils, aber vor Erlaß der neuen Verwaltungsentscheidung, so ist die Verwaltungsbehörde nicht einmal an das verwaltungsgerichtliche Urteil gebunden. Die neue Entscheidung muß nicht in jedem Falle ein Versagungsbescheid sein. Sie kann auch auf Erteilung der Zustimmung lauten, wenn die alte Entscheidung nur wegen eines Form- oder Verfahrenmangels oder wegen eines Ermessensfehlers aufgehoben worden ist.

Die Aufhebung der behördlichen Zustimmung hat nicht zur Folge, daß die Entlassung des Arbeitnehmers dadurch „rückgängig gemacht" wird. Sie braucht nicht rückgängig gemacht zu werden, denn sie war bisher noch nicht endgültig. Widerspruchsbescheid und verwaltungsgerichtliches Aufhebungsurteil fallen nicht ins Leere[3]. Das Arbeitsver-

---

[2] BVerwGE 2, 57. Das Gesetz (§ 113 Abs. 4 Satz 2 VwGO, § 131 Abs. 3 SGG) sieht einen gerichtlichen Verpflichtungsausspruch des Inhalts, den Kläger unter Beachtung der Rechtsauffassung des Gerichts zu bescheiden, nur für den Fall vor, daß ein beantragter Verwaltungsakt unterlassen worden ist.

[3] Wie *Sellmann* (Erl. 12 c zu § 17, Erl. 18 zu § 29 SchwBG) ausführt. Er meint, daß die einmal rechtsgültig erfolgte Entlassung durch die Aufhebungsentscheidung nicht wieder rückgängig gemacht werden und ein rechtlicher und tatsächlicher Zustand, der einmal bestanden habe, nicht mit Wirkung für die Vergangenheit wieder beseitigt werden könne. Die Entscheidung des Beschwerdeausschusses oder des Verwaltungsgerichts stellt aber nicht lediglich die Rechtswidrigkeit der angefochtenen Verfügung fest, sondern sie wirkt kassatorisch; sie beseitigt den als rechtswidrig erkannten Verwaltungsakt. Die Entscheidung lautet auf Aufhebung, die Feststellung der Rechtswidrigkeit gehört in die Gründe. Nicht zutreffend ist auch die Meinung von *Wilrodt-Gotzen* (Erl. 65 zu § 14, Erl. 36 zu § 26 SchwBG), der Beschwerdeausschuß bestimme nach freiem Ermessen, wieweit seine Entscheidung zurückwirke. Nur dann, wenn der Beschwerdeausschuß den ablehnenden Bescheid der Hauptfürsorgestelle aufhebt und in der Sache selbst entscheidet, gilt auch für ihn die Vorschrift (§ 17 Abs. 1 S. 2 SchwBG), daß

hältnis braucht nicht wieder aufzuleben, weil sich lediglich herausstellt, daß es noch nicht beendet war. Auf das Vertragsverhältnis wirkt die Aufhebung der behördlichen Zustimmung nur mittelbar ein, indem sie die Vertragspartner so stellt, als ob die Zustimmung nicht erteilt worden wäre. Die Kündigung ist schwebend unwirksam, ihre Unwirksamkeit ist aber heilbar. Sie hat das Vertragsverhältnis nicht aufgelöst, doch besteht noch die Möglichkeit, daß ihr diese Wirkung beigelegt wird. Das Arbeitsverhältnis war in der Zwischenzeit nicht aufgelöst und nicht, wenn der Arbeitnehmer weiterbeschäftigt wurde, durch ein faktisches Arbeitsverhältnis ersetzt, aus welchem der Arbeitnehmer Ansprüche herleiten kann[4].

Es richtet sich kein Folgenbeseitigungsanspruch gegen die Behörde, deren Entscheidung aufgehoben wird[5]. Der Folgenbeseitigungsanspruch richtet sich nur darauf, behördliche Vollziehungsmaßnahmen, die den aufgehobenen Verwaltungsakt zur Voraussetzung haben, wieder rückgängig zu machen[6]. Besondere Vollziehungsmaßnahmen zur Ausführung der behördlichen Anordnung kommen bei der behördlichen Zustimmung zur Kündigung regelmäßig nicht in Betracht. Der Folgenbeseitigungsanspruch ist nicht darauf gerichtet, alle nachteiligen Folgen der aufgehobenen behördlichen Entscheidung zu beseitigen. Es ist nicht Sache der Behörde, Folgen zu beseitigen, die der Arbeitgeber oder Verpächter im Hinblick auf die Vertragsbeendigung herbeigeführt hat, wie die Einstellung der Lohnzahlung oder die Wegnahme des Pachtlands. Hat der kündigungswillige Vertragspartner auf die Zustimmung der Behörde hin oder mit deren nachträglicher Zustimmung die Kündigung bereits ausgesprochen und dadurch die Vertragsbeendigung herbeigeführt und hat er das Beschäftigungsverhältnis auch nicht vorläufig aufrechterhalten oder die weitere Nutzung des Pachtlandes vorläufig geduldet, dann kann das Gericht auch auf den Antrag des Kündigungsgegners hin nicht aussprechen, daß und wie die Verwaltungsbehörde die Vollziehung der Zustimmung durch den anderen Vertragspartner rückgängig zu machen hat (§ 113 Abs. 1 Satz 2 VwGO).

Wurde aber durch die Erteilung der Kündigungszustimmung eine dem gekündigten Arbeitnehmer gegenüber obliegende Amtspflicht verletzt und ist dadurch ein Schaden entstanden, der durch Gebrauch eines Rechtsmittels nicht abgewendet werden konnte, so kann der Geschädigte die Staatshaftung geltend machen (Art. 34 GG in Verbindung mit § 839 BGB).

---

die Zustimmung unter gewissen Voraussetzungen mit der Maßgabe erteilt werden soll, daß die Kündigung frühestens 4 Wochen nach dem Zeitpunkt der Entscheidung wirksam wird.

[4] Ebenso BVerwGE 8, 46 sowie *Rohwer-Mann* Erl. 22, 23 zu § 17 SchwBG.

[5] A. M. *Sellmann* Erl. c zu § 17, Erl. 18 zu § 29 SchwBG.

[6] *Bachof*, Vornahmeklage S. 98 ff.

Ist die Anfechtung des kündigenden Vertragspartners erfolgreich, dann ist der Stand der privatrechtlichen Beziehungen der Vertragspartner derselbe wie bei der erfolgreichen Anfechtung des Kündigungsgegners. Es steht fest, daß der Ablehnungsbescheid den Zustand der schwebenden Unwirksamkeit der Kündigung nicht beseitigt hat und daß eine bisher noch nicht ausgesprochene Kündigung schwebend unwirksam sein würde, wenn nicht die vorausgehende behördliche Zustimmung gesetzlich vorgeschrieben ist. Trotz Kündigung besteht das Vertragsverhältnis fort, mit dem Vorbehalt freilich, daß die schwebend unwirksame Kündigung noch geheilt werden und sich dadurch die Beendigung des Vertragsverhältnisses zu dem vom Kündigenden vorgesehenen Zeitpunkt ergeben kann.

Die Aufhebung des Ablehnungsbescheids ist ebensowenig eine Zustimmung wie die Aufhebung des Zustimmungsbescheids noch keine Versagung ist; es ist vielmehr auch hier nur diejenige Verfahrenslage wieder hergestellt, die bestanden hätte, wenn der Antrag des Kündigungswilligen nicht abgelehnt worden wäre: Die Behörde muß über seinen Antrag erneut entscheiden. Die Behörde ist auch nicht in jedem Falle verpflichtet, nunmehr zugunsten des Antragstellers zu entscheiden. Ist der Ablehnungsbescheid aufgehoben worden wegen eines Mangels im Verfahren der Behörde, dann kann die Behörde auch bei Vermeidung des Verfahrensmangels zu dem gleichen sachlichen Ergebnis kommen wie früher. Wurde der Ablehnungsbescheid aufgehoben aus sachlichen Gründen, dann darf die Behörde nicht aus dem gleichen Grunde erneut ablehnen. War z. B. die Vorfrage, ob die Zustimmung erforderlich ist, entgegen der Auffassung der Behörde zu bejahen, dann hat diese bei ihrer erneuten Entscheidung von der Erforderlichkeit der Zustimmung auszugehen. War, entgegen der Auffassung der Behörde, der Tatbestand gegeben, der die Erteilung der Zustimmung zuließ, dann kann in der erneuten Entscheidung die Zustimmung nicht mehr mit der Begründung abgelehnt werden, daß dieser Tatbestand nicht gegeben sei; handelt es sich um einen Fall, in welchem die Zustimmung erteilt werden mußte (gebundene Zustimmung), dann muß nunmehr die Zustimmung erteilt werden.

2. *Das Verpflichtungsurteil*

Der Kündigungswillige, dessen Antrag auf Erteilung der behördlichen Zustimmung abgelehnt worden ist, wird sich in der Regel nicht damit begnügen, die Aufhebung des Ablehnungsbescheids zu verlangen, sondern er wird die Zustimmung selbst zu erreichen versuchen. In diesem Punkt unterscheiden sich Widerspruchsverfahren und verwaltungsgerichtliches Verfahren wesentlich voneinander. Im Widerspruchsverfahren kann der kündigungswillige Vertragspartner die Zustimmung unmittelbar erreichen. Entscheidet im Widerspruchsverfahren diejenige Behörde, die den angefochtenen Verwaltungsakt erlassen oder abgelehnt hat, dann folgt dies aus ihrer an sich gegebenen Zuständigkeit zur Entscheidung über den Antrag. Aber auch die nächsthöhere Behörde oder ein Ausschuß, der über den Widerspruch entscheidet, können an Stelle der an sich zuständigen Behörde in der Sache abschließend zugunsten des Antragstellers entscheiden, indem sie ihm die begehrte Zustimmung erteilen; denn im Widerspruchsverfahren ist nicht nur die Rechtmäßigkeit, sondern auch die Zweckmäßigkeit der Ablehnung des Verwaltungsakts nachzuprüfen (§ 68 Abs. 2 VwGO). Das Verwaltungsgericht kann es nicht. Es kann nur, wenn es einen Rechtsanspruch des Klägers auf Erteilung der Zustimmung bejaht, die Verpflichtung der Behörde aussprechen, die Zustimmung zu erteilen.

Die Erteilung der Zustimmung durch die Widerspruchsbehörde wirkt in dem gleichen Umfange zurück, wie die Entscheidung der an sich zuständigen Behörde zurückwirken würde. Die bisher schwebend unwirksame Kündigung ist so zu behandeln, als ob sie von Anfang an wirksam gewesen wäre. Die verwaltungsgerichtliche Verurteilung der Behörde zur Erteilung der Zustimmung wirkt nicht zurück, und zwar auch dann nicht, wenn ein Rechtsanspruch auf Erteilung der Zustimmung bestand[7]. Die verwaltungsgerichtliche Entscheidung kann die Erteilung der Zustimmung durch die zuständige Behörde nicht ersetzen. Die Rechtswirkungen der Zustimmung können vielmehr erst eintreten, wenn die zuständige Behörde in Ausführung der ihr auferlegten Verpflichtung die Zustimmung erteilt. Diese wirkt dann allerdings ebenfalls in dem gleichen Umfange zurück, wie eine Zustimmung, die sie auf den Antrag des Kündigenden sogleich erteilt hätte. War die Kündigung schon ausgesprochen, dann ist sie als von Anfang an wirksam — oder vielmehr: als nicht wegen Verstoßes gegen das Kündigungsverbot unwirksam — anzusehen, selbst wenn alle verwaltungsgerichtlichen Instanzen durchlaufen werden mußten und seit dem Ausspruch der Kündigung Jahre verstrichen sind. Es kann sich dann ergeben, daß das Vertragsverhältnis schon seit Jahren nicht mehr besteht. Hatte der Kündigungswillige die Erteilung der Zustimmung abgewartet oder mußte er sie abwarten, dann bestand das Vertragsverhältnis Jahre hindurch weiter. Es kann sein, daß die endgültige Entscheidung infolge der Verzögerung für den Arbeitgeber schon vorher wertlos wird, so z. B. im Falle der erwerbstätigen Mutter, die nur während der bestimmten Zeit vor und nach der Geburt des Kindes den besonderen gesetzlichen Kündigungsschutz genießt, nach Ablauf dieser Zeit. Ein etwa anhängiger Rechtsstreit hat sich dann durch Zeit-

---

[7] *Zigan* Erl. 8 zu § 17 SchwBG. A. M. *Monjau* Erl. 6 c zu § 14 SchwBG.

ablauf erledigt; der Schutz des Gesetzes hat sich zugunsten der erwerbstätigen Mutter voll ausgewirkt. Es ist Sache des Arbeitgebers, vor der Beschreitung des Verwaltungsrechtswegs oder der Einlegung eines weiteren Rechtsmittels die Aussicht auf einen rechtzeitigen Erfolg zutreffend zu beurteilen oder beim Arbeitsgericht eine einstweilige Regelung des Arbeitsverhältnisses herbeizuführen. Für den Schwerbeschädigten ist jedoch diese Rückwirkung ohne Bedeutung; denn auch die auf Grund eines verwaltungsgerichtlichen Verpflichtungsurteils erteilte Zustimmung soll nur mit der Maßgabe erteilt werden, daß die Kündigung frühestens vier Wochen nach der Zustellung der Entscheidung wirksam wird (§ 17 Abs. 2 Satz 1 SchwBG); der Arbeitgeber des Schwerbeschädigten wird also im Prozeßwege das Ziel der Vertragsbeendigung in der Regel nur für die Zeit nach der Prozeßbeendigung erreichen. Steht fest, daß die Zustimmung schon auf den Antrag hin hätte erteilt werden müssen, so ist nicht ein vor den Verwaltungsgerichten durchzusetzender Folgenbeseitigungsanspruch, sondern allenfalls ein zivilgerichtlich verfolgbarer Amtshaftungsanspruch (Art. 34 GG, § 839 BGB) gegeben.

3. *Die Abweisung der Klage*

Ficht der kündigende Vertragspartner den behördlichen Ablehnungsbescheid an und ist die Anfechtung erfolglos, dann ist eine künftige Kündigung von Anfang an unwirksam. Gegenüber der bereits ausgesprochenen Kündigung hat der Ablehnungsbescheid den Schwebezustand beseitigt. Solange der Ablehnungsbescheid nicht rechtskräftig war, war es aber ungewiß, ob die Unwirksamkeit der Kündigung endgültig war. Die Rechtskraft des Ablehnungsbescheides beseitigt diesen Zustand der Ungewißheit. Es steht fest, daß der Ablehnungsbescheid den Schwebezustand beseitigt hat. Die Kündigung ist von Anfang an unwirksam, das Vertragsverhältnis besteht fort, der Arbeitgeber ist dem gekündigten Arbeitnehmer gegenüber zur Weiterbeschäftigung und Lohnfortzahlung verpflichtet, der Verpächter ist verpflichtet, dem gekündigten Kleingärtner das Kleingartenland weiter zu belassen.

Ficht der Kündigungsgegner die behördliche Zustimmung an und ist die Anfechtung erfolglos, dann wird die Zustimmung rechtskräftig. Dann steht endgültig fest, daß die Zustimmung die Wirkung äußert, die ihr an sich zukommt. Sie äußert sie nicht erst von dem Zeitpunkt an, an welchem sie rechtskräftig wird. Die Rechtskraft schafft nur Gewißheit darüber, daß die Zustimmung die ihr bestimmungsgemäß innewohnenden Wirkungen hat. Hat der Kündigungswillige die Rechtskraft der Zustimmung abgewartet, dann steht endgültig fest, daß er wirksam kündigen kann. Hatte er nur die Erteilung der Zustimmung, nicht aber ihre Rechtskraft abgewartet, dann steht nunmehr fest, daß die Kündigung von Anfang an wirksam gewesen ist. Hatte er auch die Erteilung der Zustimmung nicht abgewartet und brauchte er, anders als im Falle des § 9 MuSchG, dies nicht zu tun, dann steht mit dem Eintritt der Rechtskraft endgültig fest, daß die Zustimmung die schwebende Unwirksamkeit der Kündigung geheilt hat und daß die Kündigung so anzusehen ist, als ob ihr von Anfang an das Kündigungsverbot nicht entgegengestanden hätte.

§ 12. Verwaltungsgerichtliches und zivilgerichtliches Verfahren

1. *Die Prozeßparteien*

Im *verwaltungsgerichtlichen* Verfahren ist beklagte Prozeßpartei ein Träger öffentlicher Gewalt: der Bund, das Land oder die Körperschaft, deren Behörde den angefochtenen Verwaltungsakt erlassen oder den beantragten Verwaltungsakt unterlassen hat, nach landesrechtlicher Bestimmung auch die Behörde selbst (§ 78 Abs. 1 VwGO). Behörde in diesem Sinne ist die Widerspruchsbehörde, wenn auf den Widerspruch des kündigenden Vertragspartners die Zustimmung durch den Widerspruchsbescheid erteilt und dadurch der Kündigungsgegner erstmalig beschwert wurde (§ 78 Abs. 2 VwGO).

Kläger ist in der Regel einer der Partner des Vertragsverhältnisses, dessen Beendigung durch die zustimmungsbedürftige Kündigung erreicht werden soll. Soweit der Streit um Erteilung oder Versagung der Zustimmung geht, kann nur einer der Vertragspartner Kläger sein. Bei der Verpflichtungsklage ist es der kündigende Vertragspartner; mit seiner Klage erstrebt er einen Ausspruch über die Verpflichtung der Behörde, die beantragte Zustimmung zu erteilen. Für den Kündigungsgegner kommt nur die Anfechtungsklage in Betracht; ihm ist nur an der Aufhebung des die Zustimmung erteilenden Verwaltungsakts gelegen. Ist in Verbindung mit einer Kündigungszustimmung einem Dritten eine Verpflichtung auferlegt — einem Sozialversicherungsträger die Gewährung von Wochenhilfeleistungen an die wegen ihrer Mutterschaft aus dem Arbeitsverhältnis scheidende Arbeitnehmerin (§ 9 Abs. 2 Satz 1 MuSchG) oder dem das Kleingartenland aus Gründen des Gemeinwohls beanspruchenden Unternehmer die Pflicht zur angemessenen Entschädigung (§ 3 Abs. 1—4 KlGVO) —, so kommt der belastete Dritte als Anfechtungskläger in Betracht; seine Anfechtungsklage richtet sich aber nicht gegen die Erteilung der Zustimmung zur Kündigung, sondern gegen die ihm auferlegte Verpflichtung.

Der andere Vertragspartner ist im verwaltungsgerichtlichen Verfahren nicht Prozeßpartei. Er kann aber — auf eigenen Antrag oder auf Antrag einer der Prozeßparteien oder von Amts wegen — beigeladen werden, weil seine rechtlichen Interessen durch die Entscheidung berührt werden; er muß sogar beigeladen werden, weil die Entscheidung über die Rechtmäßigkeit der Erteilung oder Versagung der Zustimmung und über die Verpflichtung zur Erteilung der Zustimmung beiden Vertragspartnern gegenüber nur einheitlich ergehen kann (§ 65 Abs. 2 VwGO, § 75 Abs. 2 SGG).

Ist die Erteilung der Zustimmung angefochten, so wird das rechtliche Interesse des kündigenden Vertragspartners an der Wirksamkeit seiner Kündigung berührt; klagt der kündigende Vertragspartner auf Erteilung der Zustimmung, so hat der Kündigungsgegner ein rechtliches Interesse daran, daß die schon ausgesprochene Kündigung nicht wirksam wird oder die beabsichtigte Kündigung nicht wirksam ausgesprochen werden kann. Das verwaltungsgerichtliche Urteil ist dann auch dem Beigeladenen gegenüber wirksam (§ 63 Nr. 3, § 121 VwGO, § 69 Nr. 3, § 141 Abs. 1 SGG), und er kann wie Prozeßparteien Rechtsmittel einlegen (§ 66 VwGO, § 75 Abs. 4 SGG). Auch der durch einen Zubilligungsbescheid oder Entschädigungsbescheid belastete Dritte kann im Rechtsstreit über die Erteilung oder Versagung der Zustimmung beigeladen werden, weil nicht nur sein wirtschaftliches, sondern auch sein rechtliches Interesse berührt wird.

Die Aufhebung der Kündigungszustimmung muß auch zur Aufhebung des Zubilligungs- oder Entschädigungsbescheides führen. Das Interesse des Dritten an der Aufhebung der Kündigungszustimmung ist zwar nur mittelbar; es ist aber ein rechtliches Interesse, weil mit der Kündigungszustimmung auch die Grundlage für den ihn belastenden Bescheid entfällt. Die Aufhebung des ihn unmittelbar belastenden Bescheids kann er aber nicht durch Antrag auf Beiladung, sondern nur durch Erhebung der Anfechtungsklage gegen diesen Bescheid erreichen.

Im *zivilgerichtlichen* Verfahren fehlt der Träger öffentlicher Gewalt als Prozeßpartei.

Im arbeitsgerichtlichen Kündigungsschutzverfahren ist Kläger der gekündigte Arbeitnehmer. Will er geltend machen, daß eine Kündigung sozial ungerechtfertigt ist, so kann er innerhalb von drei Wochen nach Zugang der Kündigung Klage beim Arbeitsgericht erheben (§ 3 Satz 1 KSchG). Gehört er einem der unter behördlichem Kündigungsschutz stehenden Personenkreise an, so kann er genötigt sein, sowohl vor dem Arbeitsgericht als auch vor dem Verwaltungsgericht Klage zu erheben; bedarf die Kündigung der Zustimmung einer Behörde, dann läuft die Frist zur Anrufung des Arbeitsgerichts erst von der Bekanntgabe der Entscheidung der Behörde an den Arbeitnehmer ab (§ 3 Satz 2 KSchG). Er ist dann in beiden Verfahren Kläger.

Der Arbeitgeber ist im arbeitsgerichtlichen Kündigungsschutzverfahren stets in der Rolle des Beklagten. Im verwaltungsgerichtlichen Verfahren kann er Kläger oder Beklagter oder Beigeladener sein.

Der Kleingärtner hat nach geltendem Recht keinen besonderen, dem arbeitsgerichtlichen Kündigungsschutz vergleichbaren zivilgerichtlichen Kündigungsschutz. Er kann es darauf ankommen lassen, daß der Verpächter Räumungsklage erhebt. Er kann aber auch von sich aus eine Klage auf Feststellung des Fortbestehens seines Pachtverhältnisses erheben, wenn er an der alsbaldigen Feststellung ein berechtigtes Interesse hat; das berechtigte Interesse wird zu bejahen sein, wenn er es mit der Unwirksamkeit der Kündigung wegen Fehlens der behördlichen Zustimmung begründet. Im verwaltungsgerichtlichen Verfahren kann jeder der beiden Vertragspartner Kläger oder Beklagter oder Beigeladener sein. Im zivilgerichtlichen Räumungsprozeß ist der Verpächter stets Kläger, der Pächter Beklagter. Der Verpächter kann genötigt sein, vor oder gleichzeitig mit der Räumungsklage eine verwaltungsgerichtliche Klage auf Erteilung der behördlichen Genehmigung zu erheben. Der Pächter kann genötigt sein, vor oder nach Erhebung der Räumungsklage gegen ihn die Erteilung der behördlichen Kündigungsgenehmigung vor dem Verwaltungsgericht anzufechten.

Da die innere Rechtskraft der gerichtlichen Entscheidung sich grundsätzlich nur auf die Prozeßparteien und ihre Rechtsnachfolger erstreckt (§ 121 VwGO, § 141 Abs. 1 SGG), macht allein wegen der Verschiedenheit der Prozeßparteien ein zivilgerichtliches Kündigungsschutz- oder Räumungsverfahren nicht ein verwaltungsgerichtliches Verfahren auf Erteilung oder Versagung der Zustimmung entbehrlich, noch macht umgekehrt das verwaltungsgerichtliche Verfahren das zivilgerichtliche Verfahren überflüssig. Im Einzelfall freilich kann die verwaltungsgerichtliche Entscheidung für die Beteiligten die Anrufung des Zivilgerichts entbehrlich machen. Erreicht der Vertragspartner, gegen den die Kündigung sich richtet, die verwaltungsgerichtliche Aufhebung der behördlichen Zustimmung, dann kann seine arbeitsgerichtliche Klage, die er zur Fristwahrung erheben mußte, sich dadurch erledigen. Erreicht der Verpächter eines Kleingärtners auf Grund eines verwaltungsgerichtlichen Verpflichtungsurteils die Erteilung der Genehmigung, so kann es sein, daß der Pächter es nicht mehr auf einen Räumungsprozeß ankommen läßt oder, wenn Klage auf Räumung erhoben ist, den Räumungsanspruch des Verpächters anerkennt. Ob mehrere Verfahren vor verschiedenen Zweigen der Gerichtsbarkeit durchgeführt werden, ist jedoch eine Frage des Einzelfalls; beide Verfahren sind weder der Form noch der Sache nach identisch. Auch wenn der Verpächter im verwaltungsgerichtlichen Anfechtungsprozeß des Pächters beigeladen ist, so ist nicht er, sondern die beklagte Behörde der Sache nach Prozeßgegner, und es darf die verwaltungsgerichtliche Anfechtungsklage des Pächters nicht mit der Begründung abgewiesen werden, daß die gerichtlichen Verfahren beider Rechtszweige der Sache nach gleich (identisch) seien[1].

2. *Der Streitgegenstand*

Wie im Zivilprozeß, ist es auch im Verwaltungsprozeß strittig, welches der Streitgegenstand ist[2]. Zu dieser Streitfrage in dem vorliegenden Zusammenhang Stellung zu nehmen, ist nicht erforderlich; denn es gilt hier nur, für den Sachbereich des öffentlich-rechtlichen Kündigungsschutzes durch Gegenüberstellung augenfällig zu machen, um was es im Verwaltungsprozeß und im Zivilprozeß geht.

Bei der *verwaltungsgerichtlichen* Anfechtungsklage will der Kläger die Aufhebung der behördlichen Entscheidung und des etwaigen Widerspruchsbescheids erreichen (§ 42 Abs. 1, § 113 Abs. 1 Satz 1 VwGO; § 54 Abs. 1 Satz 1 SGG). Bei der Verpflichtungsklage will er einen Ausspruch des Gerichts des Inhalts, daß die Behörde verpflichtet sei, die Zustimmung zur Kündigung zu erteilen, erreichen (§ 42 Abs. 1, § 113 Abs. 4 Satz 1 VwGO, § 54 Abs. 1 Satz 1, § 131 Abs. 2 SGG). Ist die Verpflichtungsklage begründet, aber nicht in jeder Hinsicht spruchreif, so spricht das Gericht die Verpflichtung der Behörde aus, den Kläger unter Beachtung der Rechtsauffassung des Gerichts zu bescheiden (§ 113 Abs. 4 Satz 2 VwGO, § 131 Abs. 3 SGG); dieser Fall wird regelmäßig dann gegeben sein, wenn es sich um eine Ermessensentscheidung der Behörde handelt und ein inhaltlich bestimmter Verpflichtungsausspruch das Ermessen der Behörde einengen würde. Gibt das Verwaltungsgericht der Anfechtungsklage statt, so begründet es die Aufhebung damit, daß der angefochtene Bescheid rechtswidrig gewesen und der Kläger dadurch in seinen Rechten verletzt worden sei (§ 113 Abs. 1 Satz 1 VwGO). Gibt es der Verpflichtungsklage statt, so begründet es seinen Ausspruch damit, daß die Ablehnung oder Unterlassung der Zustimmung rechtswidrig und der Kläger dadurch in seinen Rechten verletzt worden und die Sache außerdem spruchreif sei (§ 113 Abs. 4 VwGO, § 131 Abs. 2 SGG). Weist es die Klage durch

---

[1] A. M. BVerwGE 1, 137.

[2] Für das arbeitsgerichtliche Kündigungsschutzverfahren *Bötticher*, Streitgegenstand und Rechtskraft im Kündigungsschutzprozeß (Beiträge zu Problemen des neuzeitlichen Arbeitsrechts, Festschrift für Wilhelm *Herschel*, Schriftenreihe des Bundesarbeitsministeriums H. 1, 1955 S. 181—197); *Habscheid*, Zur Lehre vom Streitgegenstand im Kündigungsschutzprozeß, in: RdA 1958, 46—50, 99—100. Für das verwaltungsgerichtliche Verfahren vgl. den Überblick über das Schrifttum, den Stand und die praktische Bedeutung der Streitfrage bei *Ule*, Verwaltungsgerichtsbarkeit, Erl. II 2 a zu § 121 VwGO (S. 131 ff.). Ferner: *Lüke*, Zum Streitgegenstand im arbeitsgerichtlichen Kündigungsschutzprozeß in: JZ 1960, 203—205.

Sachentscheidung ab, so begründet es dies damit, daß die Erteilung oder Versagung der Zustimmung nicht rechtswidrig gewesen seien oder daß der Kläger dadurch nicht in seinen Rechten verletzt worden oder — bei der Verpflichtungsklage — die Sache noch nicht spruchreif sei. Immer geht es darum, einen Hoheitsakt zu beseitigen oder zu erreichen, der eine wirksame Kündigung ermöglicht oder ausschließt. Dieser Gegenstand des Rechtsstreits ist öffentlich-rechtlicher Natur. Wie die behördliche Entscheidung über Erteilung oder Versagung der Zustimmung einen Einzelfall auf dem Gebiet des öffentlichen Rechts regelt, so betrifft auch der verwaltungsgerichtliche Rechtsstreit nur die hoheitlichen Beziehungen zwischen Bürger und Staat; nur auf diese erstreckt sich die innere Rechtskraft der verwaltungsgerichtlichen Entscheidung. Die bürgerlich-rechtlichen Beziehungen der Vertragspartner werden nur mittelbar hiervon berührt, sofern das Vorliegen der Zustimmung eine Voraussetzung für die Wirksamkeit der Kündigung ist. Das Verwaltungsgericht befindet nicht über die Wirksamkeit der Kündigung. Die Wirksamkeit der ausgesprochenen oder beabsichtigten Kündigung steht nur im Hintergrund des Verwaltungsrechtsstreits. Sie hängt von seinem Ausgang ab. Das verwaltungsgerichtliche Verfahren selbst ist aber losgelöst von dieser Frage.

Im *zivilgerichtlichen* Verfahren dagegen ist sie die Hauptfrage; hier ist zu entscheiden über die Wirksamkeit der Kündigung oder über ihre Folge, die Beendigung des Vertragsverhältnisses.

Im arbeitsgerichtlichen Kündigungsschutzverfahren erhebt der Arbeitnehmer Klage auf Feststellung, daß das Arbeitsverhältnis durch die Kündigung nicht aufgelöst ist (§ 3 Satz 1 KSchG). Das Gericht stellt fest, daß das Arbeitsverhältnis durch die Kündigung nicht aufgelöst ist (§ 7 Abs. 1 Satz 1 KSchG) oder es weist die Klage ab. Gegenstand der arbeitsgerichtlichen Feststellung ist das Fortbestehen des Arbeitsverhältnisses, Klagegrund die Sozialwidrigkeit der Kündigung. Wie die Sozialwidrigkeit nicht der einzige in Betracht kommende Unwirksamkeitsgrund der Kündigung ist, so ist sie auch nicht der einzig mögliche Klagegrund der Kündigungsschutzklage[3]. Es können weitere Unwirksamkeitsgründe geltend gemacht werden, die auf bürgerlichem Recht beruhen, z. B. das Vorliegen von Willensmängeln, die Nichteinhaltung der Kündigungsfrist, die Sittenwidrigkeit der Kündigung. Die Nichtigkeit der sittenwidrigen Kündigung kann der Arbeitnehmer unabhängig von den bürgerlich-rechtlichen Vorschriften des Kündigungsschutzgesetzes (§ 11 Abs. 3 Satz 1 KSchG), als Hauptfrage jedoch nur vor den Arbeitsgerichten geltend machen.

---

[3] *Ostermeyer*, Die sozialwidrige und die aus sonstigen Gründen unwirksame Kündigung, in: RdA 1952, 142 f.

Im arbeitsgerichtlichen Kündigungsschutzverfahren kann auch das Fehlen der behördlichen Kündigungszustimmung geltend gemacht werden als ein Unwirksamkeitsgrund, der auf dem öffentlichen Recht beruht. Weil er seiner öffentlich-rechtlichen Natur entsprechend zwingenden Rechts ist, ist er vom Arbeitsgericht sogar von Amts wegen zu beachten, wenn die Entscheidung davon abhängt. Er ist aber keine Prozeßvoraussetzung des arbeitsgerichtlichen Kündigungsschutzverfahrens[4]. Es ist eine Entscheidung in der Sache, wenn das Arbeitsgericht das Vorliegen der behördlichen Zustimmung bejaht oder verneint. Liegt die behördliche Zustimmung nicht vor, dann kann der Klage schon aus diesem Grunde stattgegeben werden, weil die Kündigung ohne Zustimmung unwirksam ist. Der Klage kann aber auch ohne Rücksicht auf das Vorliegen oder Nichtvorliegen der Zustimmung stattgegeben werden, wenn die Kündigung aus einem anderen Grunde, etwa wegen Sozialwidrigkeit, unwirksam ist. Weil das Vorliegen oder Nichtvorliegen der Zustimmung nicht die Zulässigkeit der Klage, sondern nur die Sachentscheidung beeinflußt, ist das Fehlen der Zustimmung ebenso wie die Sozialwidrigkeit eine klagebegründende Tatsache. Sie ist andererseits nicht notwendiger Bestandteil jeder Klagebegründung, weil die Geltendmachung irgendeines Unwirksamkeitsgrundes für die Klagebegründung ausreicht. Von der zwingenden Natur des Zustimmungserfordernisses abgesehen, sind die Unwirksamkeitsgründe im arbeitsgerichtlichen Verfahren gleichwertig. Keiner von ihnen geht dem anderen vor, keiner greift nur hilfsweise ein. Trotzdem gibt es, wenn mehrere Unwirksamkeitsgründe in Betracht kommen, eine natürliche Reihenfolge der Prüfung: Zunächst ist zu prüfen, ob die Kündigung aus anderen Gründen im Sinne des § 11 Abs. 4 KSchG unwirksam ist. Hierher gehören insbesondere die öffentlich-rechtlichen Kündigungsverbote wie die Unzulässigkeit der Kündigung gegenüber einem Betriebsratsmitglied (§ 13 KSchG) oder jene Fälle, in welchen die Kündigung der Zustimmung einer Behörde bedarf. Liegen weder öffentlich-rechtliche noch sonstige bürgerlich-rechtliche Unwirksamkeitsgründe vor, dann ist die Sittenwidrigkeit der Kündigung zu prüfen, wenn sie sich aus dem Klagevortrag ergibt. Zuletzt ist die Sozialwidrigkeit zu prüfen. Diese Reihenfolge ist aber nicht in dem Sinne verbindlich, daß sie unter allen Umständen eingehalten werden muß[5]. Das Arbeitsgericht kann vielmehr auch prozeßwirtschaftliche Gesichtspunkte berücksichtigen. Ist es ungewiß, ob die behördliche Zustimmung erteilt wird oder schwebt hierüber ein verwaltungsgerichtliches Verfahren, dann braucht das Arbeitsgericht nicht dessen Ausgang abzuwarten, wenn die Tatsachen, welche die Sozialwidrigkeit der Kün-

---

[4] A. M. VGH München 9. 12. 1954 (E., 1756) und 4. 7. 1955 (FürsE 3, 243).

[5] Wie *Ostermeyer* a. a. O. S. 143 anzunehmen scheint.

digung begründen, unstreitig sind oder im Wege der Beweisaufnahme in kurzer Zeit festgestellt werden können[6]. Es kann andererseits, wenn Erteilung oder Versagung der behördlichen Zustimmung unanfechtbar feststehen, diesen Umstand seiner Entscheidung zugrunde legen, ohne über die den Vorwurf der Sozialwidrigkeit begründenden Tatsachen Beweis zu erheben, selbst wenn der Arbeitnehmer sich ausschließlich auf die Sozialwidrigkeit der Kündigung beruft. Jeder Unwirksamkeitsgrund reicht für sich allein aus, der Klage zum Erfolg zu verhelfen; nur das Fehlen jedes Unwirksamkeitsgrundes kann zur Abweisung in der Sache führen. Wird die Klage durch Sachentscheidung abgewiesen, so ist der Arbeitnehmer nicht nur an der Geltendmachung der Sozialwidrigkeit der Kündigung, sondern auch aller sonstigen Unwirksamkeitsgründe gehindert. Diese Folgerung ergibt sich daraus, daß Hauptfrage des arbeitsgerichtlichen Kündigungsschutzverfahrens die Nichtauflösung des Arbeitsverhältnisses durch die Kündigung ist; da nicht nur die Sozialwidrigkeit der Kündigung, sondern jeder Unwirksamkeitsgrund zur Feststellung der Nichtauflösung des Arbeitsverhältnisses hätte führen können, wird der Arbeitnehmer durch die rechtskräftige Abweisung in der Sache mit allen Einwendungen gegen die Wirksamkeit der Kündigung ausgeschlossen. Das gilt auch für das Fehlen der behördlichen Zustimmung, obwohl dieser Unwirksamkeitsgrund auch dann zu beachten ist, wenn der Arbeitnehmer ihn nicht geltend macht. Seine Geltendmachung und Beachtlichkeit ist aber nicht an die Dreiwochenfrist gebunden, die für die Geltendmachung der Sozialwidrigkeit der Kündigung gilt. Hat der Arbeitnehmer die Dreiwochenfrist versäumt und liegen auch nicht die Voraussetzungen für die nachträgliche Zulassung vor (§ 4 Abs. 1 KSchG), kann er sich aber auf das Fehlen der behördlichen Zustimmung berufen, so kann seine Klage nicht wegen der Fristversäumung abgewiesen werden; lediglich die Sozialwidrigkeit der Kündigung bleibt in diesem Falle unberücksichtigt.

Die Zustimmung des Landesarbeitsamts zu einer Massenentlassung (§ 16 KSchG) nimmt dem gekündigten Arbeitnehmer nicht die Möglichkeit, Einspruch beim Betriebsrat einzulegen oder das Arbeitsgericht anzurufen mit der Begründung, daß die Kündigung in seinem Falle sozial ungerechtfertigt sei (§§ 1 bis 3 KSchG)[7]. Der arbeitsmarkt-

---

[6] Aus dem gleichen Grunde dürfte es nicht in jedem Falle erforderlich sein, bei der Kündigungsschutzklage zunächst zu prüfen, ob die einzel- oder tarifvertraglichen Voraussetzungen für eine ordentliche oder außerordentliche Kündigung gegeben sind, und dann erst, ob sie sozial gerechtfertigt ist; vgl. hierzu die Anm. v. *Hueck* zum Urteil des BAG vom 14. 10. 1954 AP Nr. 6 zu § 3 KSchG.

[7] BAG Urteil vom 27. 2. 1958 AP Nr. 1 zu § 1 KschG betriebsbedingte Kündigung, mit zustimmender Anm. v. *Herschel; Herschel-Steinmann,* Vorbem. 2 vor § 15 KSchG; *Hueck,* Vorbem. 3 vor § 15 KSchG; *Hueck-Nipperdey,* Lehrbuch des Arbeitsrechts Bd. 1, 6. Aufl. S. 608.

politischen Zielen dienende Massenentlassungsschutz macht den die Sozialwidrigkeit der Kündigung im Einzelfall berücksichtigendeen Individualschutz nicht entbehrlich. War bei einer Massenentlassung die Kündigung dem einzelnen Arbeitnehmer gegenüber damit begründet worden, daß sie durch dringende betriebliche Erfordernisse bedingt sei, die einer Weiterbeschäftigung des Arbeitnehmers in diesem Betrieb entgegenstehen, dann kann sie, wenn die dringenden betrieblichen Erfordernisse bejaht werden müssen, trotzdem sozial ungerechtfertigt sein, wenn der Arbeitgeber bei der Auswahl des Arbeitnehmmers soziale Gesichtspunkte nicht oder nicht ausreichend berücksichtigt hat (§ 1 Abs. 3 Satz 1 KSchG). Im Massenentlassungsverfahren wird nicht geprüft, ob die Kündigung dem einzelnen hiervon betroffenen Arbeitnehmer gegenüber sozial ungerechtfertigt ist. Die Zustimmung des Landesarbeitsamts hat auch nur Einfluß auf den Zeitpunkt des Wirksamwerdens der Entlassung; die Entlassung als solche wird durch sie weder verhindert noch ermöglicht. Ist aber die Kündigung schon wegen des Fehlens der Zustimmung des Landesarbeitsamts oder wegen der Unterlassung der Anzeige durch den Arbeitgeber unwirksam, dann kann das Arbeitsgericht der Klage des Arbeitnehmers stattgeben, ohne noch prüfen zu müssen, ob die Kündigung auch aus anderen Gründen, etwa als sozial ungerechtfertigt, unwirksam wäre. Es kann aber nicht die Rechtmäßigkeit einer vom Landesarbeitsamt erteilten Zustimmung nachprüfen, sondern nur deren Vorhandensein oder Nichtvorhandensein feststellen.

Auch im Räumungsprozeß des Verpächters gegen den Kleingärtner ist das Fehlen der behördlichen Kündigungsgenehmigung von Amts wegen zu beachten. Der Räumungsklage kann nur stattgegeben werden, wenn die Zustimmung vorliegt. Steht unanfechtbar fest, daß die behördliche Kündigungsgenehmigung nicht erteilt wird, dann ist die Klage abzuweisen ohne Rücksicht darauf, ob sie im übrigen begründet wäre. Die Klage des Pächters auf Feststellung des Fortbestehens seines Pachtverhältnisses ist immer begründet, wenn die behördliche Kündigungsgenehmigung fehlt. Vorliegen oder Fehlen der behördlichen Kündigungsgenehmigung ist nicht Prozeßvoraussetzung, sondern Klagegrund; die Abweisung der Räumungsklage wegen Fehlens der Kündigungsgenehmigung ist eine Sachentscheidung. Erreicht der Verpächter nach rechtskräftiger Abweisung seiner Klage die behördliche Kündigungsgenehmigung, so muß er von neuem kündigen, ein Umstand, der im Hinblick auf die dreimonatige Kündigungsfrist und die Beschränkung des Kündigungstermins auf den 31. Oktober jedes Jahres für den Kleingärtner von wesentlicher Bedeutung sein kann.

Die Entscheidung des Zivilgerichts über den Fortbestand des Vertragsverhältnisses ist eine Entscheidung zur Hauptsache. Stellt das Arbeitsgericht fest, daß das Arbeitsverhältnis durch die nichtgenehmigte, genehmigungspflichtige Kündigung nicht aufgelöst worden ist, so steht im Verhältnis zwischen Arbeitnehmer und Arbeitgeber, aber auch im Verhältnis zu anderen Behörden und Gerichten, das Bestehen des Arbeitsverhältnisses fest, soweit es durch die Kündigung in Frage gestellt war. Das arbeitsgerichtliche Urteil bindet aber weder die Beteiligten noch andere Behörden und Gerichte an die in den Urteilsgründen enthaltene Auffassung des Arbeitsgerichts, daß die Kündigung der behördlichen Zustimmung bedurft oder nicht bedurft habe und daß diese vorgelegen oder nicht vorgelegen habe. Liegt eine behördliche Entscheidung über Erteilung oder Versagung der Zustimmung zur Kündigung vor, dann ist diese durch die Entscheidung des Arbeitsgerichts weder aus der Welt geschafft noch unangreifbar geworden.

Das verwaltungsgerichtliche Urteil über die Aufhebung der behördlichen Entscheidung oder die Abweisung der Klage andererseits enthält keine verbindliche Feststellung über den Bestand oder die Auflösung des Vertragsverhältnisses, dessen Kündigung nach Auffassung des Verwaltungsgerichts der behördlichen Zustimmung unterliegt. Das Verwaltungsgericht allein aber entscheidet über die Rechtswidrigkeit des angefochtenen Verwaltungsakts. Es entscheidet auch allein über die Rechtmäßigkeit der von der Hauptfürsorgestelle der Kündigungszustimmung beigefügten Maßgabe, daß die Kündigung mindestens vier Wochen nach dem Zeitpunkt der Entscheidung wirksam werde (§17 Abs. 1 Satz 2 SchwBG)[8]; das Arbeitsgericht kann aus der behördlichen Maßgabe nur die Folgerung für den Zeitpunkt der Auflösung des Arbeitsverhältnisses durch die Kündigung ziehen und prüfen, ob über die Vierwochenfrist hinausgehende vertragliche oder gesetzliche Kündigungsfristen hätten beachtet werden müssen[9]. Das Verwaltungsgericht allein kann Erteilung und Versagung der behördlichen Zustimmung auf Ermessensfehler nachprüfen.

Die Verschiedenheit der Parteien und des Streitgegenstandes schließt eine Überschneidung der Zuständigkeiten beider Gerichtsbarkeiten auf dem Gebiet des Kündigungsschutzes aus. Jede von ihnen besitzt eine ausschließliche Zuständigkeit, über den Streitgegenstand als Hauptfrage des Verfahrens mit Rechtskraftwirkung zu entscheiden. Die der Verneinung des Verwaltungsrechtswegs oder des Rechtsschutzbedürfnisses für die Anfechtung der behördlichen Kündigungszustimmung zugrunde liegende Sorge, daß in einem und demselben Kündigungsfalle widersprechende Entscheidungen der Verwaltungsgerichte und der Zivilgerichte ergehen könnten[10], ist unbegründet. Der Zivilrichter

---

[8] Vgl OVG Lüneburg 16. 7. 1958 (AS 6, 313)

[9] *Sellmann* Erl. 15 zu § 17 SchwBG.

[10] *Jellinek* in Festschrift Richard *Thoma* S. 100; BVerwGE 1, 136.

muß nicht nur nicht, sondern er darf auch nicht darüber entscheiden, ob die Behörde verpflichtet war, die Kündigung zu genehmigen. Nur die Urteilsgründe können sich widersprechen, nicht die Entscheidungen selbst, weil sie dem Gegenstande nach verschieden sind.

3. *Die Zuständigkeit der Zivilgerichte zur Prüfung der behördlichen Kündigungszustimmung als Vorfrage des Zivilprozesses*

Vorfrage ist nicht jede für die Entscheidung der Hauptfrage zu beantwortende Zweifelsfrage aus dem Gebiet der eigenen oder einer anderen Gerichtsbarkeit. Vorfrage ist nur die Frage, ob ein Rechtsverhältnis, das nicht Gegenstand des Rechtsstreits ist, besteht oder nicht besteht, wenn hiervon die Entscheidung des Rechtsstreits abhängt. Das vorgreifliche (präjudizielle) Rechtsverhältnis muß aber nicht unbedingt Gegenstand einer Feststellungsklage sein können. Die durch den Verwaltungsakt der behördlichen Zustimmung begründeten Rechtsbeziehungen zwischen dem Hoheitsträger und dem einzelnen Vertragspartner kommen in der Regel nicht im Wege der Feststellungsklage, sondern der Anfechtungs- und Vornahmeklage zur verwaltungsgerichtlichen Entscheidung; gleichwohl kann das Bestehen oder Nichtbestehen des Verwaltungsakts Vorfrage in dem vor dem Zivilgericht wegen der Kündigung ausgetragenen Streit der Vertragspartner sein. Die Vorfrage kann dem Bereich der eigenen Gerichtsbarkeit angehören, wenn das angegangene Gericht zuständig wäre, die gleiche Frage auch als Hauptfrage zu entscheiden. Es ist jedoch üblich, als Vorfrage nur jene vorgreiflichen Rechtsverhältnisse zu bezeichnen, die nicht das angegangene Gericht, sondern nur das Gericht einer anderen Gerichtsbarkeit als Hauptfrage entscheiden könnte.

Jedes Gericht ist zuständig Fragen, die als Hauptfrage in das Gebiet einer anderen Gerichtsbarkeit fallen, als Vorfragen mitzuprüfen und mitzuentscheiden. Die Vorfrage ist keine Verfahrensfrage, sondern eine Frage des sachlichen Rechts, die Vorfragenprüfung infolgedessen keine Prüfung der Prozeßvoraussetzungen, sondern Sachprüfung. Der Entscheidung der Vorfrage sind die Rechtssätze eines Rechtsgebiets zugrunde zu legen, das an sich einer anderen Gerichtsbarkeit zugewiesen ist: Die Vorschriften des bürgerlichen Rechts sind Rechtsgrundlage für die Entscheidung bürgerlich-rechtlicher Vorfragen im Verwaltungsprozeß, das öffentliche Recht ist Rechtsgrundlage der Entscheidung öffentlich-rechtlicher Vorfragen im Zivilprozeß. Die Entscheidung über die Vorfragen ergeht nicht im Urteilsausspruch, sondern in den Urteilsgründen. Die innere Rechtskraft des Urteils erfaßt nur die Entscheidung der Hauptfrage im Urteilsausspruch; die in den Urteilsgründen enthaltene Entscheidung über die Vorfrage nimmt an der Rechtskraft nicht teil.

Die Zuständigkeit zur Prüfung einer Vorfrage kann durch Gesetz ausgeschlossen sein durch Festsetzung einer Aussetzungspflicht oder der vorausgehenden Einholung eines behördlichen Vorbescheids oder durch die Zulassung der Konfliktserhebung. Im Bereich des behördlichen Kündigungsschutzes sind solche Fälle jedoch nicht vorgesehen. Die gesetzlichen Bestimmungen über die Zulässigkeit des ordentlichen Rechtswegs oder des Verwaltungsrechtswegs beziehen sich nur auf die Entscheidung der Hauptfrage. Die Zuständigkeit der Zivilgerichte zur Prüfung öffentlich-rechtlicher Vorfragen hat mit der Frage der Zulässigkeit des Rechtswegs nichts zu tun. Die Vorfragenprüfung kommt nur in Betracht, wenn die Voraussetzungen einer Sachentscheidung gegeben sind; die Vorfrage kann nur im Rahmen einer Sachentscheidung mitentschieden werden. Es kann sein, daß die öffentlichrechtliche Vorfrage den eigentlichen Streitpunkt unter den Parteien und den sachlich-rechtlichen Schwerpunkt der richterlichen Prüfung und Entscheidung bildet; die Zulässigkeit des Zivilrechtswegs wird hierdurch nicht zweifelhaft. Der gekündigte Vertragspartner erschleicht den ordentlichen Rechtsweg nicht, wenn er seine Klage gegen den kündigenden Vertragspartner auf die Ungültigkeit der diesem erteilten behördlichen Zustimmung stützt. Das angerufene Zivilgericht kann ihm eine der Rechtskraft fähige Entscheidung nur über seine privatrechtlichen Beziehungen zum Vertragspartner verschaffen. Es kann die Gültigkeit der behördlichen Zustimmung mitprüfen, ist aber hierbei an die Grenzen gebunden, die der zivilgerichtlichen Prüfung von Vorfragen aus dem Bereich des öffentlichen Rechts gezogen sind. Der Streit über die Gültigkeit eines Verwaltungsakts kann im Zivilprozeß der Vertragspartner nur Vorfrage sein; bei der verwaltungsgerichtlichen Klage gegen den verfügenden Hoheitskläger ist der Streit um die Gültigkeit oder Rechtmäßigkeit des Verwaltungsakts die Hauptfrage.

Von dem Vorliegen oder Fehlen der gesetzlichen Voraussetzungen für die behördliche Zustimmung zur Kündigung kann die Rechtswidrigkeit der angefochtenen behördlichen Entscheidung abhängig sein. Da für die Entscheidung über die Rechtswidrigkeit des angefochtenen Verwaltungsakts ausschließlich die Verwaltungsgerichte zuständig sind, können auch nur diese das Vorliegen oder Fehlen der gesetzlichen Voraussetzungen der Kündigungszustimmung nachprüfen. Das Arbeitsgericht darf daher nicht prüfen, ob bei der Kündigung gegenüber einem Schwerbeschädigten wegen Betriebseinstellung zwischen dem Tage der Kündigung und der letzten Entlohnung mindestens drei Monate liegen (§ 18 Abs. 1 Satz 1 SchwBG), oder ob dem Schwerbeschädigten ein anderer angemessener Arbeitsplatz gesichert ist (§ 18 Abs. 2 Buchst. a SchwBG), oder ob bei der Kündigung gegenüber der erwerbstätigen Mutter ein „besonderer Fall" (§ 9 Abs. 2 MuSchG) gegeben ist. Ebensowenig darf das Zivilgericht im Räumungsprozeß des Verpächters gegen den Kleingartenpächter prüfen, ob dieser drei Monate mit der Zahlung des Pachtzinses im Verzuge ist (§ 1 Abs. 2 Buchst. a KlGVO), oder ob er die ihm obliegenden Pflichten gröblich verletzt, das Grundstück vertragswidrig genutzt oder erhebliche Bewirtschaftungsmängel nicht abgestellt hat (§ 1 Abs. 2 Buchst. b KlGVO)[11].

Eine Vorfrage eigener Art ist die Frage, ob die behördliche Zustimmung zur Kündigung *erforderlich* ist oder nicht. Diese Vorfrage hat die Eigenart, daß sie sowohl im Zivilrechtsstreit über die Kündigung als auch im Verwaltungsrechtsstreit über die Kündigungszustimmung auftreten kann[12]. Auf die Kündigungsschutzklage des Schwerbeschädigten gegen eine Änderungskündigung hat das Arbeitsgericht zu prüfen, ob § 14 SchwBG anwendbar ist auch auf eine Kündigung, mit welcher der Arbeitgeber nicht die Entfernung des Schwerbeschädigten aus dem Betrieb erreichen will, sondern nur eine Änderung der Arbeitsbedingungen oder des Arbeitsplatzes innerhalb des Betriebs[13]. Ist diese Frage zu bejahen, dann ist die Kündigung ohne Zustimmung der Hauptfürsorgestelle unwirksam und der Klage des Schwerbeschädigten stattzugeben. Ist die Frage zu verneinen, dann kann der Klage des Schwerbeschädigten nicht schon wegen des Fehlens der behördlichen Zustimmung stattgegeben werden. Die arbeitsgerichtliche Enscheidung über die Erforderlichkeit der Zustimmung ist die Entscheidung über eine Voraussetzung der Wirksamkeit der Kündigung und somit der Auflösung des Arbeitsverhältnisses durch die Kündigung. Die gleiche Frage kann sich im Verwaltungsrechtsstreit ergeben. Dieser geht nicht um die Wirksamkeit der privat-rechtlichen Kündigung, sondern um die Rechtmäßigkeit der behördlichen Entscheidung. Klagt der Arbeitgeber auf Erteilung der Zustimmung mit der Begründung, daß sie erforderlich sei, dann ist die Erforderlichkeit Voraussetzung der verwaltungsgerichtlichen Entscheidung über die Rechtmäßigkeit der auf die Nichterforderlichkeit gestützten Ablehnung der Zustimmung. Die Frage der Erforderlichkeit der behördlichen Zustimmung stellt sich für das Zivilgericht und für das Verwaltungsgericht in einem verschiedenen Sinne: Für das Zivilgericht als Voraussetzung der Wirksamkeit der bürgerlich-rechtlichen Kündigung, für das Verwaltungsgericht als Voraussetzung für die Rechtmäßigkeit der angefochtenen

---

[11] A. M. BVerwGE 1, 134; 4, 317; BGH NJW 1958, 43.

[12] Nach LArbG Bremen 16. 5. 1956 (Betrieb 1956, 716) handelt es sich um eine öffentlich-rechtliche Vorfrage.

[13] Zur Frage der Zustimmungsbedürftigkeit der Änderungskündigung: BVerwG 29. 5. 1958 (NJW 1959, 1382).

und der begehrten Entscheidung. Die Arbeitsgerichte entscheiden auch darüber, ob Entlassungen, die sich in einem Betriebe innerhalb von vier Wochen häufen, Massenentlassungen sind, die der Anzeige an das Landesarbeitsamt bedürfen (§ 15 KSchG); sie sind an dessen Ansicht oder an die Ansicht des Sozialgerichts, daß eine Anzeigepflicht bestand oder nicht bestand, nicht gebunden[14]. Das gleiche gilt im Verhältnis zwischen allgemeinem Verwaltungsgericht und Zivilgericht für die Frage, ob das Pachtland ein Kleingartenland ist und den Sondervorschriften des Kleingartenrechts unterliegt[15]. In der Frage der Erforderlichkeit der behördlichen Zustimmung sind widersprechende Entscheidungen der Zivilgerichte und der Verwaltungsgerichte in einem und demselben Kündigungsfalle möglich. Bejaht das Zivilgericht entgegen der Auffassung des Verwaltungsgerichts die Erforderlichkeit der Zustimmung, dann kann der kündigende Vertragspartner die Beendigung des Vertragsverhältnisses oder die Räumung des Pachtlandes nicht durchsetzen.

Die Frage, ob ein Vertragsverhältnis dem öffentlich-rechtlichen Kündigungsschutz unterliegt, gehört dem öffentlichen Recht an. Sie kann aber nicht Gegenstand einer selbständigen verwaltungsgerichtlichen Feststellungsklage sein, weil das gesetzliche Kündigungsverbot kein Rechtsverhältnis begründet, über dessen Bestehen oder Nichtbestehen ein Verwaltungsgericht als Hauptfrage entscheiden könnte (§ 43 Abs. 1 VwGO, § 55 SGG). Der öffentlich-rechtliche Kündigungsschutz führt nicht zur Entstehung eines konkreten Rechtsverhältnisses zwischen den einzelnen Angehörigen des von dem Kündigungsverbot betroffenen oder geschützten Personenkreises und dem Träger öffentlicher Gewalt, dessen Behörden zuständig sind, durch Erteilung der Zustimmung zur Kündigung Ausnahmen von dem gesetzlichen Kündigungsverbot zu bewilligen. Es handelt sich vielmehr um eine durch die gesetzliche Regelung entstandene Rechtslage, die ebensowenig wie eine vom Einzelfall losgelöste (abstrakte) Rechtsfrage Gegenstand einer Feststellungsklage sein kann.

Die Erforderlichkeit der Zustimmung kann von einer weiteren Vorfrage abhängen, z. B. von der Gleichstellung als Arbeitnehmer mit einem Schwerbeschädigten (§ 2 SchwBG). Da die Gleichstellung ein Verwaltungsakt ist, kann das mit dieser Frage als Vorfrage befaßte Zivilgericht oder Verwaltungsgericht nur das Vorliegen oder Nichtvorliegen der Gleichstellung prüfen, nicht aber die Frage, ob der Arbeit-

---

[14] *Herschel-Steinmann* Erl. 8 b zu § 18 KSchG.

[15] Nach *Dopatka* (Schlesw.-Holst. Anzeiger 1955, 125) hat die Vorfrage, ob ein Pachtvertrag über einen Kleingarten vorliegt, rein zivilrechtlichen Charakter und unterliegt der Entscheidung durch die ordentlichen Gerichte. Für die verwaltungsgerichtliche Zuständigkeit OVG Lüneburg 24. 3. 1956 (AS 10, 480).

nehmer gleichgestellt werden durfte oder mußte. Hierüber zu befinden, ist das Verwaltungsgericht nur dann zuständig, wenn es mit dieser Frage als Hauptfrage durch eine besondere Anfechtungs- oder Verpflichtungsklage befaßt wurde. § 6 Satz 1 nds. BergmVersSchG bestimmt allerdings, daß, wenn der Antrag auf Erteilung eines Bergmannsversorgungsscheines gestellt ist, das Arbeitsverhältnis des Antragstellers nur gekündigt werden kann, wenn der Antrag nach Auskunft der Knappschaft aussichtslos erscheint. Das schwebende Gleichstellungsverfahren ersetzt hier in Verbindung mit einer die Erfolgsaussicht des Gleichstellungsantrags nicht verneinenden Auskunft der Knappschaft vorübergehend das Vorliegen des Gleichstellungsbescheids, so daß bis zum Abschluß des Gleichstellungsverfahrens nicht von dem Nichtvorliegen der Gleichstellung ausgegangen werden darf.

Die beiderseitige Zuständigkeit der Zivilgerichte und der Verwaltungsgerichte zur Vorfragenprüfung kann nicht zu widersprechenden Entscheidungen führen, weil für die Entscheidung der Hauptfrage keine konkurrierende, sondern nur eine ausschließliche Gerichtszuständigkeit gegeben ist. Um auch eine bloße Verschiedenheit in der Beurteilung der Hauptfrage eines Verwaltungsrechtsstreits als Vorfrage im Zivilrechtsstreit und umgekehrt zu vermeiden, dienen die wechselseitige Bindung an rechtskräftige Entscheidungen und die Aussetzung des Verfahrens.

4. *Die Bindung des Zivilgerichts an die behördliche und verwaltungsgerichtliche Entscheidung*

Erteilung oder Versagung der behördlichen Zustimmung sind im zivilgerichtlichen Verfahren von Amts wegen zu beachten, weil auch das gesetzliche Kündigungsverbot von Amts wegen zu beachten ist. Bewirkt dieses die Unwirksamkeit der verbotswidrigen Kündigung, so hebt die behördliche Zustimmung diese Wirkung des Kündigungsverbots auf. Das Nichtvorliegen der behördlichen Zustimmung führt im arbeitsgerichtlichen Kündigungsschutzverfahren dazu, daß der Klage des Arbeitnehmers, wenn sie zulässig ist, stattgegeben wird; es führt im Räumungsprozeß gegen den Kleingärtner dazu, daß die Klage des Verpächters abgewiesen wird. Liegt die behördliche Kündigungszustimmung vor, dann kann das Zivilgericht die Kündigung nicht als unwirksam behandeln mit der Begründung, daß es gegen das Kündigungsverbot verstoße. Die bloße Tatsache des Vorliegens der Kündigungszustimmung hat diese Wirkung auf den Zivilprozeß; sie hat „Tatbestandswirkung“. Tatbestandswirkung hat jedoch nur der die Zustimmung erteilende Bescheid; sie ist eine Folge seiner Gestaltungswirkung. Soweit er die bürgerlich-rechtliche Wirksamkeit der Kündigung ermöglicht, hat das Zivilgericht die auf den Verwaltungsakt zurückführende Änderung in den Rechtsbeziehungen der Parteien zu berücksichtigen.

Das Nichtvorliegen der behördlichen Kündigungszustimmung kann darauf beruhen, daß der kündigende Vertragspartner sie nicht eingeholt hat. In diesem Falle liegt überhaupt keine behördliche Entscheidung vor. Es kann auch darauf beruhen, daß der kündigende Vertragspartner sie zwar beantragt hat, daß über seinen Antrag aber noch nicht entschieden ist. Die behördliche Kündigungszustimmung liegt auch dann nicht vor, wenn der Antrag des kündigenden Vertragspartners abgelehnt worden ist. Der Ablehnungsbescheid kann unanfechtbar geworden sein; vor Ablauf der Anfechtungsfrist oder, nach Einlegung eines Rechtsmittels, vor rechtskräftiger Entscheidung ist er noch nicht endgültig. Der Zustimmungsbescheid ist für das Zivilgericht bindend von dem Augenblick an, in welchem er wirksam geworden ist, mag er auch noch anfechtbar oder vom Kündigungsgegner angefochten sein. Die Erteilung eines Ablehnungsbescheids, die Nichtbescheidung des Antrags haben im zivilgerichtlichen Verfahren dieselbe Wirkung: Das Zivilgericht geht von dem Nichtvorliegen der Zustimmung aus.

Der Zustimmungsbescheid bindet das Zivilgericht nur, wenn er gültig ist. Seine Ungültigkeit steht für das zivilgerichtliche Verfahren seinem Nichtvorliegen oder dem Vorliegen eines ablehnenden Bescheides gleich. Das Zivilgericht kann deshalb die Gültigkeit des Zustimmungsbescheids als eine Vorfrage seiner eigenen Entscheidung prüfen. Es kann prüfen, ob er wirksam zustande gekommen ist. Es kann aber auch prüfen, ob er wegen schwerer Mängel nichtig ist. Der nichtige Verwaltungsakt ist zwar vorhanden. Er ist im verwaltungsgerichtlichen Verfahren anfechtbar und aufhebbar. Er bindet aber das Zivilgericht nicht. Die bloße Möglichkeit, die Verwaltungsgerichte auch gegen nichtige Verwaltungsakte anzurufen (§ 43 Abs. 1 VwGO, § 55 Abs. 1 Nr. 4 SGG), schließt die zivilgerichtliche Prüfung der Nichtigkeit des Verwaltungsakts nicht aus. Hat aber das Verwaltungsgericht, und zwar nicht nur in den Urteilsgründen, sondern im Urteilsausspruch, die Nichtigkeit des Verwaltungsakts rechtskräftig festgestellt, dann ist das Zivilgericht an diese verwaltungsgerichtliche Entscheidung gebunden. Die Nichtigkeit der behördlichen Kündigungszustimmung wegen schwerer Form- oder Verfahrensmängel hat im Bereich des behördlichen Kündigungsschutzes nur geringe Bedeutung, weil nur in geringem Maße Form- oder Verfahrensvorschriften vorhanden sind; am ehesten kommt sie in Betracht, wenn eine örtlich oder sachlich unzuständige Behörde entschieden hat.

Das Zivilgericht ist nicht zuständig, die Rechtmäßigkeit des behördlichen Zustimmungsaktes nachzuprüfen. Es gibt keine „erweiterte Inzidentkontrolle“ bei privatrechtsgestaltenden Verwaltungsakten, die es dem Zivilgericht gestatten würde, im Streit um das Privatrechtsverhältnis den Verwaltungsakt in vollem Umfang in seine Prüfung einzubeziehen; es ist auf die Prüfung der Gültigkeit beschränkt[16]. Auch der rechtswidrige Zustimmungsbescheid ist gültig, wenn keine Nichtigkeitsgründe vorliegen. Das Zivilgericht darf deshalb nicht das Vorliegen der gesetzlichen Voraussetzungen für die Erteilung der Zustimmung in seine Prüfung einbeziehen. Das gilt nicht nur für die zustimmungsgebundene Kündigung von Arbeitsverhältnissen, sondern auch für die Kündigung von Kleingartenpachtverhältnissen; auch hier hat das Zivilgericht, wenn die Kündigung genehmigungspflichtig war, nur zu prüfen, ob eine gültige Genehmigung vorliegt oder nicht[17]. Das Kleingartenrecht hat gegenüber dem behördlichen Kündigungsschutz von Arbeitsverhältnissen noch die Besonderheit, daß das Zivilgericht auch nicht die Einhaltung vertraglicher oder der allgemeinen pachtrechtlichen Kündigungsfristen sowie die Berechtigung einer fristlos ausgesprochenen Kündigung nachprüfen kann, weil die bürgerlichrechtlichen Vorschriften über die befristete und die fristlose Kündigung ersetzt sind durch zwingendes öffentliches Recht. Es kann zwar die Einhaltung der besonderen gesetzlichen Frist des § 2 Satz 1 KlGVO als Voraussetzung der Wirksamkeit der Kündigung nachprüfen, nicht aber die Rechtmäßigkeit einer behördlichen Abkürzung der Kündigungsfrist gemäß § 2 Satz 2 KlGVO.

Eine Ausnahme gilt für die Amtshaftungsklage (Art. 34 GG, § 839 BGB). Besteht die Amtshandlung in der Erteilung oder Versagung einer behördlichen Kündigungszustimmung, so kann im Rahmen der Prüfung ihrer Pflichtwidrigkeit das Zivilgericht auch das Vorliegen der Zustimmungsvoraussetzungen und in gewissem Umfang auch die Handhabung des behördlichen Ermessens nachprüfen[18].

5. *Die Aussetzung des Verfahrens*

Das Zivilgericht kann, wenn die Entscheidung des Rechtsstreits ganz oder zum Teil von dem Bestehen oder Nichtbestehen eines Rechtsverhältnisses abhängt, das den Gegenstand eines anderen anhängigen Rechtsstreits bildet oder von einer Verwaltungsbehörde festzustellen

---

[16] *Siebert,* Zur neueren Rechtsprechung über die Abgrenzung von Zivilrechtsweg und Verwaltungsrechtsweg (DÖV 1959, 733—737) S. 737; *ders.,* Zulässigkeit des Rechtsweges und richterliche Prüfungszuständigkeit (*Soergel-Siebert* Einl.) Erl. 130, 131.

[17] A. M. die schon wiederholt angeführte höchstrichterliche Rechtsprechung: BVerwGE 1, 135; 4, 321; BGH NJW 1958, 43.

[18] *Siebert,* Zulässigkeit des Rechtsweges (*Soergel-Siebert* Einl.) Erl. 108, 109.

ist, anordnen, daß die Verhandlung bis zur Erledigung des anderen Rechtsstreits oder bis zur Entscheidung der Verwaltungsbehörde auszusetzen sei (§ 148 ZPO). Der Verwaltungsakt der Erteilung oder Versagung der behördlichen Zustimmung zur Kündigung ist kein Rechtsverhältnis. Er hat auch nicht die Feststellung eines Rechtsverhältnisses, etwa des von der Kündigung betroffenen Vertragsverhältnisses, zum Inhalt, sondern er wirkt gestaltend auf dieses ein, indem er seine rechtswirksame Beendigung durch Erklärung des kündigenden Vertragspartners ermöglicht. Von dem Vorliegen oder Nichtvorliegen der behördlichen Zustimmung kann aber die Entscheidung eines bürgerlichen Rechtsstreits abhängen. Die Rechtsprechung hat deshalb den privatrechtsgestaltenden Staatsakt dem von einer Verwaltungsbehörde festzustellenden Rechtsverhältnis im Sinne des § 148 ZPO gleichgestellt[19]. Hierbei sind zwei Fälle zu unterscheiden:

a) *Die Behörde hat der Kündigung zugestimmt*

Ist der Zustimmungsbescheid unanfechtbar geworden, sei es durch Ablauf der Anfechtungsfrist oder durch rechtskräftige Abweisung der Anfechtungsklage, dann ist im zivilgerichtlichen Verfahren von dem Vorliegen der Zustimmung auszugehen. Ein Grund zur Aussetzung des Verfahrens ist nicht gegeben. Ein Grund zur Aussetzung besteht auch dann nicht, wenn der Kündigungsgegner die Nichtigkeit des Zustimmungsbescheids geltend macht. Ist der gegen den Zustimmungsbescheid eingelegte Rechtsbehelf durch eine die Rechtmäßigkeit des Verwaltungsakts bestätigende Sachentscheidung derselben oder der übergeordneten Behörde oder des Verwaltungsgerichts erfolglos gewesen, dann ist das Zivilgericht an diese Entscheidung gebunden. Ist die verwaltungsgerichtliche Anfechtungsklage durch Prozeßurteil abgewiesen worden oder ist der Zustimmungsbescheid unanfechtbar geworden, ohne daß ein verwaltungsgerichtliches Anfechtungsverfahren stattgefunden hat, dann kann das Zivilgericht in eigener Zuständigkeit prüfen, ob der Zustimmungsbescheid rechtswirksam zustande gekommen und ob er gültig oder nichtig ist. Ist der Zustimmungsbescheid unanfechtbar geworden, ohne daß ein verwaltungsgerichtliches Anfechtungsverfahren stattgefunden hat, beziehen sich die Zweifel aber nicht auf die Gültigkeit, sondern auf die Rechtmäßigkeit des Zustimmungsbescheids, so muß das Zivilgericht von dessen Vorliegen ausgehen und hat weder die Möglichkeit, ihn auf seine Rechtmäßigkeit nachzuprüfen, noch kann es das Verfahren aussetzen.

---

[19] Vgl. *Stein-Jonas-Schönke-Pohle,* Kommentar zur Zivilprozeßordnung, 18. Aufl. Erl. III zu § 148; *Wieczorek,* Kommentar zur Zivilprozeßordnung, 1957, Erl. C IV zu § 148.

Ist der Zustimmungsbescheid durch Widerspruch oder verwaltungsgerichtliche Klage angefochten, so kann das Zivilgericht nicht davon ausgehen, daß er vorliege, denn er kann durch Aufhebung rückwirkend beseitigt werden. Es kann aber auch nicht davon ausgehen, daß er nicht vorliege; denn die Anfechtung kann erfolglos sein. In diesem Falle ist die Aussetzung des zivilgerichtlichen Verfahrens bis zur rechtskräftigen Entscheidung im verwaltungsbehördlichen oder verwaltungsgerichtlichen Anfechtungsverfahren geboten. Die Notwendigkeit der Aussetzung folgt nicht etwa daraus, daß die verwaltungs- oder sozialgerichtliche Anfechtung der Zustimmung aufschiebende Wirkung habe[20]; sie besteht vielmehr, weil das Zivilgericht nicht im Wege der Vorfragenprüfung selbst über das Vorliegen oder Nichtvorliegen der behördlichen Zustimmung entscheiden kann, solange nicht in dem gleichzeitig schwebenden Anfechtungsverfahren mit äußerer Rechtskraft hierüber entschieden ist. Das schwebende verwaltungsbehördliche oder verwaltungsgerichtliche Anfechtungsverfahren hindert das Zivilgericht allerdings nicht, in eigener Zuständigkeit das rechtswirksame Zustandekommen oder die Gültigkeit des Zustimmungsbescheids zu prüfen. Ist es der Auffassung, daß der Zustimmungsbescheid, etwa wegen der fehlenden Zustellung an den Schwerbeschädigten, nicht zustande gekommen oder daß er, zum Beispiel wegen sachlicher Unzuständigkeit der ihn erlassenden Behörde, nichtig ist, dann kann es bei seiner Entscheidung von dem Nichtvorliegen der Zustimmung ausgehen. Erst die rechtskräftige verwaltungsgerichtliche Entscheidung, die die Gültigkeit und Rechtmäßigkeit des Zustimmungsbescheides bejaht, bindet das Zivilgericht. In der Regel wird jedoch das Zivilgericht richtig handeln, wenn es auch bei Zweifeln an dem Zustandekommen oder der Gültigkeit der behördlichen Zustimmung von seiner Aussetzungsbefugnis Gebrauch macht und die verwaltungsgerichtliche Entscheidung hierüber abwartet.

b) *Die Behörde hat der Kündigung nicht zugestimmt*

Hat die Behörde noch nicht entschieden, ist der Antrag auf Erteilung der Zustimmung aber gestellt, so kann das Zivilgericht nicht von dem Nichtvorliegen der Zustimmung ausgehen. Zwar darf ein Verfahren nicht ausgesetzt werden, um einer Prozeßpartei die Beschaffung der Prozeßgrundlagen zu ermöglichen[21]. Die behördliche Kündigungszustimmung ist aber nicht Prozeßvoraussetzung des zivilgerichtlichen

---

[20] So *Fischer* (Die Aussetzung der Verhandlung im Arbeitsgerichtsprozeß wegen Vorgreiflichkeit eines Verwaltungsstreitverfahrens in Mutterschutzsachen, in: RdA 1959, 275—279) S. 277.

[21] RGZ 61, 150; *Stein-Jonas* ZPO 18. Aufl. Erl. II 1 zu § 148; *Baumbach-Lauterbach* ZPO 25. Aufl. Erl. 1 E zu § 148; OLG München 5. 4. 1955 in: Ehe und Familie 1956, 292.

Verfahrens, sondern Voraussetzung einer günstigen oder ungünstigen Sachentscheidung. Für das arbeitsgerichtliche Verfahren kann die behördliche Entscheidung schon deshalb nicht Prozeßvoraussetzung sein, weil es nicht Sache des klagenden Arbeitnehmers ist, die behördliche Kündigungszustimmung einzuholen. Aber auch im Räumungsprozeß des Verpächters gegen den Kleingärtner kommt es nicht nur auf die Tatsache des Vorhandenseins der behördlichen Entscheidung an, sondern der Inhalt der erwarteten Entscheidung — Zustimmung oder Ablehnung — beeinflußt den Ausgang des Verfahrens. Die Ablehnung der Aussetzung und die Abweisung der Klage wären auch unbillig, weil der Verpächter keinen Einfluß darauf hat, wann eine rechtskräftige behördliche Entscheidung vorliegen wird und es der Kündigungsgegner sogar in der Hand hat, durch Anfechtung und Ausnutzung des Instanzenweges den Eintritt der Rechtskraft hinauszuschieben. Die ausstehende behördliche Entscheidung ist keine Grundlage des Zivilprozesses. Hängt deshalb die Entscheidung des Rechtsstreits von ihr ab, so ist er bis zur formell rechtskräftigen behördlichen Entscheidung im Zustimmungsverfahren auszusetzen.

Hat die Behörde den Antrag auf Erteilung der Zustimmung abgelehnt und ist der Ablehnungsbescheid unanfechtbar geworden, dann ist im zivilgerichtlichen Verfahren von dem Nichtvorliegen der Zustimmung auszugehen; zur Aussetzung des Verfahrens besteht keine Veranlassung.

Hat der Antragsteller den Ablehnungsbescheid angefochten, dann liegt keine Zustimmung vor, es ist aber auch über den Antrag auf Erteilung der Zustimmung noch nicht endgültig entschieden. Das Zivilgericht kann in diesem Falle nicht davon ausgehen, daß keine Zustimmung vorliege. Da die Entscheidung über Erteilung oder Versagung der Zustimmung noch in der Schwebe ist, ist die Aussetzung geboten, wenn die Entscheidung des Zivilrechtsstreits hiervon abhängt. Die Aussetzung des Rechtsstreits kommt jedoch nicht in Betracht, wenn es sich um einen Fall handelt, in welchem die Kündigung erst ausgesprochen werden darf, nachdem die behördliche Zustimmung erteilt ist (z. B. § 9 Abs. 2 MuSchG); die ohne behördliche Zustimmung ausgesprochene Kündigung ist dann von vornherein und endgültig unwirksam. Die Anfechtungsklage kann in einem solchen Falle nicht dazu führen, die zunächst fehlende Zulässigkeitsvoraussetzung doch noch zu erfüllen, so daß das Arbeitsgericht befugt wäre, den vor ihm schwebenden Rechtsstreit auszusetzen[22].

Ergeht ein rechtskräftiges verwaltungsgerichtliches Urteil, das die Behörde für verpflichtet erklärt, die Zustimmung zu erteilen, so kann

---

[22] Wie *Fischer* a. a. O. S. 278 meint.

das Zivilgericht noch nicht von dem Vorliegen der Zustimmung ausgehen; es muß abwarten, bis in Ausführung des verwaltungsgerichtlichen Urteils die behördliche Zustimmung erteilt ist.

Hat die Behörde die Erteilung der Zustimmung abgelehnt mit der Begründung, daß die Zustimmung nicht erforderlich sei, so hat das Zivilgericht zunächst in eigener Zuständigkeit zu prüfen, ob es sich um den Fall einer zustimmungspflichtigen Kündigung handelt. Verneint es das Zustimmungserfordernis, dann ist die Entscheidung des Rechtsstreits nicht von der Erteilung der Zustimmung abhängig und aus diesem Grunde kein Aussetzungsgrund gegeben. Ein Vorbehalt zugunsten der Verwaltungsbehörde, über die Erforderlichkeit der Kündigungszustimmung zu entscheiden, findet sich im Bereich des öffentlich-rechtlichen Kündigungsschutzes nicht. Bejaht das Zivilgericht das Zustimmungserfordernis, dann ist die Entscheidung des Rechtsstreits von der Erteilung der Zustimmung abhängig; das Zivilgericht kann das Verfahren aussetzen und den Parteien aufgeben, binnen bestimmter Frist eine Sachentscheidung der Verwaltungsbehörde oder deren verwaltungsgerichtliche Verurteilung hierzu herbeizuführen; kommen diese der Aufforderung nicht fristgemäß nach, dann ist von dem Nichtvorliegen der Zustimmung auszugehen.

Das Verwaltungsgericht kann die Verhandlung (das Verfahren) aussetzen, wenn die Entscheidung des Verwaltungsrechtsstreits ganz oder zum Teil von dem Bestehen oder Nichtbestehen eines Rechtsverhältnisses abhängt, das den Gegenstand eines anderen anhängigen Rechtsstreits bildet oder von einer Verwaltungsbehörde festzustellen ist (§ 94 VwGO, § 114 Abs. 2 SGG). Das Bestehen oder Nichtbestehen eines Rechtsverhältnisses ist von einer Verwaltungsbehörde festzustellen, wenn der öffentlich-rechtliche Kündigungsschutz abhängig ist von der Gleichstellung mit einem Schwerbeschädigten (§ 2 SchwBG) oder von der Erteilung eines Bergmannsversorgungsscheins. Der Bestand des Vertragsverhältnisses, das durch Kündigung beendet werden soll, kann zwischen den Vertragspartnern streitig sein und den Gegenstand eines Zivilprozesses bilden. Es ist insbesondere denkbar, daß derjenige Vertragspartner, der öffentlich-rechtlichen Kündigungsschutz für sich in Anspruch nimmt, die Erforderlichkeit der Kündigung und der behördlichen Zustimmung hierzu behauptet, während der andere Teil von der Nichtigkeit des Vertragsverhältnisses ausgeht.

Ein vor dem Arbeitsgericht anhängiger Kündigungsschutzprozeß rechtfertigt die Aussetzung eines Verwaltungsprozesses um die behördliche Zustimmung zur Kündigung nicht. Zwar ist Streitgegenstand des arbeitsgerichtlichen Prozesses die Frage, ob das Arbeitsverhältnis aus Anlaß einer bestimmten Kündigung zu dem vom Kündigenden gewollten Termin aufgelöst ist oder nicht[23]. Von der Wirksamkeit oder Unwirksamkeit der Kündigung ist aber die Rechtmäßigkeit oder Rechtswidrigkeit der behördlichen Entscheidung über Erteilung oder Versagung der Zustimmung unabhängig, weil die behördliche Entscheidung in keinem Falle voraussetzt, daß im Zeitpunkt ihres Zustandekommens bereits eine Kündigung wirksam ausgesprochen ist. Dies ist selbstverständlich, wenn die Kündigung erst nach der behördlichen Zustimmung ausgesprochen werden darf. Aber auch wenn die Zustimmung nachträglich eingeholt werden kann, darf die Behörde ihre Entscheidung nicht davon abhängig machen, daß die Kündigung bereits ausgesprochen ist, weil der Ausspruch der Kündigung keine gesetzliche Zustimmungsvoraussetzung ist. Sogar dann, wenn die Verwaltungsbehörde die Kündigung, zu welcher ihre Zustimmung beantragt ist, aus bürgerlich-rechtlichen Gründen für unwirksam hält, muß es dem kündigungswilligen Vertragspartner unbenommen bleiben, die Kündigung in bürgerlich-rechtlich wirksamer Weise zu wiederholen.

[23] BAG Urteile vom 13. und 17. 4. 1958 AP Nr. 17 und 18 zu § 3 KSchG; BAG Urteil vom 12. 11. 58 JZ 1960, 219 (m. Anm. v. *Lüke*).

Verfassernachweis

Sachverzeichnis

FSC
www.fsc.org
MIX
Papier | Fördert
gute Waldnutzung
FSC® C083411

Kolibri 360 GmbH
Ferdinand-Jühlke-Straße 7
99095 Erfurt, Deutschland
produktsicherheit@kolibri360.de

Druck:
CPI Druckdienstleistungen GmbH
im Auftrag der
Kolibri 360 GmbH
Ferdinand-Jühlke-Str. 7
99095 Erfurt